读客®

读客经管文库

长期投资自己，就看读客经管。

别独自用餐

85%的成功来自高效的社交能力

never eat alone

[美] 基思·法拉奇 塔尔·雷兹 著 前十网 译

KEITH FERRAZZI

AND TAHL RAZ

文匯出版社

图书在版编目（CIP）数据

别独自用餐 /（美）基思·法拉奇,（美）塔尔·雷兹著 ; 前十网译. -- 上海 : 文汇出版社, 2017.6

ISBN 978-7-5496-2090-6

Ⅰ. ①别… Ⅱ. ①基… ②塔… ③前… Ⅲ. ①人际关系学—通俗读物 Ⅳ. ①C912.1-49

中国版本图书馆CIP数据核字（2017）第082997号

版权登记号 图字：09-2017-240

别独自用餐

作　　者 / 【美】基思·法拉奇　【美】塔尔·雷兹
译　　者 / 前十网

责任编辑 / 竺振榕
特约编辑 / 袁海红　王韵霏
封面设计 / 奚佳音

出版发行 / 文匯出版社
上海市威海路 755 号
（邮政编码 200041）
经　　销 / 全国新华书店
印刷装订 / 三河市龙大印装有限公司
版　　次 / 2017 年 6 月第 1 版
印　　次 / 2025 年 12 月第 26 次印刷
开　　本 / 710mm × 1000mm　1/16
字　　数 / 285 千字
印　　张 / 22.25

ISBN 978-7-5496-2090-6
定　　价 / 69.00 元

目　录

第五部分　付出就有回报

前言

距盐城湖一小时车程外，是犹他州一个名为伊甸的小镇，小镇上有一座名叫Powder的山。山上绿树成荫，白雪皑皑。2013年，一群20多岁的有志青年怀揣着400万美元来到这里，买下了1万英亩的土地。他们打算把这里建成一个生态住宅区，以吸引一些成功的企业家。

这一想法十分大胆。然而这些初出茅庐的年轻人将该想法付诸实践的过程，正是将本书中的理论运用于实践的最好例证。

2008年，22岁的艾略特·彼斯诺（Eliot Bisnow）成功拿下父亲公司的内刊发行业务。当时，彼斯诺的公司成长得非常迅速，他已经感到管理乏术。彼斯诺认识到，自己缺乏理论知识，但他也从没想过去商学院充电。毕竟，他处在商场实战的环境中，需要的不是书本上的知识，而是前人的经验。

接触到《别独自用餐》后，彼斯诺开始重新定位自己的问题：他真正需要的是，有人为他指点一二，告诉他如何管理一家迅速成长的公司。这不是知识的问题，而是人脉的问题，问题的答案自然也只与人有关。

按照本书的指示，彼斯诺制订了“人脉行动计划”，列出了自己的目标，以及所有可能与他分享成功经验的企业家。接着，他拿起电话逐个联系他们，并抛出了一个令人难以拒绝的邀请：免费滑雪一周。为此，彼斯诺的信用卡刷掉了1.5万美元。但是，他成功地把这些成功人士聚集到一起，让他们为初入商海的年轻人指点迷津。当然，其中主要受指导的对象是彼斯诺，他要的不仅仅是商场上的成功，更是人脉上的成功。

免费滑雪一周，外加一个改变世界的机会！放我身上，我肯定会毫不犹豫就答应。事实上，即使要我自掏腰包，我也会欣然前往。不出所料，怀有这种想法的人不止我一个。彼斯诺一下子就火了，当场拿下了一笔投资。之后，这个地方定期举行峰会，成为成功商人的据点，下设营利机构和非营利机构。

峰会不仅成就了企业家，还建立了一个圈子，这才是最珍贵的社会资产。在这个圈子内，人们那种亲密、互助的关系不仅有利于合作，更满足了人们与人交往、寻求归属、寻找人生意义的愿望。换句话说，这是一个“由同仁、朋友、老师组成的使你获益终身的圈子”。

社会研究告诉我们，满足与人交往的诉求不仅仅是“创造美好生活”的软性条件，也是激发创造力并不断取得进步的硬性条件，而这种关系链终端的要素则是——利益。

如今，峰会已在Powder山安了家。其中不乏令人瞩目的常客，如贝宝（PayPal）的共同创始人之一亿万富翁彼得·蒂尔（Peter Thiel），他名下每片土地的投资额都不低于200万美元。这不仅预示着峰会长久的生命力，也彰显了峰会理念蓬勃的生命力。

彼斯诺的故事揭示了本书的精华：慷慨待人、勇敢无畏、人脉变现、专业而不失个性、诚挚待人、礼尚往来、享受生活。

虽然我很乐意把峰会的硕果归功于自己，但是彼斯诺和他的团队创造了峰会，我只是幸运地成为他们创造的“圈子”中的一员。但我可以自豪地说，正是得益于本书，峰会圈子理论才得以诞生并最终成形。然而，利用《别独自用餐》的理念与准则开辟职业道路的人有千千万，彼斯诺只是其中一员。

以下是峰会的非正式行为准则：

· 学习之旅：“三人行，必有我师。”学习他人的智慧，学习他人的精神，学习他人的创造力。

· 建立友谊：峰会不是为了社交，而是为了寻找终身友谊。周围的人都很牛，赶快去认识他们吧。

· 享受意外：最出人意料的时刻往往是最有意义的。

· 传播爱心：峰会不看简历，只看人品，多多关注初出茅庐的毛头小子吧，别光追着大咖跑。

· 享受生活：没趣的峰会怎能称之为峰会呢?

欢迎进入社交时代

彼斯诺和他的“圈子”，以及无数个写信诉说自己成功历程的人告诉我，《别独自用餐》不仅仅是我一个人的故事。我之所以能够以独特的方式与人沟通，充满激情地追求成功，都得益于当年那个生活在一个匹兹堡钢铁小镇的穷小子，他曾经在当地高尔夫球场做球童。在那期间，他真的学到了很多。是的，那个小伙子就是我。

世界正在改变，也不断地改变着我。或者说，我生来就有在这个时代大展宏图的基因。不管何种情况，《别独自用餐》都是这个全新商业时代的行业指导手册。

十年来，我的公司就一直通过建立与增进友谊，帮客户在变幻莫测的环境中不断成长，我们投入了巨大的人力和物力，共同研究其他领域的课题：情感、直觉、行为、信任、影响力、权利、互惠、人脉等涉及与他人沟通、合作的课题。

“社交”曾是个不好的字眼，却成了当今社会的通用语。它反映了人的内在需求——不是丑陋不堪、相互利用的需求，而是互惠互利的需求，它能促进人类自我发展，以及合作型经济的进步。当今社会最宝贵的便是人脉资源，它是你和你所属圈子所拥有的信息、知识、信任的总价值。

科学证明了一个十年前就在我脑中成形的等式：

成功=遇到的人+合作成果

人脉决定命运。时下流行的社交理论都赞同这样一个观点：我们接触的是什么人，我们就是什么人。我们的收入、情绪、健康都是由我们接触的人群及接触的方式决定。

所以，妥善管理人脉（当然，有时候，妥善管理也意味着放弃管理、顺其自然，这是这几年来我做父亲得来的经验）即妥善管理自己的职业生涯。就这方面来说，本书的内容无疑是最有力、最重要的。

而且，《别独自用餐》的读者只会越来越多。如今的小孩打从娘胎里出来就接触互联网，他们最初的意识就是从与全世界的互动中得来的。生长在这种以社交媒体为导向的环境里，他们可能成为一些领域的专家，而对其他领域一窍不通。我预测，他们的余生可能都会用来搞清楚那些他们不懂的东西。幸运的是，如今的读者，无论是年长的还是年幼的，都可以通过此书预览这个时代即将发生的变化。

《别独自用餐》首次出版时，将本书推向科技与数字关系管理前沿的工具只有Palm Pilot（掌上电脑）与Plaxo（在线地址簿服务软件）。如今，随着社交媒体与移动设备的涌现，我们管理关系、制造影响力、积累人脉资源的方式也发生了变化。

随着时间流逝，粉丝一再告诉我，要想让这本建立关系的百科全书永垂不朽，必须重新修订。

在重新修订《别独自用餐》的过程中，我仍旧保留了最初版本的大部分内容。老实说，那些法则放在今天仍然有用。此外，我不仅把整本书都梳理了一遍，还增加了三个章节，使本书的文字更加清晰有力。

虽然科技在不断发展，但是本书一些最基本的观点仍旧保留了下来，如慷慨、勇敢，以及无论你的背景如何、来自哪个民族、年龄多大、是男是女，只要你源源不断地为他人创造价值，你就能取得成功。而且，推动当今社会不断进步的，也正是这些优秀的文化。

如何阅读本书

心动过后加上行动，才能最大限度地发挥本书的价值。

阅读本书时，请将本书中的原则和策略都付诸实践。我的宗旨是：无论你年龄大小，所处环境有多恶劣，只要慷慨、勇敢地付出，你就向卓越迈出了第一步。

妥善管理人脉、成为社会精英需要你有主动的学习态度。如果你等到学习好理论知识再试水，那你可能已经浪费了几个月甚至几年。

本书能帮你：

· 制定一个高效、高产并终身受益的社交策略；

· 积累人脉，实现目标；

· 整合计划认识与偶然遇见的人脉，扩大社交圈；

· 根据你的目标与自我价值，过滤人脉，建立最佳人脉；

· 培养人格魅力，吸引他人来分享信息、渠道及资源；

· 将人格魅力运用于社交媒体，建立网络社交圈；

· 增加人脉价值，尤其是公司与客户价值；

· 创新，建立业内专家形象，扩大自我网络影响力；

· 展示才华，抓住机遇；

· 创造理想人生，建立正能量社交圈。

通过阅读《别独自用餐》，16个国家的50多万人掌握了与人分享的技巧，其中有高中生，也有著名企业的CEO，你还在等什么？

第一部分　思想篇
THE MIND SET

01 要有自己的圈子

联系无处不在。宇宙万物之所以存在，是因为它们与其他事物相互联系，没有事物能够孤立存在，放下“独行侠”的伪装吧。

——玛格丽特·惠特利

刚进入哈佛商学院的时候，我时常感到不知所措，我不停地问自己：“我到底是怎么考进来的？”

我以前没听过一堂会计课或金融课，而看看我周围的同学，他们学习无比专注，不仅早就拿到了商科学士学位，还在华尔街顶级的公司里研究数据、分析报表。他们大部分家庭条件优异，祖辈早已给他们攒下大笔财富，就连他们的名字都缀着代表身份的罗马数字。是的，我承认，我被吓到了！

而我，一个工人家庭的孩子，只获得了文学学士，在一家传统制造公司待过几年。我将要和来自麦肯锡和高盛的商二代们竞争。我甚至怀疑他们还在摇篮里的时候就开始分析商业数据了。

然而，这是我事业决定性的一刻，也是我人生决定性的一刻。

我出生在宾夕法尼亚西南部的农村，在一个名叫扬斯敦的小镇长大。扬斯敦面积狭小，出产钢铁、煤炭。扬斯敦十分贫穷，人口也很少，我站在家门口，根本看不到其他住户的踪影。我的父亲在当地钢铁厂工作，周末还要去建筑工地打工；我的母亲为邻镇的律师和医生打扫房间；我的哥哥参了军，以此逃离了小镇的生活；我的姐姐在我十来岁的时候嫁给了一名中学教师搬出了家。

身在商学院，我感到年少时的危机感再次袭来。要知道，尽管家里并不宽裕，但父母仍给了我哥哥和姐姐难以企及的机会。他们鼓励我，并搭上全副身家让我去镇上有钱人家小孩才去得起的学校。我突然记起母亲开着家里那辆破破烂烂的诺瓦车到那家私立小学接我放学时，其他同学都钻进了一辆辆宝马级别的豪华轿车。他们曾无情地嘲笑我家的车、我的涤纶衣服，以及Docksiders品牌的仿品——这一切时刻提醒我自己的出身。

但是从很多角度看，这些经历都是上天给我的礼物。它使我变得果断，追求成功的欲望也更加强烈。它使我清晰地意识到，穷人与富人之间有一条巨大的鸿沟。我感到愤怒，因为我穷；我也感到自己被校友排挤。但从另外一个角度讲，这一切都使我比任何人都努力。

我安慰自己，努力就能够打破困境，就能够进入商学院，但似乎有另外一种东西，一种远在我来到剑桥市之前就有的东西，它是我的优势，把我和与其他商学院的同学区分开来。

童年时期，我曾在乡村俱乐部做球童。出入乡村俱乐部的都是本地和邻镇的富人。我经常沉思，哪些人能成功，哪些人不能成功。那些日子的观察改变了我的世界观。

那时，当我为富人们背着球包走在高尔夫球场上的时候，我会观察这些站在职业巅峰、我父母穷尽一生也接触不到的人，他们会互帮互助，帮别人找工作，为别人发现的商机投入时间和精力。同时保证自己的孩子在他人的帮助下进入最好的学校，得到最好的实习岗位，最终拿下最好的工作。

我亲眼见证了什么叫作“成功的人越来越成功，富有的人也越来越富有”。我意识到，我帮着背包的这些富人，他们最强大的力量来自他们的社交圈。而穷人，不仅穷在没钱，还穷在没办法接触到那些可以帮他实现愿望的人。

我逐渐相信，从某种角度来说，生活正如高尔夫，熟知游戏规则的人才会成为最佳选手，并最终取得成功。生活的规律就是：碰上对的人，以一个对的理由，由他引你进入一个对的圈子。哪怕你以球童起家都没问题。

这一认识使我获益匪浅。我意识到，智力、天分、出身都是实现目标的重要因素，但如果你没认识到“你不可能一个人做到”这个道理，拥有这些条件也是白搭。因为事实上，一个人根本走不了多远。

幸运的是，我非常渴望实现自我的目标（事实上我非常恐惧此生碌碌无为），否则，我会像球场上的其他同事一样，只是呆呆地站在一边看着。

我在波兰特太太身上第一次见识到了关系的伟大力量。波兰特太太的丈夫是镇上一家大型木料厂的老板，儿子布雷特和我年纪相仿，我们是好朋友。他们会去我们当地的教堂。可能我那时的梦想就是成为布雷特那样的人——出色的运动员，家庭富裕，还有一大群女孩子追捧。

在俱乐部里，我是波兰特太太的球童。说来好笑，我是俱乐部里唯一因为担心她的健康而把她的烟藏起来的人。在工作方面，我事无巨细，努力让她赢得每一场比赛。每场比赛的当天早上，我都会走遍整座球场，找到每一处果岭，测试球在草地上滚动的速度和方向。波兰特太太于是战无不胜，她也开始在她的朋友面前夸我。随后，其他人也开始找我做球童。

我像对待上帝一般对待每位顾客。进俱乐部的第一年，我就拿到了“年度球童奖”，所以当阿诺德·帕尔默（Arnold Palmer）回到故乡打球时，我得到了为他服务的机会。阿诺德最初也只是乡村俱乐部的球童，而如今的他已经有了自己的俱乐部。他就是我的偶像！他的故事说明成功与出身无关，而与门路（当然还有天分，至少阿诺德是这样）有关。有些人生来就有门路，或用钱买通了门路；也有像阿诺德这样，凭着过硬的专业技术争取到门路的。而我的优势，在于内心的强大动力。阿诺德的故事启发了我：你的过去并不能决定你的未来。

那几年里，我几乎成了波兰特家庭的一员，我几乎每天都会去他们家，还会在一起过节。布雷特也和我形影不离。我像爱自己家人一样爱波兰特一家，而波兰特太太几乎向我引荐了俱乐部里所有可能帮我的人。当我懈怠迷茫时，她会给我告诫与建议。我在球场上帮她，她在生活上帮我。她在慷慨上面给我上了简单而又意义深远的一课：你帮助别人，别人也会回馈于你。“互惠”只是后来人们对这条亘古不变的真理的美化而已，而我只知“关心”一词，正因为我们互相关心，我们才会聚在一起做令人愉快的事。

正因为那段生活及那些道理，我开始明白，商学院这些竞争力超强、极端自我的同学都搞错了。要想在一个领域成功，尤其是商业领域，必须与人合作，而不是互相隔绝，互相猜忌。那些填着大大小小数字的报表都在说明一个道理：商业是关于人的事业，做决定的是人，使它前进的也是人。

所以，没过多久，我开始戏谑地想：“这些人是怎么考进来的？”

我发现，那些同学缺少的，正是与人建立和维护关系的技巧与策略。在美国，尤其是在商业圈，我们从小就在约翰·韦恩（John Wayne）个人主义的熏陶下长大，那些下意识去讨好别人的人被视作小人、走狗、谄媚的马屁精。

经过这些年，我意识到，这完全就是一种误解。我看到人们互助与合作，与所谓的操纵与索取没有半点关系，很少有人计算自己为他人付出了多少，也很少有人计较自己应该获得多少回报。

随着时间流逝，我也逐渐相信，主动与人交流不仅会让他人的生活有所改变，也有利于探索、丰富自己的人生。一旦用这种观点看待扩大人脉的重要性，与他人建立关系便成了我生活的主旋律。无论在职场上，还是在生活中，我都会一次次将自己的交流技巧付诸实践。而且，我并不认为这种“社交”的观点是冷酷、不近人情的，相反，我是在与他人分享我的知识、资源、时间、精力、朋友、合作伙伴以及感情。不断为他人创造价值的同时，也增加了自己的价值。这就像商业一样，你要做的不是管理事务，而是管理关系。

那种出于本能构建强大关系网的人往往都能成就伟大事业。因为你会发现，商业的本质就是把东西卖出去，只不过这一本质早被如今商圈的巨大喧嚣湮没了。为了不断追求竞争优势，商家创造了一系列噱头，从商标到技术，再到价格战。但你稍微问问那些有所成就的CEO、企业家，或业内的行家，我敢保证，你从他们嘴里听不到多少商业行话，你最可能听到的是谁曾经帮助过他们——如果他们足够坦诚，而且不过多沉湎于成功的话。

几十年来，我成功地在职场和生活中运用关系的巨大力量，我也相信，与人交流是我最重要的生存技能之一。为什么？因为老实说，人们只喜欢与他们了解和喜欢的人做生意，任何行业都是如此。甚至有研究表明，我们整体生活质量、幸福感都在很大程度上取决于朋友圈给你的支持、指导和关爱。

弄清楚如何与人交往也花了我很长一段时间。但我确切地知道，上至美国总统，下至家长教师联合会主席，要得到这些职位，都离不开旁人的协助。

真正的社交是使别人更成功

如何将点头之交变成朋友？如何让别人心甘情愿帮助你？为什么有些幸运儿一离开会场，午餐预约就排到了几个月后，还发展了几十个潜在合作对象，而其他人只带走了一个消化不良的胃？哪里才能接触到最能帮助你的人？

早年在扬斯敦，我就会从任何可能的渠道吸取知识和建议：朋友、书籍、邻居、老师、家人。那种与外界接触的欲望完全无法得到满足。但是在商界，没有什么能比得上一个经验老到的前辈。在我职业生涯的每一个阶段，我都会在身边寻找这样的导师，并向他们寻求帮助与指导。

我在一位名为乔治·络夫（George Love）的律师身上首次见识到了导师的价值。当时，乔治和镇上的证券经纪人沃尔特·塞林（Walt Saling）把我收入到他们的门下学习。他们的职场故事、街头智慧很吸引我。就这样，我的志向也渐渐在他们一个个传奇般的商业经历中生根发芽。而且，打从那以后，我就开始关注身边谁能够帮助我、启发我。后来，当我和商业领袖、店主、政治家及各领域举足轻重的人物打交道时，我便了解到，这个国家最成功的人是如何与人交流，并让他人帮助自己实现目标。

我开始渐渐明白，真正的社交是使别人更成功，是努力让给予多过索取。我也渐渐相信，总有一些坚实的原理，来支撑这个以宽厚善良为基础的社交哲学。

这些原理能助我实现那些我原来想都不敢想的梦想，给我跟我同背景的年轻人难以企及的机遇。当我失败时，会有人前来帮助我，正如我们有时候也会去帮助别人一样。而当我毕业进入德勤时，我第一次意识到我有多么需要这种帮助。

以传统标准来衡量的话，我是一个糟糕的菜鸟咨询师。做第一个项目时，面对一大堆数据表格，我的眼睛都快瞪出眼眶了。那时的办公室位于市郊，我和几个新手一起挤在狭窄不堪的办公室里，房里一扇窗户都没有，文件从地板堆到天花板，数据表格堆积如山。尽管如此，我还是努力去做了，但我仍然没有完成任务。我心里很清楚：自己这种厌烦情绪非常致命。

我想，过不了多久，就算我自己不走，公司也会让我走的。幸运的是，尽管我还在不停地学习探索，我已经将一些人际交往的规则运用于实践。当我不用痛苦地分析数据的闲暇时间里，我会去找以前的同学、教授、老板，找任何一个愿意与德勤互惠互利的人交流。一到周末，我会在各个小型社区演讲，内容全是我在哈佛大学伦恩·斯莱辛格教授（Len Schlessinger）那儿学到的东西，现在我的演讲风格也是师承于他。我所做的一切都是为了宣传德勤，为德勤招揽生意。当时，我的导师遍布整个公司，包括CEO帕特·罗康托（Pat Loconto）。

即便如此，我的年终考核依旧十分糟糕。我的分数很低，理由是我没有拿出公司期望的精力与热情来对待工作。但我的监督人却有不同的想法。我和他早就建立了关系，他明白我在闲暇时间做了什么。于是，我们俩一起创造了一个公司之前没有的职位。

我的监督人给了我一个15万美元的消费账户，让我去做我之前正在做的事情：开发生意、以德勤的身份去演讲、接触媒体和整个商界，以此提高德勤的市场地位。事实证明，我没有辜负监督人对我的信任。一年后，德勤在我负责的这一块（企业重组）的品牌认可度从咨询业最底端上升到最顶端，实现了从未有过的增长率（尽管这也不算是我的功劳）。接着，我成了公司的CMO（Chief Marketing Officer，首席营销官）和最年轻的合伙人。我的职场生活开始变得绚烂多姿——我的工作趣味无穷，我能从中找到我所期待的一切。

当我在职场上无往不利时，这一切却只是个幸运的意外。实际上，有好几年，我并不知道我选择的职业道路将会把我带向何方。在德勤，我积累了一系列高层管理的经验，随后我成立了自己的公司。只有在回顾过去的时候，那些经验才体现出它无限的价值。

离开德勤之后，我成为世界500强企业喜达屋酒店集团（Starwood Hotels & Resorts）的CMO，随后又担任视频游戏投资公司Knowledge Universe的CEO。如今，我也建立了自己的公司法拉齐绿讯营销咨询顾问公司（Ferrazzi Greenlight），一个为世界上著名公司做市场营销咨询的公司。我跌跌撞撞地爬到了职业生涯的顶端，每次在思索下一步行动或需要建议时，我都会求助我的朋友圈。

起初，我试着让自己不再那么关注与人交往的技巧，毕竟，这种技巧没有其他商业技巧那么令人肃然起敬。但随着年龄的增长，从CEO到大学生，再到公司职员，他们都来向我讨教我一直都爱做的事。我被《克雷恩芝加哥商业杂志》（*Crain*）评选为“40位40岁以下商界精英”之一，以及被达沃斯世界经济论坛评选为“未来全球领袖”，希拉里·克林顿（Hillary Clinton）邀请我为她的非营利组织“节约美国财富”（Save America’s Treasure）筹集资金，世界500强企业询问我是否愿意参加他们为国内重点客户准备的晚宴。MBA学生也给我发来邮件，告诉我他们渴望向我学习他们在商学院根本学不到的社交技巧。如今，这些技巧都成为美国顶级MBA课程的培训内容。

我意识到，我学习到的并助我成功的这些“软技巧”，别人也可以学习，并从中获益。

当然，不是建立了关系网就能成功，但在追求职业、成就人生的过程中，朋友与家人的支持和帮助会使你得到意想不到的东西。

建立圈子不无聊，也不浪费时间，虽然有时候很耗费精力，但永远不会枯燥。你始终在不断地发现自己，发现他人，不断了解商界，乃至整个世界。这感觉很好。

以关系为导向的职业生涯会使你供职的公司受益，因为每个人能从你的成长中获益——正因为你能创造价值，人们才渴望与你接触。当你的同事，以及公司都能与你分享成长的喜悦时，你会感到非常满足。

“关系”以及随之而来的机遇与支持，都有利于个人的发展，对如今新型劳动方式具有重要意义。以前，只有公司才能给人们忠诚和安全感，如今社交圈也可以。终身雇佣制早已死亡，我们现在都是自由人。况且，现在最值钱的就是信息，一个广阔的社交圈是我们成为各领域思想先锋的最佳保障。

如今，在我电话簿里能接听我电话的人已超过一万个，他们能向我提供专业知识、工作岗位、帮助及鼓励，甚至是关爱。我所知道的成功人士，都不是那些特别有天分、学历特别高，或者特别有魅力的人，但他们都有一群特别值得信赖、随叫随到的朋友。

但正如我做球童一样，建立朋友圈也需要努力，需要辛勤的汗水。这意味着，你需要考虑的不只有自己，你还要想着别人。一旦决心与人接触，让他帮你在业内出类拔萃，你就会体会到人脉对实现目标的巨大作用。同时，这会使你的生活更加充实，物质上更加富裕，你的身边也会总是围绕着一群不断成长、富有活力、相互关心的朋友。

本书概括了这些成功人士成功背后的秘密，一些被商学院、职业规划师、心理学家忽略的秘密。结合本书的观点和方法，你也可以成为圈子的中心，而这个圈子能够帮助你的人生取得成功。我对与人打交道这件事十分狂热。实际上，你只要简单地与人交往，并意识到自己不可能做一名独行侠，很快就会看到意想不到的效果。

每个人都可以成为善于社交的人。毕竟，一个来自宾夕法尼亚农村的穷小子都能做到，你也能做到！

02
慷慨待人

从来就没有孤军奋战的人，我们都是在成千上万人的支持下成就了自己。不管谁帮了我们，或鼓励了我们，都成就了我们的性格和思想，当然也成了我们成功的一部分。

——G.B.亚当斯

在给大学生和研究生做演讲时，他们总是会问：成功的秘诀是什么？获得巨大成功的秘诀又是什么？这时候，他们总是希望我给出一个直截了当、干脆利落的答案，因为我那个时候也希望有人这么做。

“想知道成功的秘诀？”我答道：“没问题，成功的秘诀可归结为一个词——慷慨。”

然后我停下来，观察这些年轻人的表情。他们都疑惑地看着我，有些人认为我在开玩笑，还有人觉得听我演讲不如去喝啤酒。

接着，我解释，我有个身为钢铁工人的父亲，这位父亲有一颗急切的望子成龙的心。当时，他向一个他从没见过的人表达了他的愿望，这个人就是他所在公司的CEO亚历克斯·麦克纳（Alex McKenna）。

麦克纳先生很佩服我父亲的勇气，他帮我争取到了一家私立小学的奖学金。当时，他是那所学校的理事。

后来，我遇到了宾夕法尼亚州共和党主席埃尔希·希尔曼女士

（Elsie Hillman）。当时，她从《纽约时报》（*New York Times*）得知我竞选城市委员失败的消息——那时候我还是个大二的学生——她接见了我，并鼓励我考哈佛商学院。

我告诉台下的学生，我在你们这个年纪时，几乎得到了全世界最好的教育机会，而这都得益于他人的慷慨相助。

“大家都很乐意接受别人的慷慨，但前提是你要主动走出去寻求别人的慷慨。”

说到这，我看到学生们的脸上都露出了恍然大悟的表情，因为在座的每个人都几乎曾为一次面试机会、实习岗位或免费建议而去向他人求助，而且大部分人都不大情愿这么做。然而，当你做到像心甘情愿地提供帮助一样请求帮助时，你也只完成了一半。

这就是我所说的“交流”的含义。交流是一个持续地给予和索取的过程。正是通过与人交流，向他人贡献你的时间、专业知识，与他人共享信息，蛋糕才会越做越大。

这种事物之间带有因果的联系，在愤世嫉俗的人看来或许十分天真。尽管慷慨的力量还没被美国完全接受与应用，但在整个世界已开始展示出它的巨大价值。

我喜欢给他人建议，这几乎成了我的一个嗜好。我曾经给几百个年轻人做职业咨询，后来得知他们在职场中进步时，我会获得巨大的满足。我可能给他们的生活带去巨大的变化：我可以打开门，拨个电话，或提供一个实习机会。这些事情都微不足道，但却可能改变他们的命运。但很多时候，我的帮助会遭到拒绝。

他们会说：“不好意思，我不能接受您的好意，我不确定我是否有能力报答您。”或者说“我不想欠任何人人情，所以还是算了。”有时候，他们会选择某种方式回报我，而对我来说，没有什么能比这种不明事理的人更让我愤怒了。有些人认为这只是某一代人的问题，但这无关年龄，各行各业，各种年龄段，都有人给我这样的回应。

人脉之所以存在，是因为大家能各取所需。因为大家默认，花费时间、精力建立关系能够为自己谋利。世界上之所以有站在社会顶层的1%的人，是因为他们懂得这个规律。事实上，正因为他们利用了朋友圈，才会有今天的位置。

但你首先得学会慷慨待人，如果你不能以同样的热情将自己的圈子推荐给别人，你就不可能扩大自己的圈子。你帮助的人越多，你得到的帮助越多，然后你就能帮助更多的人。这跟社交网站的运营模式如出一辙，访问的人越多，用户越多，网站就越值钱。有一群曾受我指导的学生，如今已成为各行各业的成功人士，他们也帮我指导前来寻求建议的年轻人。

这不是卖弄善良的蠢话，这是一种深刻的领悟。一切都会严肃对待，并力求把它做好。在工业时代，竞争力是靠不断改进生产方式和生产工具获得的，如今，则是靠不断提高关系质量得到的。

和其他物质资源不同的是，信息是有寿命的，它们可能随时兴起（人们发现信息、传递信息），也可能随时灭亡（信息过时）。要得到急需的最佳信息，要求人与人的完美合作、共同创新、相互沟通，这样才能管理好关系，顺利完成工作。

我们生活在一个互相依存的世界，所有的组织单位都在寻找自己的合作伙伴，自由人越来越多。他们也发现，只有与他人合作，才能实现自己的目标。人们越发清晰地意识到，在零和游戏中，虽然有一方占取了所有利益，但从长远来看，双方都得不到好处。双赢才是这个联系着的世界不可或缺的东西。在一个高度联系的市场，合作才能获得巨大的竞争力。

游戏规则已然改变！

1956年，威廉·怀特（William Whyte）的畅销书《团体中的人》（*The Organization Man*）中刻画了典型的美国工人形象：他们穿着大企业的灰色工作服，向企业贡献自己的忠诚，而企业回馈他们以生活保障。这是一种美化了的旧时代奴役关系，因为我们几乎没有选择，也没有机会。然而，如今的雇佣方毫无忠诚可言，受雇人就更没有了，我们的职业生涯再不是一片一眼望到底的风景。我们是自由人、企业家，是公司内部获得开发特权的企业职员——每个人都带着自己的个性与烙印。

很多人都适应了新时代，认为这是个“狗咬狗”的时代，只有最邪恶、最刁钻的狗才会取得胜利，但事实并非如此。

以前，雇员是在自己供职的公司寻找忠诚与慷慨，如今，我们则需要在自己的社交圈中寻找。但我们寻求的不是那种对公司盲目的忠诚与慷慨，而是一种更加私人化的忠诚与慷慨，一种对同事、团队、朋友、客户的忠诚与慷慨。

我们越来越需要别人的帮助，这不是情感上的诉求，而是一门科学。

为什么一些人健康、幸福、事业有成，而另一些人却截然相反？几十年来，神经学家、心理学家、经济学家在这上面的研究取得了巨大进步。显然，我们不仅仅和他人有着密切联系，我们更是这些人与这些关系的产物，你认识的人决定了你是谁——你的情感、行为及成就。

正如《连线》（*Wired*）杂志在2010年封面故事里所说：“健康和快乐的秘密是什么？自然是与健康、快乐的人做朋友啊……”近50年来的医疗记录便是社交圈强大感染力的铁证。

可悲的是，很多人都鸵鸟似的将头埋在沙里，认为自己还处在20世纪50年代，我们倾向于美化“独立”，将独立视为一种美德。但以我的经验来讲，这种观点却是你职业道路的杀手，“独立”只是用沙粒制成的救生衣。性格独立，却不会以相互依赖、互惠互利的角度思考问题，这种人可能是一个优秀的独立生产者，却不是一个好领导、好组员，过不了多久，他们便会在职业道路上栽跟头。

举个例子。在德勤时，我曾经为全国最大的健康管理组织做过一个项目。当时我必须在该组织位于旧金山和洛杉矶的两个总部来回走动，周末还要回到位于芝加哥的家。

起初，我打算以咨询的工作作为跳板，然后进入其他行业。在洛杉矶的时候，我思考能不能在娱乐行业做出一番事业。我没有特别想得到的东西，我只是知道，我对娱乐行业蛮感兴趣。待时机成熟，我希望能顺利打入好莱坞。

当时，我最好的朋友雷·加洛（Ray Gallo）在洛杉矶做律师，于是我给他打了电话，问他有何建议。

“嗨，雷，我想进入好莱坞，你知道有谁可以和我简单地吃个午饭，给我点建议不？”

“我知道一个叫大卫的人，他是我朋友的朋友，也是哈佛商学院的校友，你给他打个电话吧。”

大卫是个精明的商人，在好莱坞做一些富于创意的生意。另外，他和一个工作室的高管关系特别好，他们以前还是同学。我便希望有机会认识这两个人。

我和大卫在圣莫尼卡的一家露天咖啡馆碰了面。大卫衣着精致，典型的洛杉矶风格；而我则西装革履，扣子从头扣到脚，典型的中西部咨询师风格。

寒暄一番后，我开始切入正题。

“我打算以后进入娱乐行业，你知道谁能给我一点有价值的建议吗？”鉴于我是他铁哥们的好朋友，这个要求应该不算过分。

“我的确认识这种人，”大卫说，“她是派拉蒙影业（Paramount Picture）的高管。”

“太好了，我想和她见一面！”我兴奋极了。“你能安排一个简单的见面吗？帮我发封邮件什么的。”

“不行。”他一口就回绝了我，我当时十分震惊，完全没掩饰住脸上惊诧的表情。“基思，是这样的，我可能也需要在某个时候有求于她，所以我不想因为你或其他原因，把这个机会给浪费掉了。我想把这个机会留给自己。对不起，希望你能理解。”

当时的我根本不能理解，当然现在我也理解不了。他这席话与我所知所想背道而驰。他认为关系像切成许多块的煎饼，吃一块就少一块。然而，我却觉得它更像肌肉，使用越频繁，它就越健壮。

如果我拿出时间去接触某个人，那么我肯定想让他成功。但大卫太不慷慨了。他认为每见一次，求助的机会就少一次。对他来说，一段关系中所包含的善意和资产都是有限的。

正是因为对社交资产的运用，才会增加社交资产的价值。这一点很重要，他却没有意识到。

杰克·皮金（Jack Pidgeon）是我高中母校——科士奇（Kiski）中学的校长，他给我上了重要的一课。他觉得，你不能总问别人“你能给我提供什么帮助”，而是应该先问“我能给你提供什么帮助”。他的整个社交圈都建立在这一理念之上。

皮金先生给了我很多帮助。在我大学二年级暑假的时候，我被征去帮一个反对小肯尼迪的议员做事。她在波士顿举行反对活动，希望以前的议会席能够换人。对很多人来说，这是个注定失败的事情。但当时我很年轻，很天真，毫不畏惧。

不幸的是，我们还没披好战甲，就被对方打得举白旗投降了。当时我和其他8个大学生都住在酒店房间里，除了日常生活外，房间还兼做我们的竞选办公室。竞选进行了一个月后，我们身上一个子儿都不剩了，大半夜被酒店经理赶了出来。

当时我们都不知道该做些什么，只得把旅行包扔进面包车，一路向华盛顿驶去。我们还天真地希望在那里能够参加到另一场竞选活动中。真是幼稚啊！

半夜时分，我们在一个不知名的公路休息区停了下来，我用公用电话给皮金先生打了个电话，向他讲明了我们的处境。他听后哈哈大笑，接着他做了为几届科士奇校友曾做过的事——翻开电话簿打电话。

吉姆·摩尔是他联系的人。吉姆也是科士奇的校友，他曾是里根政府的助理商业部长。当我们一行人失魂落魄地抵达华盛顿时，我们有了落脚的地方，并开始寻找暑期兼职。我敢肯定，在吉姆需要帮助的时候，皮金先生也给他打了好多这种电话。

皮金先生深知把朋友介绍给朋友，把校友介绍给校友的巨大价值。这不仅会给当事人的生活带来改变，也会使朋友间越发忠诚，最终会拯救他在宾夕法尼亚即将分崩离析的公司。

事实的确如此，吉姆和我如今都是母校的董事会成员。如果你是皮金先生接手学校后的第一届学生，你肯定已经认不出科士奇了：滑雪道、高尔夫球场、艺术中心，以及精密技术中心，这些使科士奇看起来更像是中西部的麻省理工学院。

我想说的是：关系靠信任来巩固，公司靠信任而成立。套用肯尼迪的一句话：要赢得信任，不是问别人能为你做些什么，而要问自己能为别人做些什么。

换句话说，真诚交流的价值不在于贪婪，而在于慷慨。

回顾以前曾教导我建立长久关系的人们——我的父亲、希尔曼女士、我的学员、曾和我谈话的大学生、和我共事的人、雷、皮金先生——我得到了一些基本的感悟和结论。

1.经济潮涨潮落，友谊地久天长

很可能有这么一天下午，当你走进老板的办公室，就听到这样的话："不好意思，很遗憾地告诉你……"这的确很残酷、很难过。然而，如果你能打几个电话，事情就变得完全不一样了。你会走进另一个人的办公室，听到他说："我早盼着这一天的到来了……"

想要工作保障？事实是，在困难时期，工作经验都拯救不了你，努力、天赋也不行。如果你想要工作、钱、建议、帮助、希望、销售渠道，只有一个万无一失的方法，那就是向你广阔的朋友圈求助。

2.不用考虑究竟是他们的午餐还是你的午餐，也不用记录人情往来，没有谁会在乎

如果我告诉你们，“好莱坞”的大卫不再那么成功，你会不会感到惊讶。大卫总是寻求保持人情往来的平等，直到最后，他发现自己周围什么都不剩了。自上次遇见他后，我再没有他的音信。事实上，不只是我，其他人也再没有他的消息。但是，娱乐行业跟其他行业一样，都是一个小世界。

底线：索取之前要先给予。如果你慷慨待人，你也会得到慷慨的回报。

3.商业圈具有流动性和竞争性

昨天还是一名助理，明天可能就是个举足轻重的人物，以前给我打电话的许多年轻人，如今在接我电话时都满是感激的语气。记住，当你下面的人愿意助你前进，而不是一心盼你落马时，你的路会好走很多。

如今，每个人都是自己的品牌，员工靠忠诚及辈分体现价值的时代早就过去了。公司现在都利用品牌与顾客建立强大而持久的联系，在如今充满流动性的商业环境中，你也需要用同样的手段经营自己的朋友圈。

你是怎样一个人？你的价值何在？我想你与他人的关系最能说明这些问题。

4.贡献

为你不断扩大的朋友圈贡献你的时间、金钱及专业知识。回顾皮金先生为我做的，为无数人所做的一切，以及他的行为为我们带来的巨大改变。我坚信，把我从他身上学到的道理发扬光大，教导人们如何敞开心扉与他人交流，就是我报答老校长的最好方式，再次感谢皮金先生。

03
找到自己的使命

"你能告诉我应该走哪条路吗？"爱丽丝说。
"这得看你想去哪。"猫说道。
"去哪都无所谓。"爱丽丝说。
"那走哪条路都没多大区别。"猫说。

——摘自《爱丽丝漫游仙境》

你想做CEO，还是参议员？想爬到职业巅峰，还是想进入自家孩子学校的董事会？想赚更多的钱，还是想交更多的朋友？

你的目标越具体，就越容易制订出计划，并最终实现它们。当然，计划的一部分，就是与那些能助你一臂之力的人建立关系。

我遇到的每个成功的人，从某种程度上说，都热衷于制定目标。成功的CEO、运动员、富有人格魅力的领导者、销售员、有成就的经理人，都知道自己想要的是什么，并坚持不懈地追求。

正如我父亲所说，没有人能偶然当上宇航员。

我很早就开始关注制定目标了。还在耶鲁求学时，我当时想成为一名政客，想成为宾夕法尼亚州州长（没错，我的目标很具体，也很天真）。但是我知道，目标越具体，才会在实现目标这条路上走得越远。大二的时候，我当上了耶鲁政治联盟的主席，很多投身政界的耶鲁校友都是以此为起点的。后来我又对加入兄弟会产生了兴趣，但我并不是什么兄弟会都加入。当时，Sigma Chi是有着深厚历史的兄弟会，很多知名的政治家校友都曾是它的会员，但Sigma Chi在耶鲁并没有分部，于是我们便建立了一个。

后来，我参加了城市委员会选举，虽然最后失败了，但我在选举过程中认识了威廉·巴克利（William F.Buckley），还认识了宾夕法尼亚州州长迪克·索恩伯格（Dick Thornburgh），以及耶鲁大学校长巴特·吉墨提（Bart Giamatti）。后来，我会定期去拜访巴特先生，直至他逝世。对我来说，巴特先生就是个“活诸葛”。即使在当时，我就意识到，正是拥有一个清晰具体的目标，才使我从那些游荡在校园的学生中脱颖而出，他们总是坐等事情降临在自己身上。后来，我就更加热衷于制定目标了。

这也是我在德勤时，与众多硕士毕业的咨询师不同的原因。我知道自己需要确定方向，把自己所有的精力都倾注到一件事上去。当时，迈克尔·哈默（Michael Hammer）的一篇文章给了我灵感。哈默与人合著了《企业再造》（*Reengineering the Corporation*）一书，这在当时的商界掀起了飓风，开辟了咨询业的新世界。

这是一个全新的领域，有着完全不同的知识体系，而且很可能在不久的将来变得炙手可热，而我拥有成为这个领域专家的机会。当时，我阅读了所有的案例分析，参加了所有的讲座。可以说，哈默在什么地方，我就在什么地方。一段时间过去后，哈默先生也渐渐把我视为他的一名学生，而不是一个神经质的跟踪狂。而通过这段时间跟哈默的接触，我的知识体系也不断完善，这使得我和公司间的联系越发紧密，也和业内最有影响力、最受人尊敬的思想家建立了联系。德勤走在了企业再造的前沿，公司的知名度和利润都得到大幅提高。随着德勤的成功，我一度岌岌可危的事业，也开始呈直线上升。

几十年来，关于制定目标的书籍层出不穷。没错！确定目标非常重要。近几年来，我把制定目标的流程归纳为三个步骤。但更重要的是，你要让制定目标变成一种习惯，让它成为生命的一部分；否则，目标只会凋零、消逝。

第一步：找到自己激情所在

关于“目标”的最好定义，是在一次会议上，我从一位非常成功的女销售员那里听到的。她说：“目标就是一个在规定时间内必须完成的梦想。”这一定义指出了一点：写下自己的目标之前，你必须搞清楚自己的梦想是什么；否则，从一开始，你就会发现自己正在走向一个自己根本不想去的地方。

研究表明，50%的美国人都觉得自己工作得不快乐，其中有很多人的工作还相当出色，只是他们做的不是自己喜欢的工作。陷入这个境地的原因不难理解：工作、事业、家庭，人们总是需要做很多决定，他们时常感到手足无措，因为可供选择的东西太多了。最终，我们做着自己缺乏天分、根本不擅长的职业，我们很多人都做着那些容易出人头地的工作，而忽略了一些非常关键的问题。

你曾坐下来，好好想过自己真正喜欢的是什么吗？你擅长的领域是什么？你想得到的又是什么？阻碍你前进的困难是什么？很多人都不曾做过，他们只知道自己“应该”做什么，而不先花时间想清楚自己“想”做什么。

我们各有各的爱好、优点、缺点及擅长的领域，在思考我们的才能与梦想的交叉点时，这都是我们需要考虑的因素。我把这个交叉点称为“蓝色火焰”，它既是你的能力所在，也是你的激情所在。当一个人的“蓝色火焰”被点燃之时，它将转化为助你抵达目标的巨大能量。

我认为，“蓝色火焰”建立在对自我能力的真实认知之上，是使命与激情的汇聚。它决定了你的目标——无论是照顾老人还是抚养小孩，无论是成为顶级工程师还是成为作家或音乐家。我相信每个人都有与生俱来的使命，它是生命的启明星。

20世纪初，约瑟夫·坎贝尔（Joseph Campbell）创造出“跟随你的天赐之福”（follow your bliss）这句流行语。当时，他刚从哥伦比亚大学毕业，认为自己的“蓝色火焰”就是研究希腊神学。当被告知学校里根本没有这个专业的时候，他便给自己做好了打算。

毕业后，他搬到了纽约市郊一个小木屋里，开始了从早上9点到晚上六七点的寒窗苦读，这一坚持就是5年。蜗居在小木屋中的坎贝尔成了一个学富五车的人。但对于希腊神学爱好者来说，他们并没有特定的职业发展道路。对于要做什么工作，坎贝尔还是毫无头绪，但他一直没有放弃对希腊神学的爱。

当时，遇到他的人无不被他的智慧与激情所折服。后来，坎贝尔应邀到萨拉劳伦斯学院演讲，然后就是一个接一个的演讲。直到28年后，他已经成为一位著名的神学作家和教授，在第一次遭受挫折的同一所大学，做着自己喜欢的工作。“如果跟着‘极乐’走，你会找到自己专属的职业道路，它一直等着你的到来，你最应该过的生活就是当下的生活。”

那么如何找到属于自己的“极乐”？坎贝尔相信，每个人的内心深处，对自己最想要的生活，都有一种本能的了解与期盼。我们要做的，就是去发现它。

我完全赞同坎贝尔的说法。我相信，所有明智的决定都源于对信息的掌控。但根据自己的激情、“极乐”和“蓝色火焰”做决定也有相似的作用，因为信息有两种来源，一是从自身获取，一种是从周围获取。

1.看清内心

检视自己的目标与梦想有很多方法，一些人向神祈祷，一些人静坐冥想，一些人通过阅读，一些人通过锻炼，还有人通过长时间的隐居。

但在自我审视时，最重要的是挣脱束缚，摒除怀疑、恐惧，以及“自己应该做什么”的心理预期，必须把时间、金钱，以及责任感造成的障碍放在一边。

在思想上准备就绪后，我会列出梦想和目标，有些很天马行空，有些则过于实际。即便如此，我也不会想着背离这一串列表。接着，在这个清单的旁边，我会列下所有令我愉快的事物：成就、令我感动的人和事。对此，你可以参考自己一直坚持下来的爱好：自己喜欢的杂志、电影、书籍——那些最让你兴奋，让你忘记时间流逝的东西。

2.放眼外界

然后，问那些最了解你的人：你最大的优点是什么？缺点是什么？他们在哪些方面特别佩服你？在哪些方面你还需要别人的帮助以待提高？

不久之后，通过自我审视，以及别人反馈得到的结论，你就会得知自己的使命和方向是什么。

许多商界最厉害的CEO和企业家都坚信“蓝色火焰”的力量，尽管他们可能不那么称呼它。

著名咨询师及《企业再造》合著者詹姆斯·钱皮（James Champy）认为，成功的前提就是梦想。在他的著作《管理你的企图心》（*The Arc of Ambition*）中表示，对于像特德·特纳（Ted Turner）、迈克尔·戴尔（Michael Dell）、杰克·韦尔奇（Jack Welch）等成功的商业领袖来说，比起自己的个人能力，那种促使他们不断前进的目标才是最重要的。这是他们共有的特质。

钱皮问戴尔如何想到创立戴尔电脑时，这位CEO的回答在刚开始只围绕着商业和技术打转。接着，他顿了一下，说道：“你知道我的梦想怎么来的吗？”他讲到自己曾开车经过休斯敦的郊区到学校，他在车里眼巴巴地望着一座座写字楼前的旗杆，戴尔也想拥有自己的旗杆。对他来说，旗杆就是成功的象征。于是，未成年的他就开始憧憬创立自己的公司了。而今天，戴尔已经拥有三根旗杆了。

人的志向就像日本的鲤鱼，空间越大，它们就长得越大。

而我们的成就则与我们的理想，以及我们为之付出的努力息息相关。

我认为，制定目标、更新目标，以及观察自身在实现目标过程中的进步都不是最重要的。重要的是，你需要在情感上发现与认可自己想要的东西。

那是不是说，一个毫无可能实现梦想的人就可以比肩杰克·韦尔奇，将通用电气经营得一样好？当然不是！实现梦想还需要勤劳与自律。

“我说‘杰克，你真是个梦想家’，韦尔奇可能反感这句话。但事实是，韦尔奇是一个严于律己的梦想家，他的聪明才智足以让他在任何一个行业抓住机会。”钱皮说道。

那些自律的梦想家都有一个特点：他们都有自己的使命，这个使命通常十分冒险，离经叛道，连实现它都难如登天，但绝对是可能实现的。而自律可将梦想变为使命，将使命变为现实。

第二步：将目标写下来

使命不会自然而然地变为现实，它和其他艺术作品或商业交易一样，你从一开始就必须付出劳动。

首先，你要在脑子里把它构思出来；其次，你还要具备相关的技能、工具、物质资源；再次，它还需要时间、思考、决心、毅力以及信念。

我把我使用的工具称为“人脉行动计划”。

一个最简单的计划分为三部分。第一部分是制定有利于完成使命的目标；第二部分，将有助于完成这项任务的人、事物、地点联系起来；

第三部分，找到一个最佳方案，接近那些有助于达成目标的人。这意味着，你需要与他人接触；更重要的是，这意味着，你需要慷慨待人。

这个工作表非常简单明晰，但它对我、对我的销售人员，以及我的朋友都十分有效。

在第一部分，我会列出三年后的目标，然后倒回来，制定时间分别为三个月及一年的中短期计划，以助我完成使命。在每个时间段的计划中，我会制定一个A目标和一个B目标，有效地帮我完成三年后的目标。

我的好朋友杰米便是实施“人脉行动计划”的最好例子。当时，杰米正在寻找人生方向，拿到哈佛大学历史博士学位的她正考虑是否要做大学教授，但她发现钻研学术太枯燥无趣了。接着，她决定进军商界，但又发现商界报酬太低。于是杰米在曼哈顿住了好几个月，思考该何去何从，直到她意识到自己想做的是老师。

我让杰米试一下我的“人脉行动计划”。起初，她也对这种方法持怀疑态度：“这可能更适合MBA学生吧，我不太确定对我是否有用。”然而，她最终还是答应试一试。

接着她开始制作计划工作表：三年后的A目标是成为一名教师，B目标是在自己喜欢的地方最好的学校教书。然后再分别制定好短期的A目标和B目标。

三个月后，她想成为认证的中学老师，参加一些项目，顺利进入职业教育领域；一年后，她想成为全职教师，她列出了曼哈顿所有她喜欢的学校。

计划的第二部分又分为几个短期计划，她列出了几个人名，这些人可能在她实现目标上提供帮助。

经过一番调查，杰米找到了能够助她拿到教师职位的项目负责人、喜欢的那几所学校人事部的联系方式，她还找到了一家教师资格认证培训学校。

在这几周时间里，杰米向自己的目标不断迈进。她开始注意到，制定目标与接近可帮助自己的人有一种共生互惠的关系。目标实现得越多，她在教育界的圈子就越大；而圈子越大，她离自己三年后的目标就越近。

如今，杰米在加州一个全国最好的学校教书，而且，她很热爱她的工作。

计划的第三部分有两个作用：一是在接下来的几章，我会和大家分享许多社交策略，它会告诉你哪种策略更适合哪一类人群。对于一些人，你需要鼓起勇气主动联系他们（之后我会详细讨论这一策略），还有一些人，你需要通过你们共同的朋友穿针引线，还有人需要通过晚宴或会议认识……我会教你如何使用这些技巧。

但第三部分里最重要的是，你需要慷慨相待每个你认识的人，在之后的几章内，我们会细说这个问题。

这个流程适用于任何人，无论你从事的是什么职业，弄好了工作清单，你就会有一个使命。你也会知道谁会帮你迈出下一步，而你也有各种接触和认识他们的方式。

这个实践的目的是想说明，如果你愿意，在建立人际网的过程中，是有一定的流程和体系的，这也不是为那些生来就擅长社交的人准备的。与人社交无外乎提前计划，然后再执行计划而已，无论你是想成为高中历史老师，还是自己开公司。

另外，你可以将这种工作清单的方法推及生活的方方面面：扩大朋友圈、学习、寻找终身伴侣及精神指引。

如果有了计划，把它贴在你平时看得到的地方，和他人分享你的计划，这于你大有裨益。抱有一个清晰目标的最大好处是：当你告诉别人你想做什么的时候，你所接触的人那里都可能蕴藏着巨大的机会。

现在就写下自己的计划吧。我常常会把自己的计划在电话里备份好几份，以随时提醒自己有什么目标还没实现，有什么人还没认识。几年前，我还专门把它做成卡片，放在自己的钱包里。

但目标必须用手写下来，把你的愿望转化成白纸黑字的计划，没写下来的愿望只是幻想，写下来的愿望才算一个目标，一个承诺。

下面是制作“人脉行动计划”的几个标准。

1.你的目标必须是具体的

含糊、笼统的目标太过宽泛，不易于实施。目标必须是具体的、详细的，还要有实现它的步骤、期限，衡量是否实现的标准。我给我的销售说，“这个季度我一定要做到最好”这种目标不行，你所谓的“最好”是卖出10万美元还是50万美元?

2.你的目标必须是实际可信的

如果你都不相信自己可以实现它们，那你很可能会失败。打个比方，如果你的目标是年内盈利500万美元，而你去年的利润仅为100万美元，那么你的计划注定会落空。反之，如果你将目标定在150万美元，那么你肯定会做到的。

3.你的目标必须有难度、有挑战性

你必须跳出自己的安乐窝，制定富有不确定性和冒险性的目标。完成了上一个目标，就马上制定下一个。我见过的最优秀的一位销售员是我爸爸的一个熟人，他叫莱尔。莱尔的工作就是挨家挨户地上门推销书籍。他会为自己设立年度销售目标，把自己的目标写下来，放在任何他看得到的地方：钱包、冰箱、书桌……因此，几乎毫无悬念地，他达成目标的时间提前了好几个月。接着，他又开始制定下一个目标，他永远不会自满。莱尔说：“重要的是制定目标，而不是达到目标。他可能是整个宾夕法尼亚唯一挨家挨户推销书籍的人，其他地方可能也没有。但也正因如此，莱尔此生积累了一大笔财富。

接下来，你需要行动！这也是将其称为人脉“行动”计划的原因。

如果你要为马拉松做准备，那么你每天都需要外出慢跑。计划都有了，那就等着你行动了，然后一天一天坚持下来。

第三步：创立个人“智囊团”

和我在本书中提到的其他事物一样，实现目标也不是仅靠自己就能实现的。制订好的计划还需要不断完善与加强，和其他事物一样，即使最完美的计划也需要外人的评判与监督。

如果这时身边有三两个可为你答疑解惑的人则大有裨益。他们可以鼓励你，也可以严格地监督你，我把这种人称为“智囊”。他们可以是你的家人，也可以是曾经指导过你的前辈，或是你的老朋友。

离开喜达屋后，我的事业迎来了最挫折也是最关键的时候。我的“智囊团”就是在这个时候来帮助我的。当时，我感到十分茫然，这还是我人生头一遭没有工作、没有任何头衔，我必须重新审视我的目标。

离开德勤后，我成了喜达屋的一员，因为喜达屋开出的条件太诱人了：成为世界500强的CMO（这正是我三年前定下的目标），改变整个行业的营销思路。

但我的新工作并没有按照我的计划顺利进行。

当时，我是喜达屋总裁于耳根·巴特尔斯先生（Juergen Bartels）亲自招进来的，他承诺会指导我，并把我培养进公司未来的领导层。我也定下了很大的目标，为了这个目标，我得改变整个公司的思维方式。

那时候，酒店经营还处在区域性经营的阶段，所有酒店都在全国各地各自为战，酒店品牌缺乏一致性的经营。我们的目标是从全球视角出发，统一加强公司的营销能力。我希望用一个统一的品牌，集中运营所有酒店，以便传达各种信息，在市场上制造更大的影响力，而不是让各地的酒店制定自己的营销策略。况且，我们的主要客户是出差的商务人士，这群人越来越具有全球视角，也越来越期望一个统一经营的喜达屋。

然而，就在我来到喜达屋不久，巴特尔斯先生离开了公司。和其他机构一样，喜达屋也反对改变，尤其是这种改变还得不到公司高层的支持。进入公司一年后，我清楚地明白，关于这次改革，我不可能从时任总裁那争取到任何支持了。

时任总裁曾明确地说，公司并不能从重组营销部得到实质利益，当初的计划成了一纸空文，高层们完全没有批准这一改革的打算。我意识到，我的目标已经落空了。

那段时间，我写了整整12页关于目标的陈述。我问自己：我的优势在哪？我的缺点是什么？我可以进入哪些行业？能够抓住哪些机会？我列出所有我想接触的风投、想认识的CEO、能给我建议的企业领导，以及我向往的公司。我把所有可能的职业选择都列了出来：教师、牧师、政客、CEO。在每一项选择之下，我都制订了相关的人脉行动计划。

把这项工作一做完，我就去向我的“智囊团”求助。当时我还不具备在大公司做CEO的资历，但它却正是我心里真正想要的。

泰德·史密斯（Tad Smith），我最好的朋友，也是我最好的参谋，他建议我不要太沉溺于世界500强企业的光环。如果想做CEO，那么就找一个能够与我共同成长的公司。

他的这番话直戳问题的核心，我的确太关注大公司了。当时互联网危机刚刚过去，数字行业显得凋敝，但市场上还是有许多优秀的互联网公司，它们正需要有人给他们普及一些商业的基本知识，我才明白这才是我应该关注的地方。接着，我开始对行动计划进行精减。

那天过后，我给人打电话、参加会议的目标就是寻找一个可称之为“家”的小公司。三个月后，已有5家公司向我抛来橄榄枝了。

桑迪·克里曼（Sandy Climan）也是我走访的对象，他是一位著名的好莱坞演员，曾给迈克尔·奥维茨（Michael Ovitz）担任副手，他当时还在洛杉矶经营着另一家用风投建立起来的公司。我在德勤探索进入娱乐行业时就认识他了。桑迪把我介绍到YaYa媒体营销公司，YaYa公司也有他的投资。

那时，YaYa公司正在探索一种新型广告模式，他们打算把广告融入在线游戏。YaYa公司有优秀的商业理念、热爱工作的管理层及一群尽忠职守的员工。如今，他们应该做的是拓宽眼界，把市场的注意力吸引过来，给他们无人问津的产品造势，然后才能把产品顺利地卖出去。

2000年11月，YaYa公司正式聘用我为CEO，我知道这于我再合适不过了。公司位于洛杉矶，这给我进入娱乐行业创造了契机，也能让我在CEO岗位上发挥我的市场经验。

菲戈斯都可以做到，你也一定行

几个月前，一个朋友给我讲了弗吉尼亚·菲戈斯（Virginia Feigles）的故事。菲戈斯是我的老乡。朋友表示，菲戈斯的成功之路给了他很大的启发，听完故事的我也有同样的感觉。

44岁那年，菲戈斯已经厌倦了理发师这份工作，她想成为一名工程师。但打从这个想法冒出来，就有人跳出来反对她，说她只是痴人说梦。然而，这些反对的声音反而化作她坚持改变的动力。

菲戈斯说："在这个过程中，我失去了很多朋友，当你去做自己从没做过的或挑战自我的事情时，人们就会心生忌妒，这时候你要做的就是咬牙撑过去。"

她的经历听起来就像是一本职业速成指南。它让人们知道，如果你有一个伟大的目标，而你又愿意与人接触和交流，一个高中毕业生都能拿到他之前不敢想象的机会。她的经历也反映了一个残酷的现实：改变十分艰难！你会失去朋友，遭遇那些看似克服不了的困难。最严重的是，你自己都可能怀疑自己。

菲戈斯从未停止过上大学的打算。她出生在宾夕法尼亚一个叫作米尔顿的小镇上，由母亲一手带大，不到16岁就嫁了人，婚后第二年便有了自己的第一个孩子。她在丈夫的美发沙龙里做全职发型师，抚养她唯一的儿子。20年过去了，刚刚和第二任丈夫分道扬镳的她开始重新思考自己的人生。最后，她总结道：只有改变才能成长，而只有制定目标才会有所改变。

菲戈斯曾在一家商会做秘书，那时她就意识到，她的生活可以更精彩。“我只是想，这一切实在太愚蠢了，我怎么就陷入这种境地了呢？再说，谁说想拿到物理博士就一定得是爱因斯坦？”她说。

的确，不是每个工程师都是天才，但至少他们都懂数学。然而，菲戈斯却没有这份自信。于是她静下心来，在几个月内就掌握了代数知识。

接着，菲戈斯又在社区大学进修了一个月，她决定申请巴克纳大学的土木工程学院。当时学院的副院长特鲁迪·坎宁安（Trudy Cunningham）就直接向她说明了情况。他回忆道：“她来报道时，我就告诉她，以后的日子会很不好过。她已经是成年人了，已经有了自己的生活，而她需要跟一群住宿舍、吃食堂的孩子竞争。”

幸好菲戈斯善于社交，她参加了许多社区组织，还是基督教青年会、米尔顿商会的董事会成员，也担任过园林俱乐部及米尔顿职业协会的主席。她身边有一大群支持她的朋友及智囊。

对于其他学生来说，课后不是聚会就是足球，而菲戈斯晚上要去沙龙工作，第二天还有一整天深奥无比的课程。菲戈斯说，每一天，她都想过要放弃。

她还记得自己第一次物理测验的结果有多糟糕。“有个同学觉得拿到这种分数简直无异于世界末日，我就告诉她，放心吧，我不会去自杀的。”菲戈斯满带苦涩地揶揄道。最后，她得了个“C”，顺利通过了考试。

在经历过无数个不眠之夜后，菲戈斯一路过关斩将，终于在1999年工程学137名毕业生的名单中看到了自己的名字。其实，对这个结果感到最震惊的正是她本人。她喃喃道：“我毕业了吗？天哪，我真的毕业了，我做到了！”

随着目标的实现，她的社交圈也扩大了——不只是朋友以及商界的合作伙伴。如今，她刚刚与以前商会的上司结婚了，同时，她还在州运输部的新职位上忙得不亦乐乎。最近，她又成为计划委员会主席，工作地点正是她以前做秘书打杂的地方。

达成目标很困难，但如果你一开始就制定好目标，还有一套切实可行的计划，有一堆值得信赖的朋友，你几乎可以无所不能——即使年过40后去做工程师。

著名社交案例

比尔·克林顿：要清楚自己的目标

1968年，比尔·克林顿（Bill Clinton）还是牛津大学的一名学者。有一次，他在聚会上遇到了一位名为杰弗里·斯坦普斯（Jeffrey Stamps）的学生。克林顿立即掏出了一个黑色的笔记本，问道："你是做什么的，为什么会来到这里呢？"

杰弗里答道："我是富布莱特奖学金的交换生。"克林顿立即在本子上写上"富布莱特"等字样。接着，克林顿又接着询问了他的本科学校和专业。

斯坦普斯不禁问他："比尔，你把这些记下来干什么？"

"因为我要参政，我打算竞选阿肯色州州长，所以我要记下每个遇到的人。"克林顿回答道。

从斯坦普斯这段回忆中可以看到，克林顿在达成目标过程中是多么直截了当。因为在那个时候，他就明白自己的目标是竞选政府官员。正是拥有清晰的目标，才使他富有激情、真诚地拼搏。事实上，这位美国第42届总统在学校时就养成了一种习惯，他会在每天晚上把当天遇到的人的重要信息记录下来。

纵览他的政治生涯，他的政治抱负总是与他的社交能力密不可分。1984年，时任阿肯色州州长的克林顿第一次参加"文艺复兴周末"*，他的入场券还是通过他的好朋友南加州州长搞到的。"文艺复兴周末"是一个全国性的社交聚会，出席的都

* 文艺复兴周末（Renaissance Weekend），美国各界顶尖人物参加的私人活动，只有收到成员邀请才有资格参加。

是各行各业的领军人物。这对当时的克林顿来说，简直就像一个小男孩进入了琳琅满目的玩具店。他把每一分钟都用来与人结交。以下是1992年12月《华盛顿邮报》（*Washington Post*）对会上克林顿的描述：

“很多宾客对克林顿的印象都十分深刻，他顺利地从一个话题转化到另一个话题，即使是在屋子的角落，往墙上随意一靠，都能迅速吸引众人的注意力。他好像认识会上所有的人，这种认识不是只停留在从名片上得来的肤浅信息，他还知道别人的职业、兴趣。”

格林威力前任市长麦克斯·海勒（Max Heller）回忆道：

“他会和你拥抱，这种拥抱不是机械式地抱住你，你能从他的动作里感受到他诚挚的感情。”

海勒所说的就是克林顿迅速与交流对象建立亲密关系的特殊能力，他不仅记住了你的个人信息，他还利用这些信息与你建立关系。

从克林顿身上，我们可以学到两点：

第一，你生活的目标越明确，建立助你实现目标的社交圈也越容易。

第二，要与别人建立真诚的关系。我们几乎都达成了这样一种共识：一个手握大权或富可敌国的人待人傲慢情有可原。但克林顿让我们看到，当一个人真诚待人时，他可以变得多么受人欢迎。

04
未雨绸缪

如果彼此欣赏，就要建立关系。

——米奇·阿尔博姆

一些人一旦失业，往往看到名片就拿，狂热地穿梭在各种商业会议和招聘会中，他们都是需要工作或其他事物时，才开始与人结交。事实上，人脉最广的人在不需要有求于人的时候，就开始走访他人了。

乔治就是一个例子。他是我朋友介绍我认识的，他在纽约做公共关系，他的目标是建立自己的公关公司。一天，他邀请我一起吃饭，希望我能给他一点建议和鼓励。

坐了10分钟后，我才明白他连方向都搞错了。

我问："你开始挖掘潜在客户了吗？"

他说："还没，我打算一步一步来，我想先在目前这家公司积累经验，成长起来之后再辞职，接着再注册公司，租用办公室，寻找第一个客户。我不想在公关技巧还不成熟、公司尚未成立的情况下就与客户接触。"

我说："你这是本末倒置，这么做绝对会失败。"

我建议从今天起就开发未来的客户，想过最想接哪个行业的业务吗？思考过这个行业的大佬经常在哪些地方出没吗？等你搞清楚这些问题的答案，接着才是接触这个圈子里的人。

“最重要的是，你要把这些人当作朋友去结交，而不要一味把他们只看作你的潜在客户。但乔治有一点是对的：无论你多么友好，如果对方觉得你不能给他们带来任何利益，他们是不会把任何公关业务交给你的，所以你可以在开始时，免费为他们提供服务。比如，你可以在他们出没的非营利机构做志愿者，或者关心一下他们子女参加的教育基金项目。

“那我花这么多时间在其他事情上，老板会不会生气？”乔治问道。

我说：“为老板好好工作肯定是最重要的，但抽时间打理好工作以外的东西就是自己的事情了。去关注你老板不曾涉足的行业，当你在某方面的积累不足以出去单干时，你最好待在原来的工作岗位上。”

“那我就要白白为这些人做事吗？”

“当然，如今你还是个无人问津的小角色，打破这一困境十分困难。但你迟早会形成一个圈子，圈子里的人见识过你的工作能力，因此才信任你，这才是你跳槽或单干前需要建立的人脉。”

在辞职前，你可以试着从你的熟人中发展出一个真正的客户，这样做的好处是，他不仅能付你报酬，还会向他人推荐你优质的服务。这个时候，你就可以向你的老板辞职了，当然，能把你老板发展成你的客户就更好不过了。只有在这个时候辞职，你才会只赚不赔，毫无风险，你身后有一帮人，他们可以帮你开辟一条全新的职业道路。

午餐的最后半小时，我们已经开始思考，乔治的圈子里有哪些人可以帮他展开第一步行动。我还贡献了自己圈子里的一两个人，乔治的自信心开始攀升。我敢肯定，现在的他跑去跟人接触，绝对不会四处碰壁，他会想方设法去帮助别人，而每个人都会得到相应的好处。

上面讲的是创立公司的情况，其实要成为一个公司的顶梁柱也是遵循相同的思路，到时候你根本不用担心丢饭碗。我知道就目前的经济形势来说，这听起来有吹牛的嫌疑。自2010年失业高峰过后，美国的失业率有所降低，但就业情况仍不容乐观，尤其是对那些刚从学校里出来，或迈入老年的人群。那些刚走出校园的人会发现，很多行业的工作岗位已经被底薪或零薪的实习生占领了。如今的求职者也渐渐明白，找工作不是浏览招聘广告或发发简历那么简单了。

在很多情况下，我们都兢兢业业地做着毫无实际意义的事，我们只在乎自己是不是待在岗位上把这天混过去了。我不是非得要你明天就去换一份新工作，或进入一个新的行业，我的意思是，如果你向往什么环境，那你就努力进入那个环境，努力融入你向往的圈子，不管这一路会遇到什么。

但这样的一个圈子不是一朝一夕就能建立起来的，你不能临时抱佛脚，关系都是一点一滴积累起来的，你也只能一天天、一点点赢得别人的信任。下面就是建立圈子的几个方法：

·找一个大家认同的事情去做，如此一来，你不仅可以学到新的技能，还能和公司的同事有所接触。

·参与某项你感兴趣的业余活动或其他组织，并成为领头羊。

·加入当地的校友会，未来想投身哪个行业，就和哪个行业的校友交流。

·参加社区大学，学习和你目前工作相关的学科，以及与你未来工作相关的学科。

这些建议都可以帮助你结交新朋友，而且，机会定律告诉我们，你认识的人越多，你的机会越多，以后在关键时刻得到的帮助也越多。

进商学院的第一年，我开始向好友泰德·史密斯取经，我们没讨论在毕业后建立咨询公司，相反，我们想向小公司廉价出售我们的知识与职业理念。相应地，我们可以了解一个新的行业，获得实战技巧，毕业时的一沓推荐信、一大帮朋友，以及一点必要的创业准备金。

你的世界是怎样的呢？你是否让自己的朋友圈发挥了最大的价值？

想象一下，你的家人、朋友、工作伙伴就像一个花园，漫步于这个关系花园，你将会看到什么？

如果你和大多数人一样，只看到修剪得整整齐齐的草坪，那是寻常人的视角，这片草坪通常是你的家人、同事、商业伙伴，他们的邮件通常占领了你收件箱最上方20%～30%的位置，他们是最引你注意的一群人。

然而，你真正的圈子应该是被你忽视的，在隐蔽处生长得如火如荼的巨大丛林。你的圈子可比你想象中大得多，你有大把的机会去和认识的人建立关系，和朋友认识的人建立关系。

要发掘现存人脉的方法有很多种：父母的朋友；兄弟姐妹的朋友；大学、研究生同学；教堂、保龄球队、健身房的朋友；以及熟识的律师、房地产经纪人、证券经纪人等。

在商界，我们常说：好顾客就是老顾客。换句话说，你最成功的一次销售是你之前的某笔买卖带来的，而不是你新做成的某笔交易。如果你要认识自己圈子外的人，老顾客的介绍也是一种可靠的途径。

与人交流的头号障碍是跟不认识的人打电话，去见不相识的人，以及所有涉及与陌生人相关的活动。但结交的第一步与陌生人没有半毛钱关系，因为你得从你认识的人下手。

把焦点放在你圈子里的直系成员上：朋友的朋友、学校或家人的点头之交。我猜你从来就没问过你的堂兄弟、姐妹夫是否认识可帮你达到目标的人。

从家人到邮差，每个人都可能为你引见一群新朋友。

所以别等到失业了才想到联络关系。在寻求帮助之前，你就该建立一个由同事、朋友等组成的圈子。在了解你并欣赏你的情况下，他们才更有可能帮助你。认真观察一下自己的人脉花园吧，仅在自家花园，你就可以发现意想不到的宝藏。

05
初生牛犊的天赋

抓住当下，能做什么，想做什么，赶快动手。因为鲁莽之中也蕴藏着能量与魔力。

——歌德

我的父亲皮特·法拉奇是第一代美国移民，在二战期间做过商船上的水手，如今是一名钢铁工人。父亲没上过学，在钢铁厂里，工作时间长，薪酬低，因此他希望我能活得更好。那时我经常跟在父亲屁股后面，他的朋友都叫我“小皮特”。他明白，只要他努力一把，我就可以跳出工人家庭，过上更加美好的生活。

但父亲并不知道从何下手。他没上过大学，他也不了解乡村俱乐部和私立学校，说到可能帮得上忙的人，他只能想到他的老板——麦克纳。事实上，麦克纳是他上司的上司的上司——父亲供职的钢铁公司的CEO。

这两个人从未见过对方，但父亲对这个世界的生存法则有着清晰的认识，即使是在钢铁厂这种地方，他也发现，即使两个人的天赋相当，但他们的职位却有高有下，那么把他们区分开来的唯一因素就是勇气。所以他提出和麦克纳谈一谈，听说这个消息的麦克纳很感兴趣，答应见我一面——不过也就见我一面而已，再无其他。

结果麦克纳很喜欢我，可能是我吸引他注意的方式比较特别。当时，麦克纳是当地一家私立小学的校董，所有的富人都会把自家小孩送到那去上学，那也是美国最有名的小学之一。通过麦克纳，我们和校长见了一面。

我还拿到了学校的奖学金。踏进学校的第一天，我几乎见到了一个崭新的世界。而且，正如父亲期望的那样，我走上了一条完全不同的路：从这所学校开始，我一路读到耶鲁、哈佛，如果不是父亲当年那个无伤大雅的小小要求，这一切都不会发生。

当我回顾过往的人生轨迹时，我发现教育在其中扮演了最重要的角色。此外，我从父亲身上学到的才是世上最有价值的东西。

父亲在面对家庭的需要时，从来不会感到尴尬。我记得有次开车回家时，父亲看到路边的垃圾堆里有一辆坏掉的玩具车。他下了车，把玩具车捡了起来，然后敲响了垃圾旁住户的门。

他对主人家说道："我在您家垃圾堆里发现了这辆玩具车，您介意我把它拿走吗？我想我可以修好它。能够送我儿子这样一件玩具，我会感到非常开心的。"

天哪！你能想象他有多勇敢吗？一个工人大方地和女主人攀谈，说自己很穷，希望从她家的垃圾里拿走一件东西，这需要多大的勇气啊！

"当然可以！"女主人一脸兴奋地回答，她说自己的孩子大了，这些玩具放在那已有些时日了。"你也可以把一辆自行车拿走，车还很好，我都舍不得丢掉……"

接着，我们继续赶路。从此，我有了一辆玩具车，还有一辆自行车。而女主人也笑得满心欢喜，我猜她正因做了善事而心情激动。父亲也教会我：勇气中蕴藏着巨大的天赋，即使是表达善意也需要这样的勇敢。

每次我在什么能做，什么不能做之间踌躇，或想了半天又不敢动手的时候，我就会想起我的玩具车，我告诉自己：不敢冒险、行为受恐惧左右的人很难成功。

我脑子里全是那段时间的回忆，父亲教导我：勇敢点没什么不好，最坏不过是遭到别人的拒绝，而如果他们不愿意帮你，那他们也会蒙受损失。

积极地询问，无论是何种情况，都给我创造了无可比拟的机会。当年，我曾去瑞士达沃斯参加世界财富论坛，那时的我还是个名不见经传的小角色。有一次，我一迈上酒店的接送巴士，就看到了耐克创始人菲尔·奈特（Phil Knight）。对我来说，菲尔·奈特就是我的偶像。他一手创办了耐克，各种富有创意的营销模式使耐克一路成长起来。没错！我当时也紧张到不行，但我依旧抓住机会，直接跑到他身边的座位上坐下，和他聊了起来。后来，菲尔·奈特成了YaYa公司的第一位大客户。类似的事情我一直在做，在任何情况下都不会胆怯和退却。

当然，我也有失败的时候，我有一个清单，上面列着我试图接近却遭到对方拒绝的人，这个名单并不比我成功结交的人少。其实，“有约在先”和“不期而至”这两种交往方式有着相似的缺点，但我很不擅长前者，所以就理所当然地选择了后者。

在交往中，和那些熟识的人保持良好关系是一种很好的习惯，但一个善于社交的人不能仅仅满足于一个单一的圈子，你需要走出去，创造一个值得信赖并不断扩大的圈子。直至今天，每当我给不认识的人打电话，或向他们介绍自己时，我都会害怕他们拒绝我。但一想到父亲给我的大脚玩具车，我就会抛开一切恐惧，勇敢向前。

很多人都没意识到，与人交往是自然的、本能的体现，当然，不排除一些人生来就自信满满、社交技巧精湛，很快就能和他人打成一片，但我要说的是我们这一部分普通人。

才加入YaYa公司的时候，我很担心公司的生存问题，在我的职业生涯里，我第一次需要代表一个无人问津的公司，接触大量的陌生人，推销从未在市场上出现过的产品，这让我感到不舒服。我并不想贸然地给他人推销产品。但是，你知道吗？比起裁掉大半员工，让股东和投资者目睹公司的失败，给陌生人打电话也不算什么难事了。

鼓起勇气与陌生人说话，归根结底，就是平衡被拒的尴尬，以及不作为时对后果的恐惧。对父亲来说，要么他开口，要么家人一无所有。于我而言，要么开口，要么失败，但对失败的恐惧往往会轻易压倒被拒的焦虑和恐惧。

对很多人来说，害怕与陌生人说话通常和恐惧在公共场合讲话有关（这种恐惧通常会超过某些人对死亡的恐惧）。世界上一些著名的演说家也有类似的感受，马克·吐温（Mark Twain）就说过："世界上只有两种演说家，一种在紧张，一种在撒谎。"

克服此类恐惧的最佳方式就是首先承认自己的恐惧是正常的，自己并非个例；其次你要意识到克服这种恐惧对成功非常重要；第三，就是努力一次次做得更好。

下面有几种克服恐惧、在社交场合应付自如的方法。

1.寻找一个榜样

我们倾向于与自己相似的人结交：内向的人的朋友也偏内向，外向的人的朋友也外向——因为他们在无意间更加认可自己这个群体的行为。但我们知道：几乎每个人的圈子里都有这样一个人，他们和任何人打交道都毫不胆怯。如果你还无法单独跟陌生人交流，不妨带上这种人，让他们帮助你，给你示范如何与人交流，你好好观察他们是怎么做的。假以时日，你也会逐渐学到他们的交流技巧，你也会鼓起勇气，独自与人交流。

2.学会说话

如今，很多人都意识到自己的说话技巧有待提高，于是一家家培训机构如雨后春笋般冒了出来。这些公司知道，人们不是想学在千人大会上的发言技巧（至少开始不是），很多人只是想获得一些自信，能够与他人自如交流。去这些机构学习也不会马上就学会与人沟通，不会把身上的毛病一股脑儿全克服掉，它们主要是提供相对轻松的环境和练习机会，现场还有培训师引导你、鼓励你。目前有几百家机构都投身到这个行业里了，“祝酒俱乐部”便是其中一家，这家培训机构声名在外，你家附近肯定有它的分校，它已经帮助数百万人克服了交流的恐惧，锻炼了说话技巧。

3.接受心理治疗

我知道，你心里在想：“作者居然建议我通过心理治疗来提高交流技巧！”我解释一下。第一，如果你的目标是变得更会说话，那么对你有帮助的方法都应该拿来使用。其次，我认识的很多成功人士，他们也会时不时去做心理治疗。我不是说心理治疗会把你变得多好，但至少它可以帮你克服恐惧、释放压力。据美国心理健康研究会调查发现，对于内向的人，心理治疗在减轻他们的焦虑上起到了很大作用。

4.付诸行动

给自己设定一个目标：每周去见一个陌生人——见面的地点和对象都不重要：在公车上向别人介绍自己，在酒吧里坐到陌生人跟前跟他打招呼，邀请从未谋面的网友喝咖啡，跟公司里没说得上话的同事聊天。你会发现，这么锻炼下来，与人交流变得越来越简单。最重要的是，即使遭到别人拒绝，你也不会感到尴尬不适了。此外，每次失败都会成为你进步的阶梯。接受失败，把它当作学习的机会，正如萨缪尔·巴克特（Samuel Beckett）所说：“失败，再失败，接着失败的姿态就没那么难看了。”

恐惧也会渐渐消退。只要你懂得：藏着掖着没有任何好处，只要愿意走出去，那些高不可攀的人都能成为你成功的机会。

勇敢的典范

说到提高说话技巧，没有谁比迪恩·罗森伯格（DeAnne Rosenberg）做得更好了，罗森伯格女士投身咨询行业32年，有自己的咨询公司——迪恩·罗森伯格咨询公司，她本人更是当之无愧的“勇敢的典范”。

1969年，罗森伯格曾在《华尔街日报》（*Wall Street Journal*）读到一篇文章，称美国经理人协会缺少女性的声音。

她回忆道：“报纸上说，美国医药协会会长表示，他们在全国找不到一个管理行业的女性权威。”

她把这篇报道剪了下来，并给美国医药协会写了一封信，告诉他们这种女性权威现在就有。两个星期后，罗森伯格仍没有收到任何回音。

“这种方法不管用，我就直接给会长写了一封信，告诉他们要么拿出行动，要么闭嘴。”

两天后，会长亲自打电话给她，说协会给她安排了一场演讲，罗森伯格成为第一个代表美国医药协会发言的女性。

这一系列事件对罗森伯格的影响很大。她知道，要想办好一件事情，你不仅要自信，也要有毅力与勇气。成功的事业都建立在勇气之上。在指导他人如何克服恐惧的岁月里，她写了几段与陌生人交流的箴言。

我觉得这几段文字相当有用，也希望它们能帮到你们：

· 表明立场

“冷静地、直接地告诉别人你自己的想法。你无须满面怒气，也无须夸大其词。”罗森伯格说道。她清楚地向美国医药协会表明：第一，没有女性权威经理人是一派胡言；第二，让她做演讲将是一个明智的决定。在试图去说服别人之前，即在你用自己的知识与热情去证明自己之前，认清形势更加重要。也就是说，你必须先明白你自己的立场。

· 表达感情

我们低估了日常交流中表达感情的影响力，尤其是在商业性质的交流中。我们常被告知，示弱不好，更不应该表露自己的情感。但当你把真实情感告诉给别人听时，别人会感觉你们的交流更有深度、更加诚挚。对于你的听众来说，你的情感不仅仅是为一种尊重，一种关怀。

· 告知目的

你必须明确地告诉别人你真正的目的是什么，你为什么要来冒这个险。有话直说是解决问题的最佳途径，但是“直说”不是不切实际地“乱说”。在瑞士达沃斯的接送巴士上，我知道菲尔·奈特不会跟我聊了五分钟后，就决定购买我的产品，所以我要到了他的邮箱，并告诉他，以后再联系。事实上我也这么做了。

· 开放式问题的作用

你可以把自己的要求化装成一个问题，一个不能简单地用“行”或“不行”就能打发掉的问题。这样才不会给人咄咄逼人的感觉。“您觉得怎样？”“那么我们应该怎么解决这个问题呢？”——这样一来，你不仅提出了问题，也把自己的态度和诉求表达出来了。这表面看似是一个问题，实际上却是你在邀请对方和你共同解决问题。我没有死缠烂打地要求菲尔·奈特必须在某天跟我一起吃饭，因为我不想他第一次跟我见面就背上不必要的社交束缚，这会使这次交流大打折扣。

06
社交傻瓜

胸怀大志者当张弛有度。

——埃德蒙·伯克

你们一定见过这样一群人，他们通常一手端着马蒂尼，一手拿着名片，一出口就是演练了无数遍的公式化推销语。他们老是穿梭在大大小小的宴会，寻找可以上钩的大鱼。他们虚伪、无情、野心勃勃，为达目的不择手段。

一说到社交，人们脑子里大概就会出现上述情景。在我看来，这种热衷于蜻蜓点水式的社交，只知道发名片的人根本没有掌握真诚社交的精髓。他们那一套根本不顶用，因为在建立关系时，真诚才是第一位的。

我也曾在这件事上碰得头破血流。

如果你知道我年轻时的样子，你可能不会喜欢我，因为我都不确定自己是否喜欢那时候的自己。那些缺乏安全感的年轻人犯的错误我都犯过：毫不掩饰自己的野心，只和上级结交，忽视同级。在通常情况下，人们面对上司是一张脸，面对下级是另一张脸，面对朋友又是另一张迥然不同的脸，这种行为实在可笑。

接手德勤市场的时候，突然之间，我坐上了比很多人都高的位置，他们都得向我汇报工作。那时我的野心很大，想做的都是咨询业前辈从未涉足的大事，而那时也有了自己的团队。然而，我没有把他们当作我必须争取的合作伙伴，鼓励他们同心协力实现目标，我把他们当作可随意差遣、帮我完成目标的下属。

加上我那时候特别年轻（在经理层，每个人都比我大20岁以上），你就能理解下属的逆反情绪将会是多大的阻碍了。通常我认为几小时内就能做好的事情，他们要做好几天。我知道我必须做点什么了，于是我找到南希·巴德（Nancy Badore）。南希是一位经理人咨询师，早在“CEO”这个词诞生之前，她就指导过很多公司的管理层了。

我们第一次见面是在我的办公室里，还没来得及寒暄，我就迫不及待地问她：“我怎么才能当个好上司呢？

南希并没有马上回答我，她只是静静地环顾着我的办公室，但一开口就直击问题的症结：“基思，你口口声声说自己想成为一个好领导，但你看看墙上的照片，照片里全是你自己。不是你和某个名人的合影，就是你在某个有名的地方，完全看不到其他人的影子，没有你的团队，也没有什么东西证明你和团队获得的成就。是的，正因为你的谋划，他们才能展开工作，但他们不是为了你一个人工作，明白了这一点才可能成为一个合格的领导。”

我被她的问题击中了，她说得完全正确。我真正关心过下属的业余生活吗？为什么我不能让他们产生团队应有的主人翁意识？而我进公司的第一天就开始以主人翁的姿态与我的老板共进退。直到那时，我才明白，要想顺利实现目标，我离不开身边的任何一个人，而他们所付出的，也并不比我少。

政客们都懂得这个道理，但我们经理人中却很少有人懂：我们只会为自己尊重和喜欢的人投票，只有深受爱戴的CEO才能建立伟大的公司。在今天的世界里，小气的人注定得不到别人的帮助。

我的作家朋友蒂姆·桑德斯曾告诉我，小家子气的人在这个时代没有出路，其中有两个原因：首先，我们生活在一个“选择多元化”的时代，所有事物，无论是产品，还是职业，都有多重选择，选择多元化就是小家子气的灾难。正因为选择多元，我们就用不着忍受不满意的产品或服务，也用不着忍受不喜欢的公司，以及不值得尊重的上司。其次，我们还生活在一个“信息化”的时代，一些劣质产品或遭人诟病的公司再不能把难看的一面藏起来了。人们的心里都有一杆秤，他们信息畅通，背后还有强大的互联网。

最重要的是，如果你不喜欢某个人，逃离他变得前所未有地容易。如果你不把别人的切身利益放在心上，别人迟早都会看出来。如今，我们的文化要求我们必须做得更好，要求我们必须尊重他人，要求我们与人交往时有来有往、互惠互利。

当回顾自己与人交往的经历时，你一定是想看到朋友遍天下，而不是人人都与你交恶。下面有几条建议，让你们避免成为“社交傻瓜”。

1.不要闲谈

如果你有话要说，那么就充满激情地把它说出来；同时，你还要保证这些话言之有物、感情真挚。很多人都不明白这个道理：当你和一群人待在一起，和他们进行蜻蜓点水式的交流时，如果你眼睛还不安分地四处乱瞟，寻找下一个交流对象，那么你很快就会失去人们对你的尊重。反之，如果你和几个人待在一起，就一两个话题深入交流，这种接触就要有意义得多。我一直有收到这样的邮件：“亲爱的基思，我听说你很擅长与人交往，我也不差，给我15分钟，我们一起喝个咖啡怎么样？”我不禁嘀咕：“凭什么呀？为什么人们会认为我会答应这种要求？他们动之以情、晓之以理地劝说过我吗？他们有说过他们能帮上我什么忙吗？他们和我有什么共同点吗？不好意思，社交不是握握手、弄个什么神神秘秘的圈子就可以了，这样的社交没有价值，社交的价值是人带给它的。

2.不要过度依赖八卦

当然，跟人聊八卦很简单，因为八卦是大部分人都喜闻乐见的东西。但从长远来看，老聊八卦没什么好处，因为八卦总会让人感到厌烦，而人们迟早也会觉得你不值得信任。

3.别空着手去聚会

谁是如今数字时代的明星？是那些作家、博客博主、各界权威。因为他们能提供最及时的信息、创意、人脉，同时还会给志趣相投的人一点鼓励。很多人在做这些事时没拿过一分钱，但他们却吸引了一大群忠诚的追随者，这些追随者的回馈并不比这些明星提供得少。他们形成了一种循环，在与人交往中，无论是在虚拟世界还是现实世界中，从来都是种瓜得瓜，种豆得豆。

4.不要捧高踩低

很快，一些位不及你的人也会成为人上人，在商界，富贵荣华转瞬即逝。所有人，无论是比你显贵，还是比你卑微，你都要尊重他们。迈克尔·奥维茨曾是好莱坞最有实力的经纪人，也是传说中的社交达人。2012年，《名利场》（*Vanity*）刊登了一篇措辞严厉的人物传记，接着很多知名或不知名的人都对他进行了攻击，于是这位光鲜的超级经纪人由此毁于一旦。人们不禁会问：这是为什么呢？奥维茨社交技巧过人，但在实践时却不甚高明。别人刚帮他把事情做完，他就立马翻脸不认人。他以前的朋友也说他靠不住，和他交往只有付出，没有回报。那么，曾经的朋友这么对他，也就不足为奇了。

5.坦率做人

“我就是我！”这是动画形象大力水手常说的一句台词。在信息时代下，坦率已经变成一种很受欢迎的品质了，无论你有什么目的、发布什么消息，或是称赞别人，只要你的态度是真诚的，大家就会赞同。当人们意识到你是真诚待人的时候，他们就会给予你足够多的信任。如果我在会议上见到某个我非常想见的人，我会毫不掩饰自己激动的心情：“终于遇到您了，我仰慕您很久了，我觉得如果我们能见上一面，一定对彼此都有好处。”扭扭捏捏可能在酒吧里非常吃香，但想要建立深层次的关系，最好还是丢掉这一套吧。

6.不要太追求高效率

说到缺乏诚意，没有什么比一封缀着一大串收件人的邮件更缺乏诚意的了。与人结交可不是数字游戏，你需要拿出真心与能帮上忙的人去交流。

其实，我也是经历了非常尴尬的事才明白这个道理的。一直以来，我都听人说，送节日贺卡是友好的表现，那时候我刚从耶鲁大学毕业，便开始给所有认识的人发贺卡。待到进入德勤后，认识的人早就破了1000大关，我都需要专门雇人帮我写贺卡了，甚至需要他们帮我签名。是的，你们可能已经猜到这件令我难堪的事了：我一个大学室友回信给我（事实上是“回讽”）“能在一年间收到您三张签名字迹不同的贺卡，本人深感荣幸啊！”如此一来，这已经不是数量的问题了，而是诚意的问题。

如果在与人接触时，如果和对方还没发展出朋友的关系，一定要特别关注这群不怎么关心你的人，一旦引起他们的反感，那么你在这之前做的所有努力都白费了，但是一旦赢得他们的好感，那将是你以后成事的最有力的武器。

著名社交案例

凯瑟琳·格雷厄姆：赢得每个人的信任

一夜之间，一场灾难将凯瑟琳·格雷厄姆（Katharine Graham）从家庭主妇变成了一名出版商人。1963年，丈夫菲利普·格雷厄姆去世后，凯瑟琳开始接手《华盛顿邮报》。她生性恬静、内向，似乎不适合管理当时国内最重要的报纸。但凯瑟琳最终证明，人们的这种想法是错误的，《华盛顿邮报》在她手下成长为全美最伟大、最成功的报纸之一。同时，在她掌管《华盛顿邮报》期间，报纸相继报道了五角大楼秘密文件及尼克松总统的“水门事件”。她以自己特有的方式左右了政府政策和美国媒体的视角，这不是谁都可以轻易复制的。

事实上，正是这种风格才使她更加受人尊敬。她用同情心、善意、真诚经营这家报纸，她也成了一名大人物。无论是哪个阶层的人，她都能以尊严、尊重给他人以力量。

《华盛顿邮报》的专栏作家理查德·科恩（Richard Cohn），在凯瑟琳的葬礼后写道：

“几年前一个暑气十足的7月天，我从海边度假回来，当时我正坐出租车去《华盛顿邮报》对街取车。我看见大楼下支着一个帐篷，这是公司内部的一个聚会，但参加聚会的都是一些不知名的人，我也没在电视上看见他们的身影。他们只是一群发广告、清扫大楼的清洁工。在滚滚热浪中，我竟看见凯瑟琳向聚会走去。

“那个时候，凯瑟琳已经很老了，走路都很困难，我看她艰难地爬上坡道，走进那个只有一些平凡工人的聚会。当时，凯瑟琳在弗吉尼亚有一个大农场，在乔治敦有一套大房子，在纽约也有一套公寓；更值得注意的是，她还有一套水上公寓。在这个热得透不过气的日子里，她没有在那里避暑，却在这里参加聚会。这简直不可思议。”

纵观凯瑟琳的一生，我们可以发现，虽然她这一生没有为钱操过心，在社会上的地位与皇家贵族无异，但她几乎和任何人都是朋友，不仅仅有对她事业有帮助的大人物，更有大量默默无闻的人。

媒体在报道她葬礼时提到了很多前来观礼的名人：基辛格（Henry Alfred Kissinger）、比尔·克林顿、比尔·盖茨（Bill Gates）、沃伦·巴菲特（Warren Buffett）。你不用费多大劲还可以找到一长串并非名人的观礼者，下面列举几个：

欧文·卡鲁戈丹（Irvin Kalugdan），费尔法克斯郡的特殊教育老师，用《华盛顿邮报》资助的350美元建立了一支霹雳舞团。

罗莎琳德·斯泰尔斯（Rosalind Styles），格雷厄姆曾为她的机构捐钱。

汉丽埃塔·巴比尔（Henrietta Barbier），驻外事务处退休人员，创办了一家桥牌俱乐部，俱乐部里有60多位女性，每周大家都会聚一次。巴比尔这样评价凯瑟琳：“她从不缺课，领悟力强，牌艺精湛。她每周都会过来，听课时十分认真。”

这也揭示了一个与人交往的真理：最棒的社交达人根本不社交——他们与人为友。正因为他们对任何人都那么友善和蔼，大家才会尊重他们，信赖他们，这种广泛的影响力只是水到渠成的一个结果，而不是精心策划的目标。

对凯瑟琳来说，友谊就只是友谊，不是用来达到不可告人的目的的工具，她和前国务卿亨利·基辛格的友谊便是最好例证。

从表面上看，这两个人是最不可能成为朋友的。毕竟，凯瑟琳职业生涯的每一次转折都给了基辛格致命一击。首先是1971年，凯瑟琳决定公布五角大楼的秘密文件，这些文件记载了美国参加越南战争的详情。一年之后，《华盛顿邮报》在凯瑟琳的授意下调查“水门事件”，这件事把基辛格供职的尼克松政府搞得尴尬不已。

但就在凯瑟琳的葬礼上，基辛格第一个发言赞颂凯瑟琳的生平，凯瑟琳在世时还经常和基辛格去看电影。

凯瑟琳为什么能得到那么多的追随者？为什么从默默无闻的老师，到权倾美国的名人，都能和她打成一片？正是因为她态度鲜明，人们都信赖她；她细心体贴，坦率直接，毫不掩饰自己的目的。她让别人知道，她把别人都深深地挂在心上。

在接受CNN采访时，基辛格回忆道：“我也觉得我们是一对奇怪的组合。她的报纸的论点经常处在我的对立面，但是她从没试图利用我们的友谊给邮报谋利益，她从没要求采访我……”

第二部分　技巧篇
THE SKILL SET

○ 做好准备工作

○ 记下名字

○ 学会打冷电话

○ 巧妙与接待员相处

○ 别独自用餐

○ 分享你的激情

○ 要么跟进，要么失败

○ 成为会议的“突击先锋”

○ 与引荐人保持联系

○ 拓宽你的社交圈

○ 聊天的艺术

07 做好准备工作

有伟大的准备，才有伟大的成就。

——罗伯特·舒乐

你遇见谁，怎么遇见他，以及见面后给对方留下的印象，都不应随便应付了之。正如丘吉尔（Winston Churchill）所说：“即使你不是个天才，做好准备工作也会让你看起来像个天才。”

我在见我想认识的人之前，我会先搞清楚他是谁，他们的职业是什么，他们最关心什么，他们的目标是什么（无论是职业目标还是非职业目标）。我会准备一张纸，在上面记下他们的基本情况：他本质上是怎样一个人，原则是什么，有什么让他感到自豪的成就。

当然，如果你想和他们建立深层次的关系，你还得关注他们公司最近有什么新鲜事，他们上季度的成绩怎样，公司推出新产品了吗。相信我，最令人们上心的事就是他们的工作了，如果你准备得当，和他们聊一些内行的话题，他们肯定立刻对你产生好感。正如威廉·詹姆斯（William James）所说：“人最深层的本性就是受人欣赏。”

如今，做这种准备工作非常简单，但这么做的人少之又少，你可以从下面几个方向入手。

1.谷歌（Google）

如果你要去见某个人，不谷歌研究一下是不合适的。谷歌上面虽然有很多不相关的信息，但快速浏览一下，你会得到一些细节性的信息，如这个人在网上的活跃度如何、他分享了哪些信息。

2.领英（LinkedIn）

通过领英，看看你们有哪些共同的朋友，他们加入了哪些小组，有哪些工作经历，尤其要注意他们的个人简介。个人简介通常会告诉你他们在工作上最令他们自豪的成就、他们的目标。另外，再看看他们参加过哪些线上活动。

3.推特（Twitter）

看看他们是否有推特账号，如有，他们又是怎样使用的？另外，看看他们就职的公司是否有企业推特账号，如有，是否进行过线上问答活动。

4.对方公司公关部门的文献

一般说来，公关部门有的东西，企业网站上也能看到，而企业网站上的内容是你首要了解的内容。但是，给他们去个电话，告诉他们自己会和对方公司的某某见一面，因此你需要一些背景信息，这么做也是无妨的。

5.年报

年报会告诉你对方公司的发展方向、遇到了什么挑战、会有什么样的机遇。

注意，我并没有把Facebook放进来，Facebook可能包含着大量的个人信息，但是，我仍旧不建议拿上面的信息做准备工作。因为在Facebook上，我们只能看到用户精心雕琢的内容，而看不到用户最喜爱、最紧要的事情。

尽管我们分享的东西变得愈加碎片化，但我不得不承认，我曾经分享过一张照片，照片上赤裸着上身，正站在机场里刷牙——我们愿意分享给大众看的，通常是那些对我们构成挑战，或那些对我们很重要的事物，这种趋势根本没有变化。

想要去了解一个人，你就避免不了去了解他遇到的问题和他的需求，获得这些答案的最佳途径就是直接提问，认真倾听。于工作，遇到的问题可能就是他们的产品，但待你深入了解后，你还可能知道他的孩子急需一个实习岗位，或者他们身体哪里出了毛病，又或者他想提高他的高尔夫球水平等。

我想说的就是，你不能和每个人泛泛地相处，你需要和他们深度接触，先想办法融入他们喜欢的事情，然后就能慢慢走进他们的生活。

我曾参加过由米尔肯研究院全球会议（Milken Institute's Global Conference），这个活动每年举办一次，一次三天，每次都会吸引全球顶尖的学者及CEO前来讨论全球性经济问题，那次与会的有15名CEO，他们的公司都比我的大得多。

实际上，我还够不上和他们这样的人坐到一起，但因为我曾协助主办方举行这次会议（这是一种优势），他们也让我参加了。

为了举办此次会议，举办方把每位CEO严密的行程都考虑了进去。会议开始前有个简单的见面会，便于各位与会者了解彼此。接着大家就营销的未来，及大企业面临的挑战进行小组讨论，最后是一个简单的聚餐。

也就是说，我有大概三个小时，去为一两段长期关系的建立打下基础。

一个成功的会议是尽量安排更多的会议时间，而我则想争取更多的时机，以便我和那些我想认识的人拉近关系。

我还发现，食物是促进人们交流的利器。人们乐意，甚至渴望开开心心地用餐。然而，会议中的宴会也有各种麻烦，如人们在狼吞虎咽之时就不太适合交谈，另外，你只能和邻座的人说说话，太远的根本够不着。

在正式会议上，所有人都会把注意力放在自己要讲的东西上面。

那就只剩下见面会了。见面会期间，我喜欢在靠近吧台的地方待着，因为每个人都会过来喝点什么，这样就有机会了。另外，我会观察我想认识的人经常去哪些地方，然后我会安排好自己的日程，确保能和他们“偶遇”。这听起来“算计”味十足，但这也只是为了达到目的，让自己在合适的时间出现在合适的地方罢了。

这样一来也有一个难题，那就是怎样才能和他们不光说一些礼节性的话，而是深入交谈。面对这个问题，我在几个月前就认识了主办这次会议的带头人，从与他的交谈中，我大概知道哪些人会来参加这次会议，这些信息虽不详细，但已经足够让我做准备了。我的助理会把他们的资料收集起来，这样一来，准备工作就差不多了。

但是，这只是我所说的“准备工作”的一部分，离“做好”还有很大差距。我要的不仅仅是一次幸运的邂逅，而是就一个话题跟他们进行一个深层次的对话。如果你对这个人感兴趣的领域非常了解到的话，那么和他的对话已经超过了寒暄的范畴，你完全可以和他建立关系，甚至给他留下深刻的印象。

政治家丘吉尔的演讲也用了相似的方法。丘吉尔是公认的演讲天才，他总是能够机智地回应对方。在宴会上，他能够吸引所有人的注意力。人们很少知道，丘吉尔所说的每一句话，每一个充满智慧的段子，都是他之前悉心准备好了的，他曾在自己的文章中提到过这件事。丘吉尔深知了解自己听众的力量，也知道怎么去触动他们。

那我是怎么做的呢？

我发现与会的另一名CEO约翰·佩珀（John Pepper）也毕业于耶鲁大学。我在耶鲁求学时，约翰曾回到耶鲁演讲，我打那时候起就非常崇拜他。佩珀曾经是宝洁的CEO，他领导有方，给宝洁带去了很多了不起的营销创意。如今，尽管佩珀已卸任CEO，他在宝洁董事会的影响力却丝毫不减。此外，他还在其他公司的董事会占有一席之地。

了解到他也是耶鲁的校友后，那么耶鲁大学的网站上就有他的信息，结果，我发现我们都曾在耶鲁大学的伯克利分校就读，这意味着，他肯定认识罗宾·温克斯（Robin Winks）。温克斯先生深受爱戴，我上学时曾在他手下工作，一提起这段往事，佩珀便和我津津有味地聊了起来。

谈话接近尾声时，佩珀给了我很多宝贵的建议，还给我推荐了一大群人，他让我和他保持联系，我也希望和他能有更多的交流，而事实也的确如此。几周后，温克斯教授去世，我们一起悼念他，追忆他的往事。几个月之后，我遇到一名辛辛那提市的成功商人，他很欣赏由佩珀建立的用来纪念当年“地铁逃亡”事件的博物馆。我安排他和佩珀见了面，仅在去年，我就安排了两三个潜在捐助者跟佩珀会面。

但是其他CEO跟我并不是校友。幸运的是，通过谷歌，我知道其中一位CEO曾在去年参加了马拉松竞赛。我明白跑完一个马拉松需要多少努力和汗水，因为你每天都必须去训练，而且我也尝试过——但是失败了！我曾经训练了整整一年。令人失望的是，我的膝盖开始出问题了，于是我一直在向别人寻求建议，希望哪天能够跑完马拉松。

碰到这位CEO后，我说：“你是怎么做到的啊？我觉得我底子还不错，但光训练就差点让我一命呜呼了，我不得不停下来。”

果然，她脸上满是惊讶：“你怎么知道我跑过马拉松？”

我从来不觉得去搜集这些信息有什么好羞愧的，如果我想认识谁，我总是先尽力去了解他的情况。而且，在通常情况下，人们会把这种举动视作一种恭维，换作是你，你也会这么想。假如对方和你有相同的爱好，或者你提前了解了对方喜欢什么，这不比和一个陌生人紧张兮兮地熬过半小时好吗？

跟她接触的时候，我刚要完成在巴里训练营的健身课程，这是一项看上去几乎不可能却又让你兴奋无比的训练课，我说：“如果你渴望一次与众不同、趣味十足的训练，你可以考虑一下巴里训练营。相应地，她也给了我几条如何拓展跑步训练的建议，后来她也来到了巴里训练营，我们都很喜欢这个地方。

直到今天，每次我们一相遇，我们便会聊聊巴里训练营，我会跟她讲我在马拉松计划上的进展。而且我发现，那些被我带到巴里训练营的人，他们每次来洛杉矶，即使没有时间与其他人吃饭，但他们都会专门绕道来拜访我，然后跟我一起去巴里训练营锻炼。

这个例子再一次说明，你应该把一次容易让人忘记的邂逅发展成一段长盛不衰的友谊。我的社交技巧中有很多偏门捷径，但这个不是，如果没有做好准备，我不可能和他们相遇，并成为朋友。

08
记下名字

搞清楚自己的使命与目标后，下一步就是明白谁能够帮你完成它们。

成功组织与管理信息对社交圈的扩展十分重要，你得收集你认识的人的信息，你想认识的人的信息，以及有利于与他人建立关系的准备信息。这样一来，你很可能出现信息过载的情况，这时候应如何去管理它们呢？

真正的挑战不是找出某人的信息，正如克莱·舍基（Clay Shirky）所说："问题不是信息过于繁杂，而是掌握信息的人不会过滤信息。"这句话放到今天仍然正确。如今的难题是，从成千上万的联系人中找出对你有用的人。建立社交平台的人也懂得这个道理，他们总是在不遗余力地帮你过滤信息，但关乎自身利益的事，谁也没有你自己心里清楚。

身在这个科技发达的时代，我们很幸运地拥有一整套设备来帮我们完成这个任务。我们甚至都不需要科技，就能把所有的信息管理好，在扩展社交圈的过程中，纸和笔就可以把所有的问题解决掉。我就很热衷于列清单，你也应该成为一个清单狂人。

我在YaYa公司的工作经历就充分说明了清单工作方法的强大力量。我还在喜达屋的时候，有时候一天会给40个人打电话。有趣的是，在这些人中，有很多人都不知道我，而他们早就出现在我的通讯录上了。

桑迪·克里曼便是其中一个。当年正是他把我招进YaYa公司的，这一举动并没有损害另一投资方的利益，而这个投资者就是迈克尔·米尔肯，他最后也成为我的良师益友。我和他的相识不涉及任何功利，而是建立在彼此的兴趣之上。

2000年11月，YaYa公司董事会任命我为CEO，同时给了我两个任务：第一，建立一套切实可行的商业模式；第二，要么找一个大股东给YaYa公司注资，要么找一个有经济能力的收购公司把YaYa公司卖掉。当时，YaYa公司的产品就是利用在线游戏来吸引顾客，但是并没有人来买，YaYa公司也没有收益。

首先，我坐下来，做了一个90天、一年、三年的计划清单，每个计划都要求和社交圈中不同的人接触并建立关系。

90天后，我必须得到董事会的信任，得到员工的信任，为YaYa公司建立清晰的发展方向。

一年后，我必须让几家优秀的公司成为YaYa公司的客户，让YaYa公司赢利，并吸引更多潜在的客户。最重要的是，我必须向外人证明，YaYa公司的产品，即游戏广告，是很有价值的，但当时的英语里甚至都没有“游戏广告”这个词，大家都觉得这在广告市场上不可行。当时，互动型广告效率低下，毫无希望，网站上的条状广告根本就是个笑话，我们必须证明自己是与众不同的。

三年后，我希望公司能建立起成熟的商业模式，在没有我的情况下也能够顺利运作，同时让YaYa公司成为线上广告的思想先锋。

为实现这些目标，我列出了所有网络界和游戏界的大佬，里面有

CEO、记者、程序员，还有学者，我的目标是在一年之内掌握相关的所有信息。

为了给产品造势，我列出了许多被称为“影响家”的人，他们是最早的用户、记者及行业分析师，他们能帮我的产品与服务制造话题。其次，我还列出了潜在的客户及收购者，以及那些愿意为我们投资的人（在分组时，每组的清单与相应的目标对应）。

在列清单时，你不要只写出一些公司或机构的名称，你还要确定这些机构的决策者是谁。

开始动手制作清单时，首先把你圈子里的人写出来，我猜你肯定不知道这些人有多少，花时间列出下面这些人：

亲属

亲属的朋友

你爱人的亲属及朋友

你现在的同事

专业机构及社会团体里的好友

现有的及以前的客户

孩子朋友的父母

以前的及现在的邻居

同学

以前的同事

宗教场所认识的好友

以前的老师及老板

你社交圈的朋友

为你提供服务的人

Facebook上跟你互动的人

其他社交网络及网络社区的人

接下来，我会把这些人的名字导入资料库。注意，领英现在能汇总你所有的联系人，不管对方是否是领英的用户，你可以通过其他社交平台查看和他们的互动信息，非常好用。

接着，我会根据他们所在的地理位置分类，在每个地理位置写下我认识的人，和我想认识的人。这样一来，管理这些联系人就变得非常便捷容易，我到了一座城市，就马上能够想起这个区域内所有可供联系的人。

这些清单，我走到哪，就会带到哪，我会带着它们穿梭在各个会议的路途上。我的精力全放在了这上面，仿佛我的内心有一股力量驱使我去和外界联系。如果你不喜欢用纸和笔，能帮你制作清单的手机应用有一大堆，有些清单是用来记录行程，有些只是记下某些人的联系方式，以便跟他们保持联系。组织这些列表的方式是不固定的，在我的清单中，有按地理位置分类的，也有按行业和业余爱好分类的（如其他爱好跑步的人或喜欢远足的人），不管他们是我亲密的朋友，还是只是点头之交。

往清单里加人无非是在对的地方找到合适的人。进入YaYa公司的早些时候，我会阅读所有与广告、游戏相关的业内杂志，如果我恰好发现杂志里的某个人正符合我清单里某类人的标准，我会马上把他的名字和联系方式加入清单。当你专心找你想要接触的人时，你就会发现他们无处不在。

清单上的人还有一个巨大的来源，那就是其他人的清单，这听起来有些荒谬，但这不正是所有的报纸杂志经常爱做的事吗？

举个例子。早在我登上“40位40岁以下商界精英”之前，我已经收集了好几年这个榜单，如最佳总裁榜、最上进企业榜等等。全国性和当地的报纸都有很多这种类似的榜单，各行各业也会罗列这些榜单。

你要做的，不仅仅是了解跻身在你所在行业榜单的大人物，最终，你自己也要努力进入这种榜单。那些进入“40位40岁以下商界精英”榜单的不全是最优秀的商人，但他们却是最有人脉的40位商人。在这40位商人中，可能一个人就和另一个人一起吃过饭。只有你去和这些人交往，以及和这些人认识的人（包括负责“40位40岁以下商界精英”榜单的记者）交往，等到下次排榜时，你才更有可能进入榜单。

在给自己的清单添加名字时，不要为暂时接近不了这些人而感到着急，制定接近这些人的策略才是正事。

进行地毯式的搜索完全不是问题，但是你还是要学会如何缩小搜索范围。媒体就是一种过滤器，领英在这方面就做得非常好。最近，一个年轻的小伙子向我抱怨，说在领英找工作非常困难。他认为领英上的“待办事项”就是一个噱头，根本没有用处。于是我就问他是怎么使用领英的。他回答道：“就是在工作平台上广撒简历，再关注一下各个公司负责招聘的人员。”

他并没有领略到领英的精髓，通过领英，你不仅搜集到自己的人脉，还能够搜集到整个行业的人脉，即你通过任何一个你能想到的关键词搜索出来的人，而光这些人就有200万之多。浏览任何一个人的主页，你都能看到“相关人”的链接，里面就是那个人的人脉。你可以通过公司、通过地域给他们分类，领英还能告诉你和那个人是否有共同的联系人。

领英简直就是社交的必杀技！如果你最近在领英上没跟任何人互动，那么在日程中腾出两小时，登录领英，尽可能多地关注业内的人，你会发现你突然会多出许多能搭上话的人。

还有一种类型的人，我把他们称为“野心型人才”。他们和我目前的工作没有丝毫关系，他们只是一些在其他领域特别成功或特别有趣的人，他们可能是国家的首脑，也可能是媒体大亨，也可能是艺术家或演员，也可能是广获赞誉的人。他们也是我清单中的一部分。

你可以在我的通讯录上面看到维珍集团总裁理查德·布兰森（Richard Branson），但目前我还没和他接触过，我只是想认识他而已。再往下翻，你还会看到索尼CEO霍华德·斯金格爵士（Sir Howard Stringer），他曾经也在我的“野心型人才”的名单里，到现在我们已经建立了关系。

人们可能会笑话我这一行为，但是结果会说明一切。

记住，如果你有条理、专注、坚持不懈地记住别人的名字，你可以和任何人结交。

至于我，关于YaYa公司的三年目标很快就要实现了。2002年，《福布斯》（*Forbes*）称我们是怀揣着一个全新的理念，默默无闻地崛起的商界新秀，游戏广告的概念在市场上也有了一席之地，游戏广告这个词也逐渐被商界领袖和媒体熟知。前两天，我还听见一位CEO赞扬游戏广告，他说这一创意带来了巨大的利益，产品认可度也大大提高，然而这位CEO还不知道游戏广告正是YaYa公司的杰作。按照计划，YaYa公司最终被一家上市公司收购，这既满足了投资者对现金流的渴望，YaYa公司也有了足够的运营资本。很明显，如果没有那个长长的清单，YaYa公司可能都挺不过第一年。

09 学会打冷电话

冷电话能让最有能力的人也沦为神经质。一说到给陌生人打电话，我就不禁想到了那些精神高度紧张的人。

那么，怎样才能成功打出冷电话呢?

首先，完全是态度问题。你不可能在准备充分的情况下才去认识新朋友，也不会总在最佳时刻认识别人。你心中的顾虑不会完全消失，因为遭到拒绝的滋味永远也不会好受。在这个过程中总是有各种各样的理由让你开不了口。然而，成功的窍门在于单刀直入。要记住，如果你觉得从电话里得不到你想要的，那你极有可能就得不到。所以，正如电影《疯狂高尔夫》（*Caddy Shack*）里说的那样:“想象自己就是那个高尔夫球。”要想着自己一定会成功。

把认识新朋友看成一种挑战和机遇。这种想法能激发你的竞争潜力，让你心里那个叫嚣着逃避社交的自己闭嘴。

第二，电话推销“遇冷”并以失败告终的人都是傻瓜，而我从来没有“遇冷”过。

我制定了一些策略，这些策略能够使我打出去的每个电话都很成功。

举个例子吧！我的朋友，也是WebMD的创办人——杰夫·阿诺德（Jeff Arnold），多年前他曾买断一项技术的股权和专利，这项技术可以将数字内容刻在微型DVD光盘上，用作独特的传输通道。当然，如今这项技术已经彻底落伍了，但是在那个时候，这项技术却是一种能将数字内容供给人们实际使用的创新方法。

在我跟杰夫和他的搭档托马斯·图尔（Thomas Tull）聊天的过程中，得知他们刚刚与一家电影院达成协议，协议内容是向影院贩卖饮料时附带上这种微型DVD。根据常来看电影的人数，杰夫和托马斯认为像索尼电子这样的公司可以从这项新技术中获利。但是他们不知道要怎样去联系索尼公司的相关负责人，于是来找我帮忙出个主意。

我曾经多次见过索尼公司的CEO，霍华德·斯金格爵士，所以我就给他的办公室打电话。但是我并不是干坐在那里等着霍华德先生来找我，我还想试试其他方法。那时，我绞尽脑汁也想不出在我的社交圈里有谁能够帮我联系到索尼的决策人。在等待电话和邮件回复无望后，我又开始搜索有哪些公司为索尼服务。终于，我找到了Brand Buzz公司，它是广告巨头公司Young & Rubicam旗下的一家市场代理，而且索尼是他们的高级客户。

不仅如此，当时Brand Buzz公司的CEO——约翰·帕提拉（John Paritlla）还是我的好朋友。

然后，我就给他打了电话。“嗨，约翰，给你说两件好事。首先，我要给你介绍个朋友，他叫杰夫·阿诺德，一个特别聪明且富有创造力的人。你应该认识认识他。这家伙创办了WebMD公司，又开了一家叫作Convex Group的新公司，肯定会用到你们公司的服务。其次，Convex正准备出厂一种能够分配数字内容的新型技术。我觉得索尼应该会很感兴趣。”

从某种程度上来说，我这样跟他讲，其实是向约翰抛出了两个机会：第一，认识一个重要而又有益的人，通过认识杰夫，他可以发现新的商机；第二，可以通过向索尼公司提供新的商机而促进彼此合作融洽。

约翰非常乐意做这个中间人。他认识一个完美的中间人。这个人是索尼公司媒体与网络策划部门的新任主管，名叫塞尔日·戴尔·格罗索（Serge Del Grosso）。我请约翰在我打电话之前发一份简要介绍的邮件给我，同时，打电话时再抄送一份给我。这样，对于塞尔日来说，一切都像是巧合，我可以把约翰拉进来，把其他要紧的事情挪到与塞尔日见面之后。这样，就是约翰和我一起在等与塞尔日的会面，实在是太有策略了。

跟很多商务往来一样，单独行动成效不大。塞尔日很忙，发了几封邮件之后，我依然没有得到塞尔日和他的行政助手的回复。这并不奇怪，因为大部分情况下，都没有人回复你。你得放下你的傲气，厚着脸皮要么一直打电话，要么一直发邮件。终于，你联系上了，千万别急着抱怨他们没有如你所愿地及时回复你，发泄你的怨气，这样只会毁掉你前期所做的一切努力。同样你也不用为你的“持之以恒”而感到抱歉。就像第一次给对方打电话一样，勇往直前！要让每一个人都觉得自在。

安排这样的会面需要时间，这就需要你主动出击。有时候，你必须有好胜心。就在消息石沉大海几周后，我给索尼公司打电话，终于拿到了塞尔日的直线电话。要是我给一个从未说过话的人打电话，我会尝试在与往常不同的时间段里打电话。大忙人极有可能在早上八点整或晚六点半接电话。另外，这个时候很有可能他还没有高度紧张，因为不用承受朝九晚五的上班族压力。

我就是在一大早打电话的，但是得到的回复却是塞尔日的语音信箱。所以我就留了一条语音：“我就是想对我们的见面再次表达激动之情。我从来没有听过约翰跟我夸过哪个生意伙伴。我也理解您肯定非常忙，虽然目前还没收到您助理的回复，但是我肯定会收到的。再会！”无论什么时候你都不想让你的互动陷入困境，那么给会面创造一种轻松和谐的氛围便显得尤为重要。

我还是没有接到塞尔日办公室打来的电话，于是几个小时之后，大概是在下午6点，我给塞尔日打了直线电话。这次，塞尔日终于自己接了电话，然后我就开始了我的推销。

“嗨，塞尔日，您好！我是基思·法拉奇。约翰对您一直高度赞扬，终于我能以此为借口来给您打个电话了。

“我给您打电话是为了我的朋友杰夫·阿诺德，他是WebMD的创始人，目前有一个极富创意、前景不错的方法来传输数字内容。因为您将于本季度发布一些新型产品，或许这一方法可以促成您今后更多生意上的合作。下周我会来纽约，我们可以见面商谈。或者如果您不方便，我可以按照您的时间调整一下，空出些时间。”

就在这十五秒内，我用了自称为“暖场电话”（Warm Calling）的四大法则：（1）通过提及对方熟悉的人或公司赢得信任，如此案例中的约翰、杰夫以及他的公司WebMD；（2）说明你的主要目的——杰夫的新创意可以帮助塞尔日卖掉其新产品；（3）让对方知晓你的急切以及愿意做好万全的准备，不惜一切代价满足对方的条件；（4）做好妥协的准备，确保最起码可以安排一个随访。

结果呢？一周后我便坐在了塞尔日的办公室里。虽然他完全明白用户对媒体能力的需求，但是出于预算限制，他没有接受这项短期合作。现在想想，谁知道呢？或许他对科技未来的解读更加独到。想法不错，塞尔日！

下面我就详细说说一些我所遵循的法则。

1.寻找他人的推荐

推销电话感觉像是一种折磨，在哈维·麦基（Harvey Mackey）的《与鲨共泳》（*Swim with the Sharks Without Being Eaten Alive*）一书中，哈维回忆了大概在五十年前，一则广告里的一处生动细节，这一细节正好解释了推销电话是种折磨的原因。这则广告生动地刻画了某公司的一位先生，这位先生说话总是很扫兴，他正跟一个正好扮演销售员的读者说道：

> 我不知道你是谁；
> 我不知道你们公司；
> 我不知道你们公司代表什么；
> 我不知道你们公司有哪些顾客；
> 我不知道你们公司有哪些产品；
> 我不知道你们公司有什么名气。
> 那么现在，你想卖给我什么东西？

从上面看，你完全可以知晓在打推销电话时，你是多么缺少信誉。树立信誉是你在建立任何互动关系中最重要的一件事。而且，除非你与对方建立信任关系，否则没有人会从你那里买东西。在大家都竞相争取与某个人见面时，与这个人成为朋友或者只是混个脸熟也能帮你迅速从其他不留名的人中脱颖而出。

那么上面所说的，我想表达些什么呢？如果你代表你的经理打电话，那么我敢保证，电话另一端的“扫兴”先生肯定会听你说什么。向对方提出是其他人介绍来的，不论是私人推荐还是组织单位推荐，这都能帮你改变对方最初不情愿的想法。

当然，我们很多人都不是在微软那样的大公司工作，也不认识那些我们试图提及的机构单位的总经理。那么我们的任务就是从我们的朋友圈、家庭、客户、邻居、同学、工作伙伴还有教会会友中寻求方法来联系我们试图联系的人。一旦提及你和对方都知晓的人，那么在这瞬间，对方不仅对你，也对你提及的这个朋友有了回答的义务。

如今，找个朋友牵个线，要比我当时容易多了。

而且谷歌及其他主流社交平台在这一过程中也显得极为重要。领英会迅速帮你找到与你有共通之处的人。通过搜索姓名，便可知晓这个人曾就读于哪所学校、有什么样的兴趣，以及是哪家公司的董事。通过这些信息，你可以了解这个人的生活，以此激发你的灵感，来发现你需要联系的人与这些人有着怎样的联系。这些人喜欢做哪些运动？他们关注哪些慈善？同行中你还认识哪些人？

人们过去常说只要通过6个人就可以认识世界上任意一个人。而2011年的一项研究表明，7200万Facebook用户将这一魔幻般的分隔缩小到4.74个人；领英网站的分隔数字则是3个人。无论你选择哪种方式联系，就是点击一下鼠标这么简单！

2.表明你的价值

寻找他人的推荐只是一个开始，只是帮助你将一只脚踏进了门。一旦对方允许你说话超过30秒，你就得再多准备一些高品质的议题了。你根本没时间去清晰地解释为什么对方不能迅速挂电话。记住，这一切都跟对方有关，那么你能为他们做些什么呢？

在想方设法要跟你想要联系的人获得某种关联时，首先要对对方涉及的公司、行业进行勘察。销售的本质说到底就是为了解决他人的问题。你只有了解了这些问题，才能够解决它们。比如说，在我最终有机会跟塞尔日面谈之前，我便早已知晓他在准备下一季度新产品的发布。此外我还了解到每逢假日旺季时塞尔日都需要让人眼前一亮的产品，而且目标客户就是那些常去电影院的人。

对于对方的成功之道，我会做足功课，以此获取具体的信息，好将电话里的谈话内容变得更加具有针对性。这样，我就可以轻松避免“电话冷场”。

3.说话少一些，对话多一些；表达简洁、清晰、干脆

你要表达出一种急切、与人方便的语气。不要以“我们应该找个时间见个面”结束通话，我喜欢用以下说法来结束通话：“我下周就会去市里。周二一起吃个饭怎么样？我知道这对双方来说都很重要，所以我一定会安排时间与您见面。”

当然，你还需要为这个有价值的议题丰富更多的信息，这样对方才会愿意跟你继续保持通话。但是也别讨论太多，如果你推销产品时太入迷，没有顾及对方的想法，很快对方便会失去兴趣。打电话是一个对话，而不是照着稿子念的独白。即使是15秒的简短介绍也会留些时间让对方说一句“嗯哼，没错！”“嗯嗯”。绝对不要对着他一直说个不停，要给对方时间跟你交流。

请记住！在很多情况下，推销电话的主要目的是争取一次会面，让你可以更加详细地介绍你的主题产品，而不是直接完成交易。从我的经历来看，交易跟友谊一样，只有一对一，面对面才可能有进展。打推销电话时尽量控制时间，确保下一次能够跟对方在办公室里继续交谈，更好的话，甚至可以在餐桌上聊天。

4.主动提出妥协方案

在一切非正式谈判中，起初，你可以把话题的范围说得大一些，给自己留些妥协空间，这样可以更加轻松地结束通话。我在结束推销时，告诉塞尔日即使他对我说的数字内容毫无兴趣，鉴于约翰对他的赞美与崇敬，我也非常想跟他见一面。

罗伯特·西奥迪尼（Robert B.Cialdini）的《影响力》（*Influence: The Psychology of Persuasion*）一书中讲到“如何妥协”在人际关系中是

一件利器。书中引用博伊·斯科特（Boy Scout）的例子来阐述这一想法。博伊在推销六合彩时也总是碰壁。然而数据显示，博伊改推销糖果时，由于费用相对较低，顾客们即使不是真的很需要还是会来买糖果。所以，请记住，多方位地试一试，这可以帮助你解决你真正所需要解决的问题。

虚拟世界的练习

现如今，我们常常会收到很多推销邮件。我认识很多人，他们都不太习惯通过打电话的方式与别人沟通，尤其是跟刚认识的人。他们会告诉你发邮件更高效。当然也不真的是这样，他们只是认为将时间浪费在看邮件上已经是他们工作的一部分了。

建立新关系的首要法则就是要满足对方的条件，不论他们选择在哪里倾听，你都要把自己的条件放在一边。如果他们想要邮件，那么你就给他们发邮件！

想要知道如何能让你的推销邮件得到回复，除了我前面讲过的一些法则，你还需要知道下面的一些技巧。

1.邮件主题决定成败

如果你没有邮件主题，那么你的邮件肯定会被遗忘在角落。专注你的强项，要么寻找你们的共同联系，要么向对方展示你独特的价值，让他们充满好奇。

2.时间博弈

关于发邮件的最佳时间争论不断，但就我个人而言，我喜欢在对方在线时发邮件，因为这样他就可以马上看到我的邮件。尤其是早晨、午餐时间还有工作日结束前几个小时，都是典型的最佳发邮件时间。

3.简洁精炼

要是想写一封邮件，“最佳”版本通常要简短一些。没错！要比我们想象的更加简短。你的邮件篇幅长短应该在屏幕一眼望去的地方。如果需要下拉滚动条才能获取信息的话，我早就没兴趣看了。

4.电话目的明确

你想从对方身上得到什么？要言简意赅，讲明你的请求。15分钟的电话请求不能仅仅是一个表达含糊不清的电话。要主动提议具体的会面日期及时间，不要说“找个时间见一面”。尽可能地简化这一过程，不要让对方觉得不知所云。

5.大声地读出来

我曾有位助理，她会把自己写的每一封邮件都大声读出来。每回我碰到她正在读的时候，都会捧腹大笑。但是她很聪明，听着自己写的，她能从中判断自己的语言是否清晰、口语化。同时她还计时，时间要控制在45秒。

6.拼写检查

邮件中没有任何借口可以出现单词拼写和语法等错误。我已经写了两本书，还有一个包含自己名字在内的网址，可是我仍然能收到有些人发给我的邮件里，我的名字少了一个字母“r”。其实你可以做得更认真。

10

巧妙与接待员相处

面对现实吧！列一个你想在生意场上认识的人的名单，跟客人打电话时提前做好计划，准备好说辞，即使他们永远也不接你的电话，这都没关系。联系他人的困难主要体现在要真正地联系到一个人。要是你联系的人是大名鼎鼎的人物，他会有一连串保护设置的语音信箱、无效邮箱，以及专门负责防打扰的助理。这种情况要想取得联系，简直难上加难。

那么你如何打开沟通大门？

首先，选择跟接待员做朋友而不是敌人，并且永远不要注意他们的劣势。很多行政助理都是他们老板的低级合伙人。不要把他们看作普通的“秘书”或“助理”。事实上，他们是联系人，是生命线。

每次我试图跟行政助理周旋时都会输。就像我们儿时的游戏：石头、剪刀、布！而在这场游戏中，玛丽·阿布多（Mary Abdo）教会我，“联系人”胜过一切。

玛丽是德勤CEO帕特·罗康托的助理，起初我们相处得很好。我还记得曾经有一次与帕特和玛丽共进晚餐。晚餐结束后，玛丽要提前离开，所以我送她出去，看着她上车。第二天，我给她打电话表达我对前一天安排晚宴的谢意。

显然，人们似乎很少打电话感谢玛丽所做的事，而我的做法让她很开心。她甚至在第二天早上就跟帕特盛赞她有多么喜欢我。

玛丽就像是给我的惊喜：有趣且充满活力，在她身上发生了很多美好的故事。之前在德勤时，每回给帕特打电话，我都会额外用几分钟跟玛丽闲聊。“玛丽，跟你聊天真愉快！”想想过去，我跟玛丽的友好关系是我能够轻松联系到帕特的一个重要原因；而我与帕特的友好关系也是我日后生意场上最重要的一段关系。

然而我们的关系有一段时间也发生了变化。那时，我刚刚升职为市场部主管。

我有一位专属的全职行政助理，名叫詹妮弗。詹妮弗是我心目中完美的行政助理：聪明、做事有条理、高效。我们相处也很愉快。但是有一个问题是她跟玛丽相处得不好，应该说一点也不好。

玛丽是行政部门的主管。没多久，詹妮弗和玛丽就发生了严重分歧。詹妮弗坚持己见，拒不让步。而我却总想着她们能够和解。

“纯粹是玩弄权力，她就是在浪费我的时间！”詹妮弗抱怨道。

我想支持詹妮弗，我认为她的抱怨和解释是比较合理的，但这只是她的一面之词。于是，我劝说詹妮弗在这段关系中要多包容一些。有一天，我被迫卷入两人的另一轮较量里。后来我问玛丽是否能够在这段关系中多一些让步和包容，努力修复与詹妮弗的关系。

玛丽并没有听取我的建议。没过多久，我与帕特见面越来越困难。过去很容易就能绕过层层通报，现在想绕过去却不可能了。我的报销账单也需要更加仔细的检查，这用去了我很多时间；而詹妮弗也顶着更大的压力，从而导致她的表现更糟。

我受够了！于是去了帕特的办公室，直截了当地说："玛丽，事情到此为止吧！"

我之前还会认为玛丽会伤心——啊呀！跟她之前的愤怒比起来，她现在平静多了！

有一段时间，办公室的时光对我来说就是个噩梦。

终于，帕特把我拉到一边，说道："基思，整件事你就没有处理好。现在这一堆烂摊子让我的生活都变糟糕了。你好好想想，我了解到的所有信息还有你的那个行政助理的事情都是从玛丽那儿知道的，我真不想处理这种事情。第二点，你一直以来的表现都很愚蠢。玛丽非常喜欢你，一如既往地喜欢你。就算是帮帮你自己，帮帮我。不惜一切代价，要跟玛丽把这个事情处理好。再有这些类似的问题，你要知道这里是她的地盘。"

从个人角度来说，我一直很喜欢而且很尊敬玛丽，但是现在我学到了一件事，那就是像玛丽这样的助理，力量真的很强大。秘书和助理不仅仅是老板的联系人。如果能跟她们和谐相处，她们会是值得信赖的朋友、支持者，甚至更私人一点，是你的生活秘书。

有一天，像玛丽效忠帕特那样效忠于我的詹妮弗来找我提出辞职。她说："听我说，我很痛苦，如果一切都不理清楚的话，你的事业也会陷入危机。"那是一个非常亲切而又令我惊讶的姿态，也是一个詹妮弗重塑理智的机会。我向她保证会帮她找另一份工作（的确，她很快就找到了），而如今我们依然是很好的朋友。

我在招聘下一任助理时，做了两件事。首先我请玛丽提前留意一下所有候选人，选出她最中意的人，而我尊重她的第一选择。其次，我还告诉我的行政助理要按照玛丽的吩咐和指导做事。没多久我也和玛丽重归于好。帕特说得对，玛丽的确很喜欢我，我也更加了解玛丽的职责。帕特也重新开始收到我的信息，每个人的生活都变得简单了。

在一个机构单位里，接待员很重要。尤其是你外出工作时，他们显得更加重要。

几乎同一时期，《新闻周刊》（*Newsweek*）的广告销售代表肯特·布罗西尔（Kent Blosil）来我的办公室推销产品，期望双方能够合作。当天共有二十位广告销售员，他便是其中的一位。但是我有一位媒介代理的媒介采购员，他是我们专门付钱请来负责帮我处理这些会面的。我的一条原则就是绝对不见广告销售代表。

肯特与他人不同。他深知接待员的影响力。

肯特每星期都会给詹妮弗打电话，态度谦恭有礼。偶尔还会送詹尼弗一盒巧克力，一束花或其他礼物作为惊喜。尽管我的行政助理推荐肯特与我见面，但是我还是找不到理由去接见肯特。

然而詹妮弗很坚决，数次在我不知情的情况下安排与肯特会面。每次我都取消了。但她还是不停地把她的“好朋友”安排到我的工作计划里，因为她觉得肯特与众不同，比其他人更有创意。

终于有一天，我说：“让他去跟我的媒介采购员见面吧。”

“不行，你一定要去见见他。你只需要花5分钟。他一定会让你觉得这5分钟花得值。”没办法，我退让了一步。

肯特的确很好，而且他还对我的事业和兴趣做了深入了解。我们会面时，肯特说的第一件事就是：“如果可以的话，我想跟您介绍《新闻周刊》的三位资深主编。您有兴趣吗？”对于需要媒体帮忙让德勤登上封面的我来说，这是一个很重要的提议。

“当然。”我说道。

“还有，我们在棕榈泉有一个会议，各公司的首席营销官跟我们的主编、记者们都会聚集到一起。这将是在新经济状态下的一次关于媒体策略的绝佳会议。请问我能将您纳入宾客名单吗？”他的确向我提供了一个真正的商业价值，因为很多首席营销官都会成为德勤的顾客。这也将是一个扩大私人社交圈的机会。

“好的，我会去参加那个会议的。”

“而且，我知道您的那个媒体采购员一直在评估我们数月前就送来的提案。我不会浪费您的时间再给您讲这个细节。我就是想让您知道如果我们能够找个时间合作一下，一定很棒！”就是这样，这就是肯特的五分钟销售策略。其中他只用了6秒来推销，剩下的时间全部用来向我提供有价值的信息。

肯特离开以后，我给媒体采购员打电话说：“去《新闻周刊》！给他们一个和我们有意向合作的其他杂志社差不多的平等报价，然后这段时间让他们来接待我们的生意。交给你了！”肯特会去其他杂志社，我的生意也一样，也会有多个考虑在内的合作伙伴。

我想说的重点是什么？重点就是要时刻尊重行政助理的能力。给予他们应有的尊严，再去跟他们接触。如果他们得到了尊重，成功的大门也会向你敞开，即使面对的是权力最大的决策者。那么如何才能在接触过程中尊重他们？要感谢他们的帮助，你可以致电表达感谢，也可以送一束花，或者写一个便笺。

当然没错，很多情况下比起礼节和礼物，成功会面要求的条件更多。有时候，你还需要一些街头智慧才能赢得会面的机会。

去年夏天，我在飞往纽约的飞机上遇到了迪士尼前任总经理。在我们交谈期间我提到了自己刚刚搬到洛杉矶居住，并且想认识些善良智慧的人。她建议我或许可以试着认识一下即将上任的迪士尼国际公司总裁——迈克尔·约翰逊（Michael Johnson）。

当时我的公司并没有什么特别需要约翰逊帮忙的地方，但我还是觉得应该跟他见一面。我的公司主要经营电子游戏，谁知道迪士尼某一天会不会涉足电子游戏领域呢。唯一的问题是要通过约翰逊的行政助理那一关。像迪士尼这样的大公司，这种问题更难解决。

我旅途结束回到家后便给迈克尔·约翰逊打电话，毫无意外，得到了一个冰冷的答复。

“非常抱歉，约翰逊先生现在正外出旅游，几个月内不会回来。”他的行政助理告诉我。

“好吧，”我说道，“能不能麻烦您告诉他，是简·彭伯顿（Jane Pemberton）的一个朋友打来的。请您帮忙转达，如果他有时间的话，请给我回个电话。”

打第一个电话时不要表现得那么咄咄逼人。要记住，你永远也不能惹怒行政助理。

第二个电话跟第一个电话差不多：建立我的存在感，超强的存在感。

“嗨，我是基思·法拉奇。迈克尔没有给我回电话，所以我又打过来了。”同样，你假设他应该会立刻给你回电话，但是语气不要太强硬。迈克尔的助理很有礼貌地记下了我的留言，并且感谢我的致电。我向她索要迈克尔的电子邮箱，但是出于私人问题的考虑，她没有给我。

第三个电话打过去时，她就没那么礼貌了。她话语间透着敌意，说道：“听着，约翰逊先生非常忙，况且，我不知道你是谁。”现在我要么配合她的语气，态度直线下降，要么……

“哦，非常抱歉。我是约翰逊朋友的朋友。我刚搬来这座城市，简建议我来见见迈克尔。说实话，除了简是迈克尔的好朋友之外，我还真不知道为什么要打这个电话。或许你说得对，或许一切都是错的，我不该打电话的。或许迈克尔跟简的关系也不是非常好，他没打算见我。如果真是这样的话，我向您道歉。”

我的表现如此真诚，甚至还向她示弱，这让这位行政助理顿时精神紧绷。她现在开始担心或许是她太无礼了，或许这样对待老板朋友的朋友有些太不合适了。毕竟我是接受了朋友的提议才打的电话。或许她开始担心自己把门关得太紧了，应该退让一步。然后我便提出建议：“要不你给迈克尔发一封邮件？”她思考了一会儿，然后说道：“可别说是我说的。”最终，我拿到了迈克尔的邮箱。

发给迈克尔的邮件也很简单：“亲爱的迈克尔，我是简的一个朋友，她提议我来认识一下您，跟您聊聊天……简觉得我们应该认识一下彼此。”要是有什么具体讨论的，我本应该放到邮件最上方，但是我的最佳价值定位是中间人这个朋友，她会认为我们的接触是一种双赢。

有时在试图与新朋友建交时，使用多种交流方式很有效果。发一封邮件、写一封信、打一份传真，或者寄一张明信片，这些都更容易直接让对方收到。

约翰逊的回复真诚而简练：“方便的话，我很乐意与您见一面。”

所以我再次致电他的助理，告诉她迈克尔说很乐意见面，这次打电话是问问什么时候可以见面。最后，我们终于见面了。

很不幸，需要用到这种策略的情况还很常见。这是真功夫，只有不断地去练习、练习，再练习，才能掌握这种策略。但是一旦你意识到行政助理的重要性，并且用尊重、幽默和关爱让他们成为你的同盟军，推销的大门就会向你敞开。

11
别独自用餐

人际关系网的流通就跟那些在好莱坞想要成为明星的人一样：没有存在感比失败更糟糕。也就是说，你要时不时地去跟其他人接触，早餐时间，午餐时间，随便什么时候。这也意味着即使一周内你有一个会面失败了，还有其他六个约会正排队等着你。

在建立人际关系网时，要记住：最重要一点，绝对不要玩消失。

将你的社交活动、会议甚至是日程表都安排满。要想前途坦荡，你必须努力工作，时常在你刚刚建立起来的人际网中确立存在感，并且要积极活跃。

给你举个例子解释一下吧！我曾经有幸陪同当时还是第一夫人的希拉里·克林顿，乘坐C-130运输机多次往返于西南地区参加一个又一个的政治活动。希拉里夫人早上五点钟起床，早餐过后便回拨电话给东岸（华盛顿哥伦比亚特区，其位于美国东岸）。她每天有四五个演讲，以及参加一些鸡尾酒聚会，在这些聚会上她还要跟很多人交流，此外，还需要登门拜访一些朋友。就那一天，她肯定与2000人握过手。到了晚上，我们大部分随从终于“爬回”了“空军一号”，希拉里夫人又跟同事聚在一起，开玩笑，聊一聊这一天发生的一切。轻松休闲大概一个小时后，希拉里夫人又接着安排第二天的计划。不论你的政治倾向是什么，这种工作态度和职业操守都值得你敬佩。令我惊讶的是，整个旅程中她竟然能记住那么多人的名字。在我们出行的那一队里，我花了很长时间才记住每一个人的名字。

我经常遇到这种有毅力、有决心的人。因为我自身的成长背景，我最敬佩的英雄们都出身卑微。我有一个做CEO的朋友，来自美国中西部的一个普通蓝领家庭，他的父亲跟我的父亲一样，都是做了四十多年的工人。他会告诉你，他不是房间里最聪明的人，也没有来自常春藤名校联盟家庭的同事，更不能借助家庭的力量，顺竿往上爬。但现如今，他是其所在领域最令人敬佩的一位CEO。

他的做事法则并不复杂，但是很严格。他每天至少会跟50人聊天。一周内会用几个小时在公司工厂内转转，跟来来往往的员工们交流。如果你给他或者他的助理发邮件，绝对在几个小时内就可以收到他的回复。他将他的成功归因于蓝领的职业操守以及他受父亲影响而产生的特殊情感。而对于那些更加刻板一些的白领同事，他曾告诉我，虽然他已经了解了这些人所知道的，但是这些人永远也不会了解他知道的。

那么现在你是要“努力”工作，成功拓展人脉，但是这并不意味着你一定要长时间地工作。这是有区别的。有些人认为建立社交网络要求一天18小时忙于见面和电话交流。如果我这么埋首苦干，甚至只是看起来像苦干的话，我的工作效率肯定不高，或者会完全出错。建立一个朋友和同事的社交圈就像是在建立同事之情和友谊之情。这应该是一种乐趣，而不是消磨时间。当你的社交圈已经建立，你的目标也设立好了，你就会发现每天都有足够的时间来做需要完成的事情。

那么我是如何在一周内与我想见的人会面的呢？有人曾经嘲讽地说道："我要克隆一个自己，去参加所有你参与的会面。"

"嗯，你的说法很有趣，"我回应道，"不过我不是'克隆'自己，而是'克隆'这件事。"

我想说的是下面这个例子。几个月前，我飞去纽约参加一个为期两天的商务活动。我想见的人有很多：我的朋友——一位老顾客，他是乐高（Lego）前任总裁，最近正忙着给自己的后半生找个活干；百老汇视频（Broadway Viedo）的首席运营官，我想替我的一个客户跟他讨论新冠名的娱乐电视节目；还有一个是我许久未见的老朋友。

我有两天时间，想见的朋友有三个，但是只有一个时间段能见到他们三个。那么面对这种情况，如何妥善处理？

我"克隆"了晚餐，邀请他们三位与我共进晚餐。每个人都会在相互认识对方的过程中获益，而我还能够跟他们每个人见上面，说不定还可以就新电视节目秀的问题获得些创造性的信息。我的一个很有幽默感的朋友也加入了这个晚宴团队，并为这个很可能变成枯燥商业会谈的晚宴添加了轻松愉快的气氛。

我提前半个小时在酒店邀请这位朋友加入晚宴，那时我正在和我想见的三位朋友展开一对一交谈。而且，如果我跟首席运营官讨论的项目细节过于隐秘，我可能会在晚宴结束后安排一点时间，单独与他交谈。

问题是，我想让所有人都参与到我的活动中来。这对他们有益，对我有益，对每一个想要扩大自己朋友圈的人都有益。有时候，我会带着有潜力的员工去不停地会面，让他们锻炼锻炼。因为是临时加开的员工会议，我偶尔会邀请几个员工与我一同坐车前往机场。在任务繁重的时候，我会想办法将工作效率提高至原来的三倍。而这一过程中我会从自己的"社交团体"里联系不同的人。

你新建立的联系越多，越有机会获得更多联系。正如以太网

（Ethernet）创始人罗伯特·梅特卡夫（Robert Metcalfe）所说："社交网络价值的增长是与一定区域内用户数量的增加成比例的。比如说互联网，每增加一台新电脑、一个新服务器，以及一个新用户都极有可能与已经存在的用户联系起来。道理同样适用于你的社交圈。社交圈子越大，就越具吸引力，成长就越迅速。这也就是为什么我说社交圈就像是肌肉——你越努力，它会变得越强壮。"

这种克隆也是确保会议或者聚会有价值的一种有效方法。如果我去跟一个不甚了解的人见面，我很可能会再邀请一个我非常了解的人，以确保会议不会浪费时间。例如，我的学生非常渴望参与这样的会议，因为这是一个学习知识的绝佳机会。这让他们与我有了见面时间，也有机会领略生意场上的实战操作，这样我就可以确保我们举行会议的目的圆满达成。在很多案例中，这些学生最终也会为会议做出贡献。绝对不要低估年轻人从独特视角考虑问题的能力。

如果你准备做这样的事，要特别注意一下人们之间的化学反应。你是否有一种感觉，觉得谁和谁会相处得好呢？这并不是说要求每个人都要有同样的背景和情感。事实上，不同的专业和性格合理地混合在一起会是一个让聚会完美的良方。相信你的直觉吧！我通常使用的检验方法就是问自己是否真的感兴趣。如果答案是肯定的，这就是一个不错的迹象，表明社交圈的流通在起作用。

你最近有跟同事一起用午餐吗？不如今天就把他邀请出来共享午餐；或者，你还可以邀请公司或者商业社交圈内的其他人一起用餐。

这么多年我经常困惑的一个问题就是怎样能够在虚拟世界的商业往来中让人"看得见"。不论你是在堪萨斯州还是在马来西亚首都吉隆坡，靠卫星来远程操作的人需要对他们的联系额外关心。诚然，社交媒体上的人是你的朋友，但是它跟朋友见面聚到一起，谈天闲聊不一样。我们虚拟的社交圈膨胀得越大，人们越应该使用真实身份联系对方，以作为双方现实生活关联的纽带。我强烈建议你可以在会议方面安排一些时间，并筹备一些资金。而且可以出发去某些城市，安排几天，哪怕就只留宿一晚，在这期间，你可以举行鸡尾酒聚会或者安排一系列会议。

科技已取得巨大进展。一旦你习惯了使用谷歌环聊（Google Hangout）、网讯（WebEx）或者网络电话（Skype）等媒介开展集体会议或者一对一会议，你就会觉得大家其实都在一个房间里，没有空间距离。每个月围绕一个值得讨论的话题开展一次“虚拟开心一小时”。或者建立一个由三四人组成的责任小组，每周聚到一起制定目标，共同分享个人以及专业的最新见解。每个人都这样投入三个月的时间，然后重新组团。每月安排一次机会，请团内的成员介绍一位朋友加入这个团组。

很快，你就会有一个越来越大的朋友圈和社交圈。

挫折中汲取教训

亚伯拉罕·林肯（Abraham Lincoln）是美国最伟大的一位总统，他的成功充满了传奇色彩，但是成功之前，他一直都生活在失败中。林肯一生在生意、政治以及私人方面经历了各种各样的挫折。但是他从未被失败打倒，放弃自己的追求。

林肯做生意，失败了；当农民，失败了；竞选州议会委员，还是失败了，甚至他曾经一度精神崩溃。他曾申请地产局办公人员的职位，但遭到拒绝。等到终于被选举为州议会委员后，又在竞争发言人中败选；他曾竞选进国会，败选了；竞选美国参议院席位，败选了；竞选副总统职位，败选了；再次竞选参议院议员，依旧是败选。终于被选举为总统，国家却陷入分裂的战乱中。但是这一次，他在一次次失败的过程中所参与的活动、经历以及认识的人都帮助他为这个国家设立了一个方向，而这个方向将作为美国一项伟大的遗产名留青史。

我要说的是，凡是成功之人背后都经历过一连串的失败。但是像林肯这样，拥有坚忍不屈的精神就可以克服这些挫折。林肯知道唯一能够取得进步，勇往直前，将梦想变为现实的方法就是从挫折中汲取教训，不断努力，开拓进取！

12
分享你的激情

我必须承认一件事！我这一生从来都没去参加过那种所谓的“社交活动”。

如果这个活动组织的不错的话，从理论上讲，这些参加活动者会从中获益。然而这种活动大部分都是为“绝望者”和“穿制服者”准备的。一般参与者都是暂无职业之人，他们但凡看到空着手的人，便积极地将自己的简历送给他们，而这些空着手的人往往是刚刚送出自己简历的求职者。想象一下，一群除了失业便再无共同之处的人聚集到一起，那是个什么场景。这并不完全只是为了增进大家的关系。

说到与人会面，不仅是你要了解谁的问题，还有你怎样了解，以及在哪里了解他们的问题。

例如，乘坐飞机头等舱。头等舱可是大部分人都负担不起的，但是在这些头等舱乘客间也展现出了有趣的友情，而这种友情在经济舱里，你是体会不到的。刚开始，有很多有权势之人乘坐头等舱，大家近距离接触，一坐就是几个小时。因为他们对能够比其他乘客早下飞机几秒钟而奢侈地支付这种荒谬的附加费感到不满，并且发现你的心情跟他们一样，于是他们为了满足自己的好奇心，经常会问，你是谁，是什么原因让你跟他们一样傻，买了这么高价的票。我都说不出我在因食用飞机餐而展开对话的过程中认识了多少有价值的客户和联系人。（顺便说一下，只有这个时间你才能打扰旁坐的人。）

在所谓的“社交活动”中，社交的动态变化状况与上一章讲到的正好相反。人们会以为你跟他们是一条船上的人，这条船名叫“绝望”。人与人很难相互信任。如果你是失业者，跟招聘者泡在一起难道就真的比跟失业的同伴泡在一起管用吗?

有更管用的方法，更适合的地方来消磨你的时间。

分享利益信息是建立任何一座“关系”大楼的基石。种族、宗教、性别、性取向，或商业、专业，以及个人爱好都与“关系”这座大楼密切相关。这样，你就明白为什么一直努力参加的项目和活动都要建立在你最感兴趣的利益之上了。

友谊的产生在于两人相处时间的质量，而不在于时间的长短。很多人存在这种误解，认为两人需要消耗大量的时间才能建立联系。其实不是这样的。除了你的家人和工作，一个月里与你见面的朋友用十个手指都数得过来。当然，你的朋友肯定多于十个。重要的是你跟朋友聚到一起做什么，而不是你们多久见一面。这就是你要格外在意什么地方你最自在，以及做什么活动你最喜欢的原因。

通常你最擅长的活动和事情就是你感兴趣的方面，所以聪明的做法就是让这些活动项目成为你为之努力的焦点。就我而言，对食物和锻炼的钟爱帮助我遇到了很多志趣相投的朋友。就其他人而言，可能是集邮、棒球卡、政治话题或者跳伞等娱乐爱好使大家聚集到一起。

近几年，我最热爱的就是回馈社会，我要告诉大家，帮助他人并与他们建立关系真的是一件非常特别的事情。现在我计划与我的家人、朋友、同事还有客人开启一场年度之旅，前往安提瓜和危地马拉这两个地方，我们曾经在那里帮助过几个“孤儿村”的孩子。在出发前、旅途中以及旅途结束后，我们都会在我的网站和社交网络上分享发生的故事和照片，同时请求各方做慈善捐赠，这样不只是我们在这场旅行中接受了洗礼。我真的认为这次旅行的意义不仅在于让孩子们的生活得到了改善，尽管这一条已经意义深远；它还在于对我们产生了巨大影响：回国之后，我们能够成为更优秀的领导、同事、父母，以及在这一年内工作产量会更高，成效会更令人满意。

如今，把人们聚集到一起，共同分享激情的这种力量，在众筹资金热潮以及骤增的提供众筹资金的平台中尤为显著。以具有创意方案的企业筹资的众筹网站Kickstarter为例：Kickstarter致力于开发具体的某一项目，而不是普通的筹集资金。在其运营的前四年里，有370万民众共同为他们认为值得一试的项目筹集了5.45亿美元的资金。再经过社会媒体的吹捧传播，从自主3D打印到朋克音乐专辑，热情的民众对一切感兴趣的东西都往里砸钱。

当我们真正去热爱某一事物时，这种热爱是会传染的。我们的激情让其他人好奇我们是谁，我们关心什么。在你的热情的感染下，其他人会放下防备。这也就是为什么在生意场上，分享你的激情那么重要。

比起我参与的室内会议，与某人共进晚餐，或仅通过某一次艰苦锻炼更能让我看清楚对方的表现。只有出了办公室，我们才会很自然地放松。或许是因为活动的举办地点让我们放松下来，何况准备的晚餐中还有酒相伴。而且你根本无法想象，当你们共同参与一些双方都热爱的活动时，你会从对方身上学到多少东西。

我有位朋友，他是夏洛特市一家大型银行的行政副总裁。说到社交地点，他的社交网络汇聚地就在基督教青年会（YMCA）。他告诉我，在去公司上班之前，即早上五六点左右，青年会集合地就会集了很多跟他一样的晨练爱好者。他为企业家、正合作的顾客以及潜在顾客们搜集聚会地点。然后他边在班霸牌（Stair Master）台阶器上锻炼，边回答其他人关于投资与贷款的问题。

除了食物和锻炼，我有时候也会带着朋友去教堂。没错，就是教堂。我在洛杉矶常去圣阿加莎教堂，那是一个具有西班牙风格的天主教堂，去那里做礼拜的大部分是非裔美国人。这里的“另类仪式”简直太美妙了。在这里并不是简单地通过握手来“传递和平”，而是唱诗班引吭高歌，集会者则在教堂内四处走动，彼此相互拥抱，时间可长达10分钟。这种场景太赞了。我不想把自己的信仰强加给任何一个人；我带来的人，不论是演员、律师、无神论者还是正统犹太人，他们都愿意把我的邀请看成是一个非常私人化的礼物。这充分说明我对他们高度认可，所以我非常愿意将生活里如此私人的一部分与他们分享。

与通用生意经相较，我认为私人生活和公众社交并没有一成不变的界限。旧式商业观点把情感和同情的外露当作一种弱点；而如今新晋商业人士都将此特性看作联系双方的纽带。我们的关系越紧密牢固，我们的生意和事业也就越成功。

再举个例子，邦妮·蒂格瑞斯（Bonnie Digrius）曾经在美国一家负责信息技术研究的公司加德纳顾问集团公司（Gartner Group）担任咨询顾问。她会给她列举出来的联系人、同事发一封关于她自己的年度内部信件。她会写一些自己跟进的新鲜且激动人心的事情，或者写一些关于自己家庭的故事。她曾写到父亲的去世如何改变了她的生活。或许你会觉得收到这样一封深情流露的公开信的人会感到不舒服，其实恰好相反。越来越多的人，不论男女，不论是否相识，都请求收到邦妮的信件。他们会回信告诉她，自己也曾有类似的经历。几年之后，邦妮的社交圈已经扩展至全美国。正是因为她将自己的真心和激情都摆在面上让大家看到，她才得到了成百上千的信任和敬佩。

给你最热爱的东西列个清单吧！用你的热情做向导，引领你找到正苦苦寻找的活动和项目。用你的爱好去联系新朋友，维系老朋友。譬如，如果你热爱棒球，带着你的潜在客户和当前客户去看场球赛，或者邀请他们加入你的梦幻联盟，大家一起在游戏的世界里切磋球技。你做什么没关系，只要是你真正热爱的就行。

你的热情以及你为他们安排的活动将会为彼此建立更深厚更亲密的联系。要注意，安排的活动要与你试图建立的这种联系相适应。我有一个常用的清单，用来与我的合作伙伴或自己的朋友保持联系。下面就是我喜欢做的一些事情：

· 15分钟加一杯咖啡。这一方法要在室外进行，环境轻松而且省时，同样也是与新朋友见面的好方法。这正好也证明了我在这本书第一版里提出的最受欢迎的建议。我知道，因为我每周会为这些会议提出很多要求。所以，请记住我前面说过的建议：确保你能非常清楚地阐述为什么这15分钟对他们有价值。

· 会议。比如说，我正在西雅图参加某个会议，我就会拿出清单，看看这个区域我认识或者想更深入了解的人，是否有兴趣参与并发表主题演讲，或者共进晚餐。

· 邀请对方分享锻炼方法或者爱好（例如，高尔夫、国际象棋、集邮、图书俱乐部等）。

· 简单快速地跟对方吃一次早餐、午餐；下班喝一杯，或者是共享晚餐。没有什么能比食物更能打破僵局了。

· 邀请对方参加一项特别的活动。于我而言，特别的活动有在剧院度过美好夜晚、签书会、演唱会等。而这些活动会因为我邀请了一些感兴趣的人而显得更加特别。

· 在家招待客人。我把在家举办的晚宴看得很神圣。我喜欢竭尽所能将活动安排得更亲密一点。为了让客人感觉到这一点，我通常只邀请一两个我不太了解的人。待晚宴结束后，我想让这些客人在离开我家时觉得他们认识了很多新朋友，而如果晚宴里全是陌生人的话，让他们有这样的感觉就太难了。

· 当志愿者。与某组织一起工作，一天需要5～10个志愿者来服务他人，或者召集一队人参加慈善行走。又或者更加随意一点，可以叫上几个人打包午餐，并送到那些需要午餐的人手里。

当然，我们都需要腾出合理的时间来陪伴我们的家人和朋友，或者只是看看书，休息一下。不论什么时候，你在哪里，通过跟他人相处来丰富你的生活时，都要确保你没有忽视你生活中最重要的关系。

当每一天都充满了激情，还有很多有趣的朋友跟你一起分享激情时，你大概就不会觉得联系他人是一种挑战或者是一份让人讨厌的工作了，它更像是你不费吹灰之力便能得到回报的工作。

13
要么跟进，要么失败

有多少次你发现曾经与你碰过面的人正站在你面前，你却想不起他们的名字？

我们生活在一个快节奏、数字化的世界。在这个世界里，我们的周围充斥着各种各样的信息。收件箱里出现的新名字和老名字不断地唤起我们的注意力。我们使劲消耗大脑，试图记住所有零零碎碎的东西，以及每天放在我们桌子上的那些名片。为了保持思维清晰，我们大多时候不得不选择淡忘或者有意忽视一些汹涌而来想要在大脑里寻求容身之所的新信息，因为我们大脑中原有的信息已经几近饱和。

在这种情况下，一旦认识了新朋友，我们的大脑就只有一小部分决定记下他们的名字，这的确很令人费解。我并不能完全确定：当你跟想要建立交情的人见面时，要多做些事情确保你不会被他们大脑的那部分结构遗忘。

就在最近，我前往佛罗里达州，在自己曾就读大学的Sigma Chi兄弟会为前成员和现有成员准备的颁奖典礼上发表了演讲。那天晚上我很可能至少给一百人递出了我的名片以及告知了我的邮箱。在这场西装革履的仪式结束后，我回到了下榻的酒店，在早上那段极短的时间里查看了我的邮箱。然后在收件箱中，我看到了一封兄弟会的小学弟发来的邮件。这封邮件短小简练，主要向我表达了他对我发表演讲的感激之情，说这场演讲对于相似背景的他来说意义重大，并希望有一天我们可以见面，一起喝杯咖啡。随后在接下来的两周，有超过上百封邮件或电话找我表达相同的情感。然而我记得最清楚的还是我看到的第一封邮件。

在我收到的礼物中，记忆最深刻的是那些花几美金就足以表达情意的礼物。这些礼物主要是我曾经帮助过或指导过的人们送给我的一些发自肺腑的感谢信、邮件和贺卡。

你想从人群中脱颖而出吗？多用些智慧做好联络之后的后续跟进，能帮你把那些绞尽脑汁博得关注的人们甩开好几英里。而事实是很多人做后续跟进做得不好。学会后续跟进能够让你迅速提升，甩开95%的竞争者。坚持并做好跟进就是你社交网络稳固的锤子和钉子。

其实，后续的跟进在任何领域都是成功的关键。

在你准备跟某人见面时，应该注意如何让新认识的人记住你的名字（并且对你塑造的形象印象深刻）。

跟对方见面结束后，给自己留12小时到一天去跟进。如果你在飞机上遇到了某个人，那么在那一天晚些时候，你可以给他发封邮件。如果你在鸡尾酒聚会上遇到了某个人，可以第二天早上发邮件给他。如果偶然碰到对方，电子邮箱是一个非常不错的工具，你可以快速地发一封邮件，简单陈述：“很高兴能遇见您！我们一定要保持联系！”像这种邮件，我一般喜欢提及一些当时对话中涉及的特别话题，比如说共同的爱好或者商业利益，这些特别话题可以帮助对方想起我是谁。

如果你看到对方在使用领英的话，你可以发出“领英邀请”来跟进此邮件。这个取决于具体情况以及我们的操作方法，我可能还会发出Facebook邀请。有些人对使用Facebook作为工作的联系方式有所防备，所以我会很小心地告诉他们一种简单的解决办法："如果您对新结交的朋友使用Facebook的话，我很乐意在Facebook上跟您联系；如果您介意的话，没关系，不用担心，我同样会跟您保持联系的！"

会面结束时，我会将新朋友的姓名以及邮箱录入我的联系人名单里，同时还会加入我的工作计划，以此来提醒我一个月后要再次给这位朋友发邮件。这样做仅仅是为了与其保持联系。

如果你不打算努力把这些人变成你生活中的一部分，那何苦给自己找麻烦去认识新朋友呢?

关于商业会晤结束后的进展，我渐渐喜欢上我的同学，也是哈佛大学商学院前任首席运营官詹姆斯·克拉克（James Clarke）信奉的做法。他在做后续跟进时，总是重申每个人所做的承诺，并在第二次跟进会议召开时询问大家。

当其他人同意某件事情时，不论是下次去市里的咖啡会面，还是签署一个重要的协议，都试着留下书面信息。但这没有固定的模式，比如说："昨天午餐时跟您聊天非常愉快！我想继续跟您聊聊我们昨天讨论过的想法。我相信法拉奇绿讯营销咨询顾问公司可以为贵公司的利益服务，我需要时间整理一下我们最终的细节。下次我来的时候，希望您可以在百忙之中抽空跟我见一面，我们可以聊上5~10分钟。"

这样，这个人十有八九会很随意地回信告诉你，他愿意接受你的提议，并安排再次见面。接下来到了接受对方邀请，再次谈判的时候，你就可以给他打电话，告诉他你是有"手写"的凭证证明他曾在邮件上承诺过见面这回事。他已经同意见面了，那么现在问题是什么时候见面，以及你的坚持能确保这件事情在什么情况下可以发生。

但是要记住，不要去提醒他们可以为你做些什么，这一点很重要。

相反，去更多地专注你可以为他们做什么。这就给了他们一个可以跟你继续见面的理由。

另一个可以保持继续交流的有效方法就是将一些相关的文章转发给自己社交网络里面可能感兴趣的人。要是有人给我发这样的邮件，我心里会非常感激，这表明他们有考虑到我以及我正面临的问题。

尽管对于后续跟进而言，发邮件是一种非常完美且可行的方法，但是还有其他方法可以予以考虑。近来，一封手写的感谢信特别容易吸引他人的注意力。你上次收到手写信是在什么时候？当你收到一封收件地址是你私人地址的信时，你肯定会把它打开。

在人际关系里，感谢信提供了继续联系，强化双方关系的机会，并且营造了一种示好的氛围。要提到你前一次没有提及的重要信息，强调你既渴望再次见面，又愿意主动帮助。

下面是在你进行后续跟进时的一些提示：

· 时常表达你的感激之情。

· 确保在见面和交谈中包含一些有兴趣的东西——一个笑话，或者一个幽默时刻。

· 再次确认你所做出的承诺，以及如何发展。

· 简明扼要。

· 时常给对方书写记名感谢信。

· 同时使用电子邮件和传统邮寄信件，二者的结合可以增加私下里接触的机会。

· 电邮之后，通过社交媒体发送联系请求。

· 时机很重要，会晤或者采访结束之后尽快发送邮件。

· 很多人都会等到假日的时候才说感谢的话，或者才去联系对方。为什么要等呢？你的后续联系应该更加及时，更加合理，而且更应该要让人记住你。

· 切记要跟那些曾为了你和他人充当纽带的人保持联系。让最开始的引荐人了解对话是怎样进行的，并且要表达你对他们提供帮助的感恩之情。

将后续跟进当作一种习惯，让它自然而然地发生。这种习惯一旦养成，你疯狂记住他人姓名的日子，以及他人疯狂记住你姓名的日子就一去不复返了。

14
成为会议的“突击先锋”

军事战略家都知道，决定交战地点、时间与方式的一方通常在战役中有着无可比拟的优势，大多数战役在双方尚未开火之前便胜负已定。而很多会议能够成功举办，也是这个道理。会场如战场，你应该在与会之前确定作战目标，将偶然出席的一次会议视为战斗任务来完成。

不要满足于做一名“与会者”，而要成为会议的“突击先锋”！

参加会议的主要意义只有一个。当然，这个意义不在于休息时有咖啡、饼干之类的消遣，甚至也不在于它提供了一次昂贵的商业启发课程，而在于会议提供了一个结识志趣相投之人的机会，这些人会帮助你完成战斗任务，实现作战目标。有时在与会之前，我甚至还会在脑海中就“投资—回报”进行一番分析。一边是我从已建立的人际关系中可能得到的回报，一边是我在会议上投入的金钱与时间。前者的回报足以抵或大于后者的投资吗？如果答案是肯定的，我就出席会议，反之则不出席，就这么简单。也许这样看待会议太过实际，但的确非常有效。

新老板刚从我们手里接管YaYa公司，就制定了一系列削减成本的措施，其中包括旅游经费和会议开销的削减。就我看来，完全不应该有这样的举措。

在这些老板眼中，会议就是劳民伤财的累赘，是高管放纵娱乐的消遣，他们并不认为会议能为公司创收。对于我们这个刚起步的公司而言，似乎没必要年年都花钱让员工出席某些活动。

在这个问题上，我曾与他们有着严重分歧，并保证要说服他们改变想法。我之前在会议上结识的人曾直接为我提供过创收项目，于是我开始着手记录下这些项目的实际数量，后用电子数据表格将这一连串交易整理出来，并说明过去的某次会议是如何为公司带来了丰厚的收入。当我将这些呈现给老板们时，他们不禁愕然相对。

他们对商业会议的态度很恶劣，而持这种态度的人并不限于这些高管。态度恶劣源起于对“会议”的误解，大家普遍将它误解为“发现见解的地方”。这肯定不对。不过的确，人们大多从经验、书本和他人处获取可行的商业见解，而且会议圆桌上的讨论和主旨发言也可能饶有趣味，甚至予人启迪，但会议却很少教给人们真正的知识。

然而，就拓宽你的社交圈和偶尔促成一桩生意而言，会场是一个再好不过的去处。以销售为例，在旧式的销售模式之中，销售人员要花上80%的时间安排会议，介绍产品，极力促成交易。而另20%的时间则用来发展与顾客的关系。如今我们的销售重点却主要集中于发展人际关系。聪明的销售员——确切地说，应该是各行各业的聪明员工和企业主管们——会花上80%的时间建立社交圈，和那些与他们有业务往来的人发展牢固的人际关系。就俘获顾客的心灵与思想而言，再无懈可击的幻灯片演示也敌不上与顾客发展出的真情与信任。

合理利用会议的人在业内聚会中占有巨大优势。当其他人还安静地坐在那做笔记，心满意足地喝一口免费饮料时，这些人已经展开一对一的交流，或开始组织晚宴了。说得通俗一点，这些人将每场会议都变为邂逅可改变自己命运的贵人的机会。

如果你看到一些人的行为和其他与会者大相径庭，那就对了。他们已打破传统，将“穿戴得体”“热脸相迎每位宾客”“坚定地与人对视”等迂腐的建议一一摒弃。这些条条框框只会妨碍他们从人群中脱颖而出。

然而，充分利用会议也是有诀窍的。我的朋友保罗·雷迪（Paul Reddy）说过，会议中有两种人：一种像保龄球中的圆球，另一种人则像其中的木瓶。

如果你是圆球，你就会游走在会场中，与其他人打成一片。刚入场，你的自信和诚恳就会给大家留下一个积极的印象，进而可以完成日程表的每条名目。若你是木瓶，那只能安稳地待在那里，等着别人去找你。

别再把自己下一次商业会议当作休假了，把它视作一次精密策划的竞争机会，一个可以完成任务的竞争机会。以下是我每次参与会议遵循的法则。

援助会议组织者（最好成为组织者）

会议就是后勤统筹的噩梦。成功举办会议涉及各种不同的因素，而纰漏也可能如影随形，这时就是你伸出援手的机会，也是参与到会议筹办过程的机会。

等你成为会议组织的“内部成员”，你就会知道与会者名单和会议热点。同时你还会发现原本那些专门为会议“大佬们”准备的晚餐和鸡尾酒聚会上都有你的身影出现。

那么怎么才能成为内部成员呢？其实并不困难。首先，查阅会议准备材料、网站，找出谁是主要负责人，把联系方式存入电话本。此时，这些人一般都在熬夜加班，神经高度紧绷。我就会提前几个月给他们打电话：“真心期待这次会议，为办成今年最成功、最有影响力的会议，我愿意贡献我这里的资源：时间、创意或人脉都可以，您看怎么样？”

我保证，统筹人员一定又惊又喜。之所以这么说，因为我早年在德勤做CMO时，也曾负责过一个紧张过度的统筹团队。

当时，德勤与企业再造之父迈克尔·哈默合作，开发可行的企业再造模式。我们认为，能将我们与哈默的合作关系介绍给市场、巩固品牌、赢得客户的最好方式，就是举办会议。因此我们提议德勤与哈默合办一次会议。我们能够为业内提供专业技能与案例模板，而哈默也能贡献他的专业知识，以及对于如何打造世界级会议提出见解。

通过此次机会，我了解到成功举办会议的内部流程，和哈默建立了伟大的友谊，也灵敏地意识到提前了解以下问题的重要性：哪些人参加会议；为什么有些人能够发表讲话，而另一些人只能洗耳恭听；对于社交而言，最好的论坛应该什么样。

从筹办会议开始，我们就主张在当今的会议热潮中注入一些新东西。我们建立了一套追踪系统，记录我们设定目标的情况。当时，每位德勤员工都有任务，任务要求跟两位与会成员会面，而这两位成员是德勤公司在已知晓的与会名单中选出来的目标。这两位客人里面有一位是首要目标，即他是我们迫切想要争取的客户；另一位则是通过他，德勤可以获取利益回报的人，比如媒体界的朋友。最基本的目标，很简单，仍然是去认识新朋友。

因为我们事前已经知道谁会参加会议，员工们会得到一份资料，上面列有他们将要认识的人的相关信息，包括这位与会人员的身份、经历、成就、爱好、其公司面临的潜在挑战，以及德勤可以协助他们解决哪些问题。这些信息足以让他们在见到自己要结交的人时，建立起真正有效的联系。

我们还准备了一份“办法清单”，告诉他们怎样接近自己的目标人物，见到后又怎样主动攀谈。每天活动结束后，伙伴们会报告他们今天见到的人、见面地点以及进展情况。如果谁遇到困难没有见到目标人物，我们会对第二天的会面计划做出安排，确保员工和目标人物第二天可以在同一张餐桌用餐，或者我会亲自介绍他们认识，再或者我们也可以请哈默介绍。

我在不知不觉中创造了一个“会议突击队”：提前知道了自己将要见面的人、见面的方式（我们研究过）和地点。结果让人惊讶，会议成果颇丰。德勤的业务空前增长。我们随后在为法拉奇绿讯营销咨询顾问公司举办的会议上完善了这项“艺术”，我们向公司提出建议，促使会议发挥最佳效果的同时，大型会议的举办方还请我们帮忙设计会议，让他们和与会人员都能享受世界一流的成果。

努力让每个人成为会议的赢家是关键。在与迈克尔·哈默合作的那场会议里，所有与会人员几乎都很惊讶：他们竟然做成了这么多单生意。良好的环境是社交成功的保障。

当然，迈克尔·哈默一直都很有智慧，我们从他那里学到了很多知识。但是人们的成功都还是要归功于这场具有实际效用的会议：把一群思想接近的专才召集到一起，在轻松的氛围中诞生能创造收益的人际关系。

与其听，不如说

你是否与其他人一样，觉得公开发表讲话是一件不容易的事？对很多人来说，确实如此。但我要告诉你，这没有你想象的那么难，不过却比你想象的更重要。

对于有些人，想让他们在听众面前用15分钟讲讲自己的工作，他们会感到极度恐惧，哪怕面对的是像亲朋好友这样自己熟悉的人群。

冷静下来。首先，你要知道，演讲是表现自我、表现自己事业和想法最简单、高效的办法，不仅可以让人们听到，更可以让他们记住。你不需要像励志演讲家与畅销书作家托尼·罗宾斯（Tony Robbins）那样，为自己找一个所有人都愿意听你说话的地方。

随便挑一天看看有多少人会站在听众面前演讲？答案绝对吓你一跳。出于各种缘由，每天都有成千上万的论坛和活动在如火如荼地进行。这些场合都需要一个人对宾客说点儿什么，活跃一下气氛或者发表一点真知灼见。可惜大部分发言人都没有做到。

如果你认为发表独到见解的人都是各个领域的精英，那你就错了。那么怎样丰富自己的阅历来发表独到见解呢？

举例而言，国际演讲协会（Toastmasters International）为人们提供了熟悉讲话技巧的论坛。协会有8000多个俱乐部，每个周末大家聚到一起，进行大量演讲活动，每个俱乐部参加的人数有三四十人。全国巡回演讲的规模更大。传统行业协会（Conventional Industry Council，CIC）指出，会议行业每年至少为美国GDP贡献1000亿美元，直接支出超过2630亿美元。领先于汽车工业、航空运输产业以及电影产业。以上这些数据表明，无论有偿还是无偿，演讲的机会随处可见。演讲可以给你带来乐趣，甚至利益，也是在社交场合展示自己，了解他人的最好方法。很多研究证明，一个人钱包的大小跟演讲次数是成正比的。

会议发言人这一特殊的身份让你更容易认识其他人。与会者通常希望你能主动向他们问好，与他们交流。反过来，他们也会尊重你的演讲，而不是随意一听。一站到台上（不论何种舞台），你就有了公信力，成了听众眼里的名人。

那么在会议中，如何成为发言人？首先，你得想好说些什么，就是说话的内容（这个我会在其他章节详细论述）。你要把自己的想法理念流畅地表达出来，甚至可以针对不同的听众设计不同的方案（后面章节会详细论述）。

如果能采取主动措施，积极了解活动的组织者，那么你就会发现公开演讲并没有想象中那么难。刚开始时，最好从小范围开始训练。举个例子吧！我有个朋友几年前离开大公司开始自己做咨询。他要把自己塑造成品牌推广领域的专家，可是他惧怕在公众面前讲话。但是他深知演讲是挖掘潜在客户和训练口才的好方法。于是，他开始小范围练习，逐渐去认识当地小型工业性活动的所有组织者。他帮他们组织活动，而作为回报，他会请这些组织者帮忙，在活动结束后的休息时间里帮他安排一间房供他演讲。他的听众并不多，而且都是自己找来的人。

起初，会议议程单上都没有他的名字。后来，他会在会议期间与别人攀谈，告诉他们自己正在组织一场专业人士的亲密聚会，而这些专业人士都热衷于讨论各自的品牌问题。轻松的氛围让他忘记了面对一大群听众的压力，能够清晰阐述自己的演讲内容；与此同时还能从听众那里获取有价值的反馈信息。很快，他的听众越来越多，他的演讲也越来越精炼，而那些关系亲密的听众都对他克服了演讲恐惧甚是惊叹。

那么如果你参加会议了，但却不是发言人，怎么办？其实还有其他方法可以让自己与众不同。要记住你在会议中不仅仅是从其他人身上学习新东西，还要跟其他人见面，并也让他们主动跟你见面并记住你是谁。

会议以问问题开始时，尽量第一个举手。一个清晰、有条理、见解深刻的问题很有可能会把全体与会人员的目光集中到你身上。记住，一定要介绍自己，先告诉大家你所在的公司，你是做什么的，然后提出一个引发热议的问题。当然，最好提一个与自己领域相关的问题，这样当别人特意来找你，想就你的“有趣问题”一探究竟时，你就可以侃侃而谈了。

游击战术：组织一场会中会

真正的突击员不会拘泥于注册时收到的会议议程。谁规定了你不能在某会议期间安排自己的晚宴，或者就某个对自己重要的议题进行一场非正式的讨论呢？

普通活动中的晚宴经常是一团糟。

人们的注意力不集中；每个人都试图一本正经，彬彬有礼，然后忙着认识陌生人，再听一场主题演讲，同时吃几口再平常不过的饭菜。这些对开始一场谈话没有任何帮助。

有时候遇到这种情况，我宁愿回到房间，点个餐，然后拿起我的笔记本电脑开始消磨后半夜的时间。然而糟糕的是，与人打交道的机会就这样丢失了。

还有一种选择就是用一两个小时的闲暇时间来为自己安排一顿晚餐。

很多会议期间，我至少会这样做一次。活动开始前，除了已安排好的活动外，我会在附近物色一个不错的餐馆，并提前发出邀请，主办一场私人晚宴。你可以在这一天特别安排一餐，或者提前发出正式邀请。我曾取得巨大成功的方法就是给这家酒店发传真（很多会议都有接待酒店，而很多VIP客户都会下榻这里），告知客人，在会议开始的前一晚入住酒店时，他们会接到邀请来参加当晚的晚宴。我们来想想这个场景，没有秘书去屏蔽信息（这种感觉多么爽）。这些人很有可能在刚到达酒店时暂无安排。即使他们有安排，没有参加晚宴，你在会议期间与他们最终相见时，他们已经成功记住你了。我敢保证，他们肯定会因你为他们着想而心存感激。如果其他人的主题演讲非常有趣，我会在晚餐前或晚餐后喝一杯来处理我的事情。

通常，建立自己的论坛是确保你正找寻的人与你同一时间出现在同一地点的最佳方法。最理想的状态是你能邀请到一群演讲者参加你的晚宴，有了他们的加入，你的晚宴或许会星光熠熠。记住，即使活动上的一个无名小卒在他发言结束后也可能变成小明星。

很多年来，我在“文艺复兴周末”也这么做，这是个政客、商业人士以及各行业专业人士会集的年度新年周末聚会。我会向大家发出一封有趣的邀请，看看他们是否有兴趣“旷工”，一起去其他地方找一家不错的餐馆聚会，而不是参加官方安排的晚宴。复兴周末期间，主办方会专门腾出一晚上的时间，请客人们自行举办晚宴。在为期三天的会议中，这个效果最明显。如果会议在你的“地盘”举行，一定要真诚地邀请朋友来你家做客；每逢米尔肯研究院全球会议在洛杉矶召开时，我就会请朋友来家里做客。这个会议无论是内容还是客人的质量在美国都是翘楚。每年会议的前一天，我都会在家中举办晚宴。人们通常会在那一天提前到达酒店，而比起在酒店里独自用餐，一个有趣又亲切的晚宴是再好不过的选择。

招待晚餐绝不是组织会中会的唯一方法。通常，长期会议也会有些户外社交相伴，比如说高尔夫、旅游、参观历史遗迹等。但是这些活动太频繁了，平淡又无趣。你有没有去过有400人同时参观博物馆的经历呢？想想就觉得像一群奶牛拥挤在一起似的。

没有理由你不能主宰自己的私人旅行，或者请大家去郊外走走；而这些点子，主办方可能都想不到。喜达屋国际酒店集团的一位老员工在冬季会议召开时就常常采用这种方法。他是滑雪爱好者，会在滑雪区内搜寻最佳滑雪地点——通常是一些偏僻的斜坡，而这些斜坡没有人愿意专门花时间去找。毫无疑问，他的举动吸引了其他滑雪爱好者，每个人对新滑雪场地都充满了期待，兴奋不已。

会议期间你对于私人聚会的举办越积极，你越能帮助其他人搭桥牵线，从而使自己成为焦点。在你举行的晚宴或者活动上，不要只顾着介绍你自己，还要把你遇到的人介绍给其他人。如果你的新伙伴不能迅速进入状态，你可以主动道出事实给他："塞尔希奥在可口可乐公司兴盛时期曾主管其品牌的全球推广。大卫，你不是正准备将你公司的品牌推陈出新吗？塞尔希奥是再合适不过的'军师'了。"

以重要人物为核心

如果你认识会议中最受欢迎的人，而这个人正好也熟识每个人，那么他在跟会议中的某些重要人士交谈时，你一定要跟着他。会议主办方、发言人、知名品牌CEO以及与会的专业人士都是很有价值的"重要人物"。

查看重要人物参加的会议清单；确保你能参加这些会议；提前到达业界大亨发表演讲的会场；站在靠近主会场入口或者签名处的地方；随时准备好自我介绍，或者站在他们身后，等待与他们见面的时机。

一定要记得在发言人上台说话之前跟他们聊天。在通常情况下，他们会在吃早餐时抛开在演讲后散发出的名人气质，默默坐在那里不顾形象地吃早餐。在他们重新披上名人的华丽外套之前找到他们，这样你可以有更好的机会跟他们接触。或者如果你不认识他们长什么样子的话，可以请会议主办方（而且主办方已经成为你的朋友）帮你找到他们。

成为"消息通"

如果你有机会与新朋友见面，请把自己打造成"消息通"，这是任何一个社交高手都会具备的重要素质。那么怎么做呢？首先就是要记住会议宣传册的内容；想清楚你周围的朋友都乐于知晓什么消息，并且做好准备。需要了解的信息大概包含商业消息、当地最佳饭店、私人聚会等。将关键信息扩散出去，或者告诉其他人获悉信息的渠道。当然，这一素质不仅仅在社交活动中才需要，如果你是“消息通”，那么你肯定是其他人乐于结交的对象。

成为通讯员

近年来，每个会议都会安排随时随地且免费的实时报道：通过推特或其他社交媒体跟踪会议动态。会议开始前要确认会议中的重要人物都“推特”了哪些参加会议的人，然后列一份清单，以便你可以轻松跟踪他们的信息。查看“主题标签”（Hashtag），并在会议期间主动成为谈话的积极分子。参加聚会或者会议时记得给你遇到的朋友照相，这样做既是为了发表“推特”也是帮助你记住这些朋友。把发生的所有事情都记录下来，待会议结束后，可以将他们整理成一个故事或者系列照片放到你的博客上，并发邮件给你当天遇到的那些人，或者直接放到Facebook上。

温馨提示：不要一直等到会议两周以后才做这件事。可以在回家的飞机上迅速整理出来，趁对方对会议上的事情仍记忆犹新时发给他们。

掌握“深度攀谈”

“攀谈”是会议突击队“军火库”里的“主要武器”。说到它的本质，就是你“碰巧偶遇”了正苦苦寻找的人，他会花上一两分钟跟你聊聊天。你的目标应该是向“偶遇之人”发出邀请，期待下次的联系。

跟其他社交方法相比，“偶遇”还是有细微差别的。完美的偶遇让对方觉得高效的同时又很有意义。我把这一想法称为“深度攀谈”。

“深度攀谈”讲求迅速取得联系，与对方建立稳固的联系，确保可以进行下一次会议。你刚刚花了一大笔钱参加这个会议（除非你是发言人，这个通常可是免费的！），在有限的时间里，你想要尽最大努力多认识一些人。这并不是要你去跟他们成为亲密好友，而是要跟他们保持一定的联系，确保可以进行后续跟进即可。

双方一旦建立联系，就需要建立一定程度的亲密感。在这两分钟内，你需要直视对方的眼睛和看到对方的内心，倾听他人说话，话题范围不要局限于生意圈，也可以在对话中向对方展示一些自己的弱点（没错，就是弱点，这是会传染的）。一切都会帮助你建立一个自然、真诚的关系。

你肯定会说，不太可能吧。嗯，但是我曾见过它起作用，而且我就是这么做的。“深度攀谈”绝对不是理论上的生僻词汇。

有些人不需要几分钟，只需要几秒钟便可以进行“深度攀谈”。例如，前总统比尔·克林顿就是这方面的大师。我曾近距离观察过他在面对支持者（甚至有时是与他针锋相对的对手）时是如何做的。克林顿总统会主动伸出手，与每位相遇的人握手。很多时候，他会双手迎接客人或者握住对方的臂膀来营造温馨的氛围。在这短暂的相遇瞬间，他会直视他人，并且询问对方一两个私人问题。我都不记得有多少次，我在相同场合下听到不同的人告诉我：难以相信，他们竟然成了总统唯一关注的焦点。这些人中有的甚至是他的对立党——共和党。

总统这样做并不是要表达自己的政治意图。他的目标非常简单却极具影响力。总统想要你喜欢他（用他现在非常著名的话来说，就是他与你“感同身受”）。在短暂的会面中，他会表现出对你的喜欢以及关心，而民众的反应就是同样热情地回应。他很细心地倾听民众常听的无线电广播节目——WIIFM，也被称作“我能从中得到什么好处”（What's in It for Me）。我从来没有听说过克林顿先生在跟偶遇之人随意交谈时会去请求对方投他一票，或者只顾着谈论自己。他的问题总是围绕对方的想法以及困难展开。

大多数人都认为一场会议是你推销产品的好时机。他们奔波于各个房间，极度渴望推销自己。但是一名“会议先锋”则深知让对方喜欢你才是第一要义。销售可以在会议结束后，你参与的后期讨论中进行。就是现在，开始建立一段彼此信任的关系吧。

确定你的目标

你已经做好“邂逅”的准备了。那么现在就需要确定你的“邂逅”目标是谁了。

每次参加会议，我都会在纸上列个清单，记下我最想见到的几个人，然后将纸折叠起来装进夹克的口袋里。在我见到他们之后，会再跟纸上的清单核对一下。除了记下他们的名字，我还会大致记下我们的聊天内容，并做好记录，想想稍后如何联系对方。一旦你遇到某人并且与对方交谈，你就会发现整场会议中，你一直在不停地聊天。

然而，你不能完全依赖于借鸡尾酒会或者会议间歇的时机去找寻他们。我通常还会请会议主办方告诉我目标人物会出现的区域，并且看看他们都坐在哪里。在整场会议中，大部分人都会一直坐在同样的位置。

举个例子。互联网巨头InterActiveCorp公司的CEO——巴里·迪勒（Barry Diller），多年来一直是我想要见到的人。他在商业以及媒体方面独具远见，且拥有高超的预见能力，在这个创意换取利润的行业里，他总是先人一步，嗅到金钱的气息。

我在准备某次会议时，注意到这场会议安排了迪勒上台发言。于是我弄清楚了迪勒什么时候在哪里预备登台，并且争取到了迪勒上下台必经之地的通行许可。我就站在必须让道借过才能通过的地方。

待他走过来时，我便上前跟他讲话："迪勒先生，我叫基思·法拉奇。我是喜达屋集团的首席运营官，为老板巴里·斯特恩利希特（Barry Sternlicht）效力。在此之前他曾提及我可以跟您聊一聊，我想我就先自我介绍一下吧。我知道您现在很忙，但是我可不可以在会议结束后打电话到您的办公室，我们约个时间，见个面？"

说到这里就要暂停一下，等着他的回复："当然，可以给我纽约办公室打电话。"

"太棒了，关于您的生意，我有很多想法及建议想跟您交流。但是我非常敬重您的事业以及长久以来您为之奋斗的工作。"说这些就够了。我亮出了手里最大的王牌——我的老板，他同样是一位有远见的企业家，而且迪勒也非常尊敬他。老板的名声跟迪勒一样大，有时候这种偶遇的交流不见得比你预想的深入。但是，我仍然在有限时间内，通过亮出一个对方熟悉且信任的名字，降低身份，表达对对方事业的钦佩之情，以及主动提出我对对方事业的想法等方式，成功获得了对方的信任。那次"邂逅"为我获得了进入迪勒公司的工作机会，而那一段经历至今仍对我的生意有重大影响。

根据环境的变化，自我介绍的节奏也需要改变。在通常情况下，根据当时的情况，开始时可以说两到三句，说一说你可以或者想为他们做点什么。

休息就是没有时间去休息

会议中，休息时段才是工作真正开始的时候。

要确定你站对了地方。你曾经是否注意过在家聚会时，为什么客人们都聚在厨房或者其他地方？一个温暖且又居中的地理位置通常都是每一个聚会的中心。在商业聚会中也是同样的道理。想好人们最喜欢聚在哪里，或者至少会经过哪里，你的位置就在哪里。很可能是靠近餐桌、吧台或者接待处的地方。

在这段时间内要全神贯注。《美国新闻与世界报道》（*U.S. News & World Report*）曾揭秘了美国著名外交家前国务卿亨利·基辛格是如何掌控屋内主权的技巧："进入房间，走向右边，四处环视一下房间。然后看看屋里有谁，要让其他人看到你。"

基辛格知道一名优秀的社交人员如何给人留下深刻的第一印象。他们会把屋子看成运动场一样自由发挥。要记住衣着精干，绝对不要在你需要被注意的地方低估了穿着得体的重要性。然后就开始你的"偶遇"之旅吧。

积极跟进

如果你之前觉得我没疯的话，那么现在肯定觉得我疯了。

我知道我已经告诉过你要做好后续跟进了，但我认为这件事真的非常重要。那么现在，我还是要说：做好后续跟进，跟进后再跟进。然后，做完之后，再跟进一遍。

我不喜欢拖拖拉拉，也不喜欢事情善始却未善终。你们当中有多少人还留着几个月前甚至更早前参加活动时得到的名片？丢了名片等于丢了机会。在演讲期间，我会坐在后排，给之前在休息时段碰到的人写后续邮件。会议上跟你聊过天的每一个人都需要收到一封邮件，内容是提醒他们确认再次会谈事宜。我还喜欢给发言人写信，即使我没有机会见到他们。

下面是我曾发过的一封真实的跟进邮件：

嘿！卡拉，

哇，这真是太有意思了，我都没想到在福布斯首席信息官会议上还会喝到龙舌兰酒。以后每年这个会议都要这样安排。嗨，其实我还想继续我们之前的讨论，聊聊您的营销策略，以及您对法拉奇绿讯营销咨询顾问公司“忠诚策略”的兴趣，以帮助您增加成年女性参加的数量。这周您方便接电话吗？或者您空闲时可否打电话给我？

此外，我还想说，我曾听过不下三人讨论您参与的会议，您真是一位伟大的演讲家。祝贺您！

祝好！

基思

焦点在大众，不在演讲者

现在你很可能已经知道了这条法则。我很少觉得会议内容会有特殊功效。我看过很多会议内容，也会考虑这些议题，并且跟很多人讨论。只是我一参加会议，便知道这场会议要说些什么。

当然，还是有例外的。迈克尔·哈默在讨论企业再造时，会奇迹般地将讲话变成生活中的一堂课，同时走的还是脱口秀路线。会议除了安排让人深受启发的演讲，还会请资深副总裁们谈论他们过程复杂多变的项目。即使演讲内容很有趣，但中心思想仍然一样：谈论的焦点总是大众。

拒绝做以下几种人

1.不善言辞之人

握起手来软弱无力，参加活动便站在墙角，毫不出风头——这些特点都标志着这种人认为自己就是来看演讲者发言的。

2.如影随形之人

这种人非常依赖他人，他们认为第一个遇到的人就是他们最好的朋友。出于恐惧，他们会在整场会议中都“紧紧跟随”好朋友的步伐。而你为了认识各种各样的人，已经“大出血”了，所以不用担心，就跟这些人“偶遇”吧！你有一辈子的时间跟这种人打交道。尽一切可能多积攒点这样的人脉来做后续跟进吧！

3.追踪名人之人

这种人会竭尽全力认识活动中的重要人物。但是问题在于如果想见的人真的很重要，这些人一定心存戒备，或者身边时刻有保镖护航。我有个年轻朋友最近专门去见约旦国王的真容，跟其他500人一样等了一个多小时，就是为了要跟国王握手。我问他：“那你从这次会面里到底得到了些什么？”

“我想说我看到国王了！”他羞涩地说道。我告诉他，很有可能在那间房里有很多达官贵族以及王室内阁成员，然而很多人都不认识，也不想认识这些人。比起跟一个完全记不住曾跟他握过手的国王相比，如果我的朋友跟这些大臣聊聊天是不是更好？说不定他还能建立一段友谊。不过他得到了一张照片，还有一次与国王的握手的机会。

4.虚情假意之人

那些目光流露出虚情假意之人，最容易立刻遭到批评了。要像前总统克林顿那样，即使只会在别人身上花三十秒，也要让这段时间充满温暖和真诚。没有什么比这更能立即赢得好评了。

5.发散或收集名片之人

这类型人发名片就像是在名片背后写了治愈癌症的方法似的，如此狂热。坦白讲，人们对名片的期许太高了。如果你的某次“偶遇”成功帮你得到再次会面的承诺，那么这张纸毫无用处。这种人会因为收到的名片数量而沾沾自喜。但事实上，他跟那些把电话记在电话簿上的人一样，做的都是无用功。

著名社交案例

苏珊·凯恩：夸夸其谈与才思出众并无关联

众所周知，苏珊·凯恩（Susan Cain）是一个内向的人。2012年，她却站在了TED的主会场，面对上千位观众进行了公开演讲，这也是TED历史上观看最多的演讲之一。演讲中，她鼓励内向之人庆祝他们这一独特的天赋，并想方设法去影响这个青睐外向人的世界。这一演讲不仅是比尔·盖茨的最爱，还是《纽约客》（*New Yorker*）杂志社里博学多才的文化评论员的最爱。

为了这场演讲，凯恩开始了自嘲为“危险演讲的一年”。首先她加入了国际演讲协会，在这里，她可以定期站在陌生人面前练习演讲。这样的练习不仅风险低，而且还能得到大家的支持。TED的演讲训练师用2小时教会她如何去降低自己的音调，学会从腹部呼吸。

很快，她便更加适应在公开场合讲话。她的书《安静：内向性格的竞争力》（*Quiet: The Power of Introverts in a World That Can't Stop Talking*）一经问世，便引起巨大反响。她是首期《CBS晨间新闻》（*CBS This Morning*）的座上嘉宾，并且在21个无线采访中挑大梁。

最后，在TED演讲的前一周，凯恩每时每刻都在与第二个TED培训师练习演讲。他们一睁眼便开始练习，一直到演讲正式开始那一天。在这个讲台上，培训师不断地向凯恩反馈意见，并鼓励她，做她忠实的听众。

为了让自己更加放松心情，以及为一个完美的演讲结尾做铺垫，凯恩上台时手里提着一个手提包，里面装满了自己最喜欢的书。演讲接近尾声时，她呼吁内向者要勇敢地分享自己手提箱里的东西，“因为世界需要你，同样也需要你随身携带的品质”。

凯恩的演讲要求内向者庆祝那些不被我们主流文化广泛提倡的特性：有思想，要敏感，学会自我修正以及高超的倾听技能。但是她的演讲之所以令人印象深刻，是因为她站在讲台上，亲自展示了她要求内向者去展现的勇气和脆弱。不论是内向者还是外向者，这都是公共演讲成功的最高境界。

致所有内向者：正如凯恩在《安静：内向性格的竞争力》中说的那样，“不要把内向看作是一种需要治疗的疾病”。凯恩在TED的表现正好证明了你在确保自由支配时间的同时又能影响他人的两种绝佳方法：公开演讲和参加会议。这两种方法产生的影响广泛，虽然短期的机遇可能让你精疲力竭，但是它会在不期然的情况下奖励给你很多新的联系人，而这些联系人则是外向者需要一周内有六天都流连在外才能努力争取到的朋友。

15

与引荐人保持联系

我们已经知晓了这样的共识：世界上每6个人（或者更少）可以将分居世界各地的人们联系起来。这怎么可能呢？因为这六个人中有几个会比我们剩下的人认识更多的人。

就把他们称作“超级引荐人”（Super-connectors）吧。大家都知道，总有一个人似乎认识每一个人，而且每一个人似乎都认识他。“超级引荐人”不均衡地分散在各个领域的各个职位：猎头、说客、筹款人、政客、记者以及公共关系专家等，因为这些职位对这些人的天赋都有所要求。我想说的是这些人应该是任何一个社交圈拓宽的基石。

迈克尔·乔丹（Michael Jordan）对篮球场有多重要，泰格·伍兹（Eldrick Tiger Woods）对高尔夫有多重要，那么，这些“超级引荐人”对你的社交圈就有多重要。说真的，他们是谁？怎样才能让他们成为你社交圈里最有价值的朋友？

马尔科姆·格拉德威尔（Malcolm Gladwell）在其畅销之作《引爆流

行》（*The Tipping Point*）中论述了由社会学家马克·格兰诺维特（Mark Granovetter）于1974年发起的一项经典研究。研究调查马萨诸塞州牛顿市的一群人是如何找到工作的。这项研究也有一个很应景的名字——“找工作”，而且该研究在相关领域已获得显著成效，其研究成果也屡次得到证实。

格拉德威尔发现接受调查的人群中，56%都是通过朋友的介绍找到工作的。只有19%的人是选择像报纸刊登招聘信息，以及通过猎头公司等这类传统的求职模式找到工作。大概有10%是招聘者直接指定而得到工作的。

那么我说这些的重点是什么？私人交情是“打开交流大门”的关键，这已经不是什么新鲜事了。然而令人意外的是，在研究中真正让自己获利的往往是关系并不密切的熟人。只有17%的研究对象经常与帮助过他们的引荐人联系（如果他们是好朋友的话，会联系得更密切），55%的研究对象只是偶尔与引荐人见面。剩余28%的人几乎不怎么跟他们的引荐人见面。

换句话说，并不是说与引荐人如家人和密友那样紧密联系就能所向无敌；正好相反，在我们的社交网络中最重要的人往往是那些萍水相逢之人。

对于此研究的结果，格拉德威尔自创了堪称经典的词语“弱联结的力量”（Strength of Weak Ties），即当说到新工作、新信息、新创意时，“弱联结”比你自认为的“强联结”更加重要，这一点极具说服力。为什么这么说呢？我们来想一想这个问题。你的很多好朋友或者联系人都与你参加同一个聚会，通常也与你做同样的事情，估计还会跟你待在同样的环境里。这就是为什么他们获取的信息跟你获取的不相上下。

另一方面，你的“弱联结”与你接触的是不同的世界。他们与身处不同环境的各色人群交往，从他们那里你可以获得大量的知识和信息，而这些不仅自身学不到，在好朋友那里也学不到。

年轻时，老妈的告诫都是错的——跟陌生人说话是要付出代价的。正如马尔科姆·格拉德威尔在书中写道："简而言之，混脸熟代表着一种社交力量的来源。而且你认识的熟人越多，你的力量越强大。"

纵观全书，我一直在努力强调，最重要的是要建立紧密的信任关系，而不是肤浅的表面关系。尽管格兰诺维特的研究非常经典，但是我仍认为友谊才是建立真正强大的社交网络的基础。对于大多数人而言，努力将冗长的清单上的那些熟人变成自己的朋友，实在太累了。但凡是能帮助他们与他人拉近距离的事情，例如给上百人寄送生日卡片、准备晚宴等活动，他们都觉得是一种负担。

只有少部分人不这样想。他们就是"超级引荐人"。像我这样的人会跟上千人保持联系。然而关键在于我们不仅要知道这上千人，还要了解这些身处不同领域的上千人，了解到足够可以跟他们电话交流。一旦你跟一个"超级引荐人"成了朋友，你只需要通过两个人便可以认识成百上千的人。

社会心理学家斯坦利·米尔格拉姆博士（Dr.Stanley Milgram）于1967年进行的一项研究证明了上述观点。这场实验证明了我们偌大且冷漠的世界其实相当渺小，还很友好。

正是米尔格拉姆的实验诞生了著名的"六度分隔理论"（Six Degrees of Separation）。在实验中，米尔格拉姆随机给内布拉斯加州的一部分居民寄出一封信，信中要求他们将这封信转寄给波士顿的一位不知名的股票经纪人，这个人他们谁也不认识。每个人只能将信寄给他们认为最有可能认识这个经纪人的朋友。大概有三分之一的信件是平均经过六次邮递才转到经纪人手中。

最令人惊奇的是，在分析参与这场连锁信件邮寄的实验对象时，米尔格兰姆发现大部分信件都会经过同样三个人的传递。调查结果显示，如果你想认识更多的熟人，多认识一些“超级引荐人”会对你大有帮助。

引荐人在任何一个行业都可以找到，但是下面我打算介绍的八种职业更具典型性。每种职业的引荐人都帮助我与整个世界的人们、想法、信息联系到一起。这对我来说非常重要，我的生活因此平添了很多乐趣，事业上也获益良多，我的生意更是蒸蒸日上。

1.餐厅老板

五十七街道虽算不上曼哈顿市中心，但是对于吉米·罗德里格斯（Jimmy Rodriguez）而言，它就是市中心。吉米是家夜间餐厅的老板，他的第一家餐厅居于很多高端顾客的首选餐厅之列；而位于纽约市最北端行政区布朗区也因此得到了这些客人的青睐。吉米的第二家餐厅在他的“市中心”，这家餐厅牵动着名人、政客还有运动员的心，他们都是为了寻觅美食或者享受美好时光才光顾吉米的店。

我在纽约时，这家餐厅也是我的常驻地。餐厅的环境独一无二，一点也不夸张：柔和的灯光、微光玛瑙吧台、蓝调的背景音乐等都让这个地方像是一家新潮的乡村俱乐部。吉米会在各个餐桌间徘徊，跟食客们谈天说地，并且跟你介绍他认为你值得一见的朋友。

这个地方就像一个私人俱乐部，而且还不需要收取会员费。

吉米留给我的印象是他是个热诚可靠的联系人。事实上，对于很多开餐馆的人来说，这一点是非常必要的。我在芝加哥时常去戈登餐厅（Gordon’s Restaurant）；在洛杉矶时，则常去沃尔夫冈·普克餐厅（Wolfgang Puck）。这些餐厅之所以能够成功，全靠有一群忠实的常客，他们将这些餐厅看作第二个家。

认识餐厅老板非常容易。聪明的老板会主动跟食客讲话，让你有个愉快的饮食经历。你需要做的就是走出门，常去餐厅坐坐。

每次到了一个新城市，我总会请朋友给我介绍一些最受欢迎（或者店面环境最好的）餐馆。我喜欢提前打电话到餐厅，请求跟老板说话

（尽管老板肯定会同意），告诉他们我会常去餐厅，有时候还会在那里举办大型聚会，而我正在找寻能带给我们很多娱乐的新场所。

如果你不像我这样常常出去，那就找一两家你喜欢的餐厅，每回外出时都跟这些餐厅多多互动。争取成为那里的常客；多跟餐馆的员工互动。当你因工作需要而娱乐消遣时，记得把其他人带到这些餐厅；当你需要安排活动时，也要记得选择这些餐厅。

你一旦认识了餐厅老板，便会觉得这就是你自己的餐厅。在这个地方，你可以体验贵宾专享，加入"私人俱乐部"，感受家才能带给你的温暖和舒适。

你向老板提出一些建设性意见以及表现出一点点的忠诚，他不但会给你优惠，还会将你介绍给其他客人。

2.猎头

猎头，即工作跳槽顾问，专门寻找高级人才。他们就像行政秘书一样，然而并非只面向一位高级人才，真正成功的猎头会在他们招聘的范围内面向数百位人才。

猎头是"媒人"专业户，专门给正需招人的公司介绍求职者，并以此谋生。一旦你被公司录取了，猎头会收到可观的佣金，相当于你第一年的收入。

所以，猎头集销售员与社交名流的特性于一身。为了寻找求职者，猎头通常会发招聘广告。有时很可能还会经朋友或者同事介绍而直接联系求职者。在猎头擅长的专业领域，他们是提供名单与信息的珍贵来源。

一名猎头的"最佳击球点"*围绕两个问题展开：要么你雇他们调查，要么你代表其他人帮助他们调查。如果你在人才市场找工作，尽量让很多猎头公司帮你打电话。

---

* 最佳击球点（Sweet Spot），在体育赛事中意味着各个方面条件都搭配得恰到好处的那一点，使运动员能达到最理想的状态而完成任务。

我一直保留着很多猎头的档案：他们是谁以及想要寻求什么样的人才。他们的每一个电话我都会回复，并且看看自己的社交圈里有谁需要工作，并将他们介绍给这些猎头。我知道在我有需要时，他们也会帮助我认识他们的客户。毕竟，他们是靠打交道做生意的。

有人会联系猎头吗？说实话，猎头更喜欢联系你。但是如果你非常谨慎，没打算彻底自我营销，并向猎头提供自己全部的联系方式，他们也能够接受。我刚开始工作那几年，还没有升到主管，也不认识通过猎头进入公司的人，我总是直截了当地问："你是做什么调查的？怎样才能帮你招到人？"

与猎头打交道的另一个建议就是把自己当作一个"伪猎头"。时不时注意与猎头、求职者或者咨询顾问和咨询公司联系。当你帮他人谋得一份工作，他们在得知有新职位空缺的消息时，很容易就会想起你。不仅如此，举个例子，如果你给一个供应商介绍了一个新客户，他们通常会在与你合作的下一个项目中，在价格方面表现得更加慷慨。能帮助他人找到优秀的员工就是真正的财富。

3.说客

消息灵通、说服力强、充满自信——这些特性使说客们成为让人印象最深刻的社交能手。

凭借他们的工作性质，他们相当了解与大型组织打交道的方式，以及地方和国家政府的运作。这些人差不多都是极富激情，目标就是要说服政客们，向他们支持的利益方投票。

那么他们是如何运作的？说客们经常举办鸡尾酒聚会和晚宴，这样可以在轻松自在的氛围下与政客或者政客的对手相互交流。除此之外，他们还有更"基层的工作"，那便是不停地打电话，不停地写信，以此召唤政客们参与进来，一起支持某一问题。他们所做的一切很容易取悦政客们。你能为这些说客举办一次活动，主动提供你的服务，将其他志愿者介绍到他们那里帮忙吗？你愿意把他们介绍给你的潜在客户吗？

说客们喜欢认识很多对自己有帮助的人，包括那些有权有势的成功人士。

4.募捐者

“跟着钱走”是募捐者的生存之道。他们知道哪里有钱，怎样得到钱以及最重要的一点——谁最愿意捐钱。这样，不论是为政府机构、大学募捐，还是为非营利组织募捐，募捐者们几乎认识所有人。尽管这份工作并不讨喜，每天都在劝说他人捐赠自己富余的财产，但是募捐者却总是受到大家的青睐。因为这份工作大公无私，也正是这一原因让募捐者们能顺利完成任务。相信很多人都知道，要是你身边有朋友做募捐，你就打开了一扇通往新世界的大门，在里面，你可以遇到新朋友和新机遇。

5.公关人员

公关人员一整天都在给记者打电话、诱导记者、向记者施压，甚至乞求记者让他们的顾客上头条。媒体与公关并不好相处，但是在这一天结束时，他们却又像失散多年的表兄弟一样被现实需要联系到了一起。

有个做公关的好朋友可以帮你进入媒体，有时甚至是名人的世界。埃琳娜·韦斯（Elana Weiss）是我称之为“玫瑰集团”（Rose Group）的一位公关公司负责人，她曾通过知名作家及政治专栏作家阿里安娜·赫芬顿（Arianna Huffington）办公室的某位工作人员成功将我引荐给阿里安娜。从此阿里安娜便成为我的朋友、红颜知己，以及我在洛杉矶举办的晚宴上的座上宾。

6.政客

每个地方的政客都是资深社交人员，他们也必须如此。政客们与他人握手、亲吻孩童、发表演讲、参加晚宴，这些都是为了赢得大部分民众的信任以获得选票。政客们的声望源自他们的政治力量而非财团。但凡你帮他们拉票当选，或者能让他们在办公室里行使权力，你将会在他们的内部圈子里拥有一席之地。

那么政客又能为你带来什么呢？当地市政厅的政客们将是你成功与地方政府官僚们打成一片的关键。一个成功的政客，无论他的级别如何，都算是名人，这一点从他的社交圈中也能看出来。

那如何才能认识政客？那就是参加当地商会。地方执政人员、商业人士，以及企业家们都会参加商会。每个团体里都会有很多政客们企图爬上政治权力的“梯子”。刚开始，在他们还没有崛起前，你可以通过支持政客们的理念，以及在他们参加竞选时为其募捐来获得他们的信任。

7.记者

记者们很强大（恰当的曝光可以使一家公司或者一个人从不为人知到举世皆知）、很贫穷（他们总是在寻找故事做报道），也很默默无闻（没有几个记者能够成功取得名人们的同意来接近他们）。

自从我到德勤，多年来，我一直都会给不同杂志社的记者们打电话，请他们吃饭，向他们提供有趣的好点子。现在，我几乎认识全国内每一家主流商业杂志的高级主管。这也就是为什么在我接手YaYa公司不到一年，更重要的是，有了YaYa公司易主的想法时，这个公司在名字几乎不值钱的情况下，却出现在了《福布斯》、《华尔街日报》、CNN、CNBC、《品牌周刊》、《新闻周刊》（*Newsweek*）、《纽约时报》等主流媒体里的原因。

8.作家、博主、专家

社交媒体以及出版业经济的风云变幻催生了新一类“超级引荐人”——权威作家。在过去，出版商都是借助公关手段、出版许可，以及广泛的销售网络来增加作者的知名度。但是现在每个人都可以创建自己的写作空间，以成为他们特定网络空间内的“超级引荐人”。

找到这群人并不困难：可以借助专门发布影响力世界排名的网站Alexa或者衡量用户在多种社交网络上影响力指数的创业公司Klout等来获

取某一特定空间主人的信息。追踪推特，找找“最佳××”列表，看看谁的评论被多次频繁转发，然后成为他们最忠实的粉丝。在社交媒体上联系他们，听听他们说些什么，然后渐渐加入论战。一旦你了解了这些人真正的兴趣，就开始发送有价值的邮件来升级对话。不要担心得不到回复，可以一个月后再发一封。瞄准机会就亲自去见这些人，不论是在会议、签书会还是其他活动上。

即使跟有网络影响力的人建立的是“弱联结”，只要强度足够到他们愿意回复你，那么当你有消息或者帖子想吸引大众眼球时，这种“弱联结”也能帮助你大获成功。

以上便是八种为“超级引荐人”量身定制的职业。去跟“超级引荐人”接触吧，他们还包括律师、经纪人等。成为他们社交圈里的一员，也让他们成为你社交圈里的一部分。停止在饮水机前偷闲聊天吧！多跟人们接触，去寻找那些看起来、做起来、听起来都与你毫无关系的人。从那些最初与你几乎零交流的人身上，还有那些你从未涉及的专业领域里的牛人身上找寻闪光点和新想法。

总归一个词：联系。更确切地说，跟“引荐人”联系。

著名社交案例

保罗·里维尔

想要了解保罗·里维尔（Paul Revere，1734—1818）对世界社交网的遗赠很简单，只需要抓住下面一点：有些人就是比其他人更擅长社交。

如果你出于某种原因搬到某个小镇，并且希望认识镇上的每一个人，你会怎么做？是一次性挨家挨户地敲门问好呢，还是找一家人缘较好、社交广泛的居民帮助你认识其他人？

答案非常明显。

现在来看，社交广泛的市民很可能是高中的校长、少年棒球联合会理事，或者是教堂的牧师。但是想想保罗·里维尔那个年代，也就是18世纪70年代时，在波士顿的大都市：广泛交友的人一般都是在当时社会和文化大范围下个体经营的商贩——就像里维尔这样，是波士顿北端一个银匠店的老板。

里维尔也是一个当时社会的一个典范：他不仅创立了几个自己的俱乐部，还参加其他人的俱乐部。青少年时期，他曾跟六个朋友成立了教堂敲钟人社团；成年时期，他加入了北方干部会议俱乐部（North Caucus Club），这是由塞缪尔·亚当斯（Samuel Adams）的父亲为当地政府甄选候选人而组建的社团。1774年，英国军队开始拦截军需用品的传送，里维尔随后便组建了另一个俱乐部，专门负责监控英国军队的一举一动。此外，他还是圣安德鲁共济会（Masonic Lodge of St. Andrew）的一员。也因为这样，他同革命积极分子詹姆斯·奥蒂斯（James Otis）和约瑟夫·沃伦（Joseph Warren）医生成了朋友。

这些都可以帮助我们理解为什么在闹革命那一年里，所有波士顿居民中唯独里维尔成为波士顿通信委员会（Boston Committee of Correspondence）以及马萨诸塞州安全委员会（Massachusetts Committee of Safety）的情报员，并骑着快马奔向费城的国会，通知情报。简而言之，里维尔不仅了解人，还了解八卦、谣言、消息，而这些信息都是从波士顿各个社会阶层中了解到的。

1775年4月，里维尔听到风声，英军下令抓捕反叛军首领，强烈要求殖民地叛军收缴武器。于是里维尔和他的同伴设计了一个警报系统：从波士顿最高建筑——北部老教堂尖塔上出现两次灯闪，暗示英国军队将由海路登上波士顿；一个蜡烛闪光则暗示由陆地登陆。不论用哪种方式，波士顿及其周围村庄的革命军都会知道什么时候逃向哪里，然后准备武装。

我们都知道“一表示陆路，二表示海路”（one if by land, two if by sea）的历史典故，却鲜有人知是里维尔的社交悟性让他，或许也只有他，得到大家的委托照亮了教堂的尖塔。

历史实在是太巧了，这个老教堂是个英国教堂，而教区牧师坚决拥护英国国王。但是里维尔通过北方干部会议俱乐部认识了教区长——约翰·普林（John Pulling）。通过约翰，里维尔又认识了教堂司事罗伯特·纽曼（Robert Newman），而这个人手中正好有教堂的钥匙。

在那决定性的一晚，里维尔的社交圈对他而言变得至关重要。在亮灯之后，里维尔还需要前往莱克星顿（Lexington），提醒革命首领塞缪尔·亚当斯和约翰·汉考克（John Hancock）。首先，有两个熟人让里维尔划船渡过查尔斯河，成功抵达查尔斯镇；然后，专门有匹马在那里等着里维尔，这匹马是他的另一个朋友——教会执事约翰·拉金（John Larkin）借给他的。

由于被英军追赶，里维尔转向莱克星顿的北方，前往德福德镇。因为认识德福德镇军队的首领，里维尔快马奔向他的住所并提醒了他。在民兵的帮助下，里维尔在到达莱克星顿前先给德福德镇敲响了警钟。

我们大部分人都知道莱克星顿部分的故事，却很少有人知道同一个晚上，里维尔在夜间策马扬鞭时，另一个叫威廉·道斯（William Dawes）的人同样驰骋于相反方向，目的是集结民兵前往波士顿西边。里维尔召集了一支军队，同时大概有三个人是来自道斯奔赴的镇上……怎么会这样？里维尔是个中间人：他认识每个人，所以他能够顺利从一个村庄到另一个村庄，敲对门，喊对人。

历史学家称里维尔被赞誉为“促使美国独立的神秘天才”。但是这并不需要多少天赋——只需要融入并积极关注你的社交圈，以及与中间人交朋友而已。

16
拓宽你的社交圈

拓宽社交圈最高效的方法，就是将你的社交网络跟其他人的社交网络联结起来，多么简单的方法。我认为社交网络并不是简单的一张“网”，你不能像用网兜住一群鳕鱼似的把你的朋友圈也限制在一个网里。要把你的社交网络看成很多相互联系的结点，每个结点可以相互作用、相互影响，从而加强你的网络联结，同时拓宽你的社交圈。

这种联结作用意味着把你社交圈里的每一个人看作一个合作伙伴。就像做生意，合伙人分管公司不同部门，社交圈的合作伙伴也是互帮互助，扩大各自的社交圈，负责各自社交网络的部分，在需要时提供方便。换句话说，就是双方互换社交圈。任何一个社交圈的边界都是模糊的而且持续向对方开放。

举个我自己生活中的例子来解释一下。某个周六下午，我跟朋友泰德及其妻子卡洛琳在洛杉矶的贝尔艾尔酒店见面。泰德向我介绍了酒店经理丽莎，一位引人注目的美女：身材高挑，金发碧眼，吐字清晰，极富魅力，不仅有趣而且还很随和。

“如果你们两个人在洛杉矶还有不认识的人，那我就太吃惊了。”泰德告诉我们。在他看来，我们都是社交界的大师。丽莎在很多酒店经营方面也是位“超级引荐人”。

我与丽莎仅仅交流了十分钟，我们便知道彼此将会成为极好的朋友，因为这十分钟我们聊得非常合拍。

丽莎听说了我经常为生意举办晚宴，于是，她告诉我：“你的客人在洛杉矶期间可以待在贝尔艾尔酒店。”我则环视了一下酒店，心想如果能在这么奢华的酒店里举办活动，该多么令人难忘！我可以跟丽莎形成一个社交合作关系吗?

于是我提出了一个简单的建议：

“丽莎，咱们来共同分担这几个月的晚餐聚会吧。你在贝尔艾尔酒店举办聚会时，可以给我一半邀请名单；然后轮到我举办晚餐聚会时也给你一半邀请名单。每次活动我们都均摊费用，这样可以省掉自己一大笔钱。而且我们还能认识很多新奇且令人激动的朋友。通过共同举办，我们可以让活动更加成功。”

丽莎同意了，而且我们的晚宴取得了巨大成功。将来自世界各地的商界和娱乐界人物混在一起真的非常有趣。我们不但将自己的朋友介绍给了新朋友，还更加活跃了聚会上的社交气氛。

资深社交大师——政客们互换社交圈已经好多年了。他们有一个叫作“主办委员会”的组织，每个人来自不同的社交领域，且都忠诚于某个政客，并负责将他们的候选人介绍给各自社交圈的朋友。一个得到认可的政客需要体系健全的委员会，“主办委员会”里要有医生、律师、保险专员、大学生等。每个委员会都是由各自领域内善于社交的人组成的，这些人会举办聚会和活动，确保政客能够认识他们所有的朋友。在我看来，这就是那些想要拓宽自己社交圈的人的典范。

还有哪些领域是你更想了解的？如果有的话，看看你能否找到这个领域里的核心人物，将他作为你自己的“主办委员会”成员。譬如一个商业情景，你计划卖掉你们公司计划了好几个月但还没有上市的新产品，而你的客户大部分是律师。那么就去找你的律师，向他推荐这一产品，并且询问他是否愿意带几个律师朋友一起来参加自己举办的晚宴。你可以告诉他不仅他和他的律师朋友可以提前观摩一下新产品，而且他们还有机会认识你的朋友，这些人可以成为他们的潜在客户。他们便有责任将你引荐给他们的朋友，而你同样有责任将他们引荐给你的朋友。

这种合作关系成效显著。但是在工作上的潜在互动必须是互利互惠的。应该让所有参与进来的人都有收获，形成多赢的局面。

如果你要分享对方朋友圈的朋友，一定要确保绝对了解引荐你来到“新世界”的这个人，而且在后期所有的他曾帮助过你的联系中都要确保这一点。

千万不要忘记那个带你来舞会的人。我曾经邀请了刚认识的朋友来参加聚会却忘记了邀请介绍我们认识的人。这真是一个非常糟糕的错误。就我个人而言，这是一个不幸的判断失误。信任在社交圈互换的过程中是必不可少的，这要求我们对待他人的朋友要绝对尊重。

随着社交圈的拓宽，你会迫切需要合作关系，这便是效率的问题。一个人会拿着他社交圈中维持其他关系的钥匙。而这个人就是通往新世界的守门人。你可以在自己的社交圈中通过这样一个关键的联系人认识几十个甚至几百个新朋友。

两个快速经验法则：

·你和跟你共享联系人的朋友必须分享均等数量的朋友，你分享的跟你得到的要均衡。

·你必须相信你的合作伙伴，因为毕竟你要为他们担保，而他们在社交圈里的行为也会对你产生影响。

提醒一句：绝对不要将你全部的联系人名单给任何一个人。这并不是免费赠送，还要注意在你的社交圈中，哪些人有兴趣跟其他人接触，以及如何介绍双方认识。双方互换社交圈应该发生在特殊的活动、特殊用途，以及特殊原因的情况下。仔细地想一想双方如何利用对方的社交圈。这样，你才能对他人更有帮助，实现真正的互利互惠；才能合作愉快，让世界变得精彩。

17
聊天的艺术

每个人都有吸引身边同事、陌生人、朋友和老板的潜质。那么是选择经历生活的艰辛还是选择时时刻刻都站在指挥台的中心，关键在于如何运用你的潜质。

你的魅力与闲聊的天赋并非与生俱来，但那又怎样？没有几个人是天生的。

我们心存由来已久的恐惧，纠结地走进一间满是陌生人的屋子，却发现无话可说。我们忽视了这是一个认识新朋友的机会，唯一注意的就是自己跟吧台中间隔着很多吓人的障碍物。这种恐惧会出现在商业会议、研讨会、家庭教师协会，以及任何需要与人打交道的论坛上。这便能解释闲聊为什么如此重要。同时，对于不擅闲聊的那部分人来说，也能够解释明明是可以帮助他们结识朋友的场合，为什么他们却觉得尴尬和沉重了。

在这方面，电子技术根本帮不上忙。很多不善言谈之人把发邮件等虚拟聊天看成逃离与他人交往的安全舱口。但其实在最初建立交情时，选择这些电子交流方式并不合适。数字媒体讲求速度与简洁。它或许能让你高效率地交流，但是在交朋友方面就不奏效了。

然而有些人处理社交问题就能得心应手，那么他们是怎么做的呢？

很多人认为与他人畅快地聊天是一种天性，一种得天独厚的特性。这种说法虽然能宽慰人，但是完全不正确。交流是一种后天培养的技能。如果你能下定决心，并且有合适的信息资源，那么交流就像其他技能一样，可以通过学习获得。

问题是获取的很多信息都是错误的。我认识很多CEO，他们喜欢说话简明扼要，直截了当。他们自豪地断言他们对“儿戏”般的闲聊没有兴趣，反而更加愿意纵情在说话生硬、开门见山的语境里。

但是闲聊（特别是发生在两个陌生人之间的聊天）才是我们主要讨论的内容。语言是我们交换想法最直接、最有效的方法。剧作家和编剧们在创作人物时，首先要安排的是动机。这个角色想要什么？他的追求是什么？他的欲望又是什么？这个答案将会决定角色在对话中该说什么和不该说什么。这在戏剧世界中很常见，它是我们人类如何“武装”自己的缩影。我们说话不仅是为了吐字清晰，实现我们的欲望，还需要在欲望濒临破灭时，请求他人的支援。

大概十年前，斯坦福大学商学院的一位应用心理学教授托马斯·哈勒尔（Thomas Harrell）决定研究最杰出校友的品性。以毕业十年后的一组工商管理硕士为研究对象，他发现成功与在校的年级平均成绩毫无关系。而最成功的毕业生，最普遍的一个特性就是“言语流畅”。那些成立公司，或以惊人速度迅速进入公司管理层的人，在任何环境下都能跟他人自信地交流。面对投资商、顾客还有老板时就如同面对同事、秘书和朋友一样，他们没有任何恐惧感。面对听众，在餐桌旁或在出租车里，这些人都知道如何闲聊。

哈勒尔的研究结果表明，运用语言越得心应手，生活中便越容易成功。

那么你闲聊的目标是什么？这个问题问得好。目标很简单：开始对话；保持对话；建立关系；给对方留下思考空间；想着“我要深入了解这个人”或者其他类似的话。

关于如何着手与他人闲聊的问题众说纷纭。但是专家们认为最有效的一个方法，在我看来则是错误的。他们认为闲聊达人会做的第一件事就是规定哪些话能说，哪些话不能说。他们声称当你第一次跟某人见面时，要避免不愉快、过于私人和极具争议的话题。

这是错误的！千万不要轻信这些人的言语！无聊的闲谈已经够多了。要时时刻刻让对方满意的这种想法是错误的。就我个人而言，我宁愿听听对方的看法，即使我不同意他的观点，那也比整天精神紧绷要好。

说到给对方留下印象，最关键的就是要有自己的特点。看到这里你可能就犯难了，具体要怎么做呢？要想在专业领域光芒四射，最稳妥的办法就是做真实的自己。我认为弱点——没错，就是弱点——在如今的商业领域内是一个未被人正视的优势。

很多人都把秘密看得非常重要。商学院里的老师也教导我们要把秘密放在心里。但是世界已经改变。如今我们的能力来源于信息分享，而非藏着掖着。而且，私人和专业的区分界限也越发模糊。既然我们生活在资源共享的社会，那么我们就需要行动来共享资源。而且一般说来，没有多少秘密值得耗尽心思去守护。

与他人坦诚相待会得到对方的尊重，而且坦诚的人终会得到回报。我们最想隐藏的问题其实也是我们最想讨论的问题。当然，并不是去挑衅或者无礼窥探他人的隐私，而是开诚布公地、谦卑地请他人了解你的生活，这样他们可以同样谦卑地请你了解他们的生活。

如果谈判双方能诚实且直接地说清双方的需求，那么很多谈判的结果会不会更让人满意？我发现只要你坦诚，即使在谈判中双方出现分歧，对方不但不会责怪你，反而还会更加尊重你。

无论是在谈判桌上还是餐桌旁，我们的压抑倾向会制造一道心理防线，这道防线将我们与想要深入了解的人隔离开。当伪装过的我们结束了这场正式、踌躇、尴尬的对话后，我们决定不再跟这个人联系，并且还会认为“不管怎样，我们没有共同之处”，以此来宽慰自己。

但事实是每个人都有共同之处。如果你不敞开心扉，说出你的兴趣和关注点，让其他人跟你共同分享，你一定不会发现原来你们也有相似之处。

一旦你知道在一场有意义的谈话中，真挚的袒露心声远比花言巧语的伪装有效，那么“破冰”这一想法实施起来就容易多了。太多人认为“破冰”就是提出一个绝妙、诙谐，或者极富洞察力的见解。但是我们中间没有几个人会是美国著名脱口秀节目主持人杰·雷诺（Jay Leno）或是大卫·莱特曼（David Letterman）。当你知道说几句心底的话就可以成为最佳“破冰者”时，开始一场对话就不再那么令人恐惧了。

我一次又一次地惊讶于“示弱原则”在闲聊艺术中的力量。最近我参加了世界大型企业联合会会议，这是一个销售界和通信界的高级主管的年度聚会。按照惯例，与会人员将在活动开始的前一晚参加晚宴。

多年前的那个晚上，围桌而坐的都是像沃尔玛（Walmart）、信诺保险（Cigna）、洛克希德·马丁公司（Lockheed）、礼来制药厂（Eli Lilly）、易趣和尼桑（Nissan）等这样大型公司的销售部门主管。这些人都掌管销售预算的大权。而他们对我的生意也非常重要，所以这个场合要求我保持最佳状态。

但问题来了，我将我的最佳状态“遗留”到了飞往匹兹堡的飞机上。那晚我生活里充满了“忧郁的布鲁斯”的调调。就在几个小时之前，我收到了最后一封决然的邮件，最恐惧的事情还是发生了：我再次恢复单身。我的外伤刚刚好，心灵上却又遭受了严重的打击，所以我没有心情聊天。

当时，我旁边坐着一位女士，名叫雪莉，我们刚认识不久。她完全不知道我伪装了自己。我们在饭桌旁聊天，忽然，我意识到自己做了一件错事，而这件事是我曾告诫其他人千万不要做的：我将真实的自己掩藏起来，礼貌地问了一些无关痛痒的问题。

我跟雪莉就这样四目相对，闲聊着，但是真的无话可说。最明显的就是双方都迫切想要买单，结束这一切。

有那么一刻，我意识到我的行为是多么的荒谬。我一直告诉人们每一次对话都是一次邀请，邀请你冒险展现真实的自己。那么最糟糕的情况会是什么样子？就是对方会不客气地回复你。但那又怎样！很可能最初他们不需要知道真实的你。但是如果这次冒险成功了，你就可以将可能无聊的对话变成有趣甚至有个人远见的对话，而这种情况通常就表示你跟对方已经建立了一段真正的关系。

就在那时，我说出了我的想法。“雪莉，我得向你道歉。我们都不太了解对方，但是我平常的表现要比今晚有趣得多。只是于我而言，今天是痛苦的一天。我刚刚结束了一场董事会，我的董事们搞得我心力交瘁。更重要的是，我刚刚结束了一段十分珍贵的恋情，这快让我疯掉了。”就像变魔法一般，兔子从帽子里跑了出来。一个不愉快的开始，一次示弱，一番坦白，我们说话的氛围瞬间发生了变化。

当然，她很可能会对于这种个人情感发泄感到不适应。但是相反，我这样做反而让她放松了。“哦，天哪！没关系！相信我，我理解的。每个人都经历过这样的事情。我跟你讲讲我离婚的事吧。”

从未料想到，我们竟然以这样的方式开始了聊天。雪莉的肩膀放松了，表情也不再紧绷了，她向我袒露了心声。那一晚，我第一次陶醉在那场谈话里。她接着跟我讲那段痛苦的离婚经历，还有她是如何熬过那几个月的。忽然之间，我们的讨论变成了分手问题和这个问题给我们带来的困扰。对于我们两个人而言，那是情感发泄的时刻。除此之外，雪莉还给我提出了很多不错的建议。

随后发生的事情让我很意外。几个沉默寡言的朋友被我与雪莉的谈话吸引，停下手中的事情，专心听我们聊天。整个话题都围绕“婚姻或者恋爱的痛苦与磨难”展开：不论男女，都没关系。曾经经历离婚痛苦的人会忽然发表自己的见解，而我们剩下的人也向大家分享相同的经历。那晚结束时，大家一直都在大笑并且亲密地交谈，晚宴也变得令人难忘。数年之后，再一次参加这个年会，我真的非常期待再能遇到这些朋友。他们对我很重要，没错，其中有些人已经是我的客户，但是很多都是我屈指可数的真正的朋友。

著名社交案例

布琳·布朗：脆弱是革新、创造、改变的摇篮

杰出的调查员布琳·布朗（Brené Brown）专门研究人际关系。她说她痴迷于这个领域，因为数据会让你“控制（变量）并预测”。她可以通过数据让这个看似脏乱的世界变得整洁而且可预知。她大概还会想，数据可以带来安全感。

布朗是休斯敦大学社会学研究院（University of Huston’s Graduate School of Social Work）的一名教授，她想弄明白到底是什么将拥有归属感的人与为之正苦苦挣扎的人区分开来。在花了六年时间，采访了上千人之后，她发现与他人交往以及生活的意义的关键并不是将所有的事情控制好，而这恰好是她之前在处理生活与人际关系时奉行的做法。

其实，恰好相反。关键是要接受脆弱——“控制”的死敌。在对上千个采访的分析中，她发现了这些拥有归属感的人都有一个共性，并且将这一分析命名为“全心全意”。布朗提到了一点共性：勇气。这个词最初的定义是：“真心实意地告诉大家你是谁。”他们有勇气承认自己不完美，承受痛苦，一切都是将真实的自己展现出来。她还发现：“他们相信，让他们变脆弱的东西也能让他们变美丽”。

脆弱不仅是交往的关键，还是革新、创造、改变的关键。这些都需要甘愿冒险的精神去探索未知世界。尽管很多人都说脆弱是一个劣势，但其实并非如此，它是一条通往成功的必胜之路。

调查结果有了眉目后，随之而来的是“breakdown”，她称之为“崩溃”，而她的心理医生则称之为“灵魂的觉醒”。她用了一年的时间接受生活和社交中的脆弱，并在这一年里学到了很多。她将很多见解都写入了她的书《活出感性：直面脆弱，拥抱不完美的自己》（*Daring Greatly: How the Courage to Be Vulnerable Transforms the Way We Live, Love, Parent, and Lead*）中，美国最负盛名和最具影响力的商业杂志之一《快公司》（*Fast Company*）称赞这本书为2012年十佳商业书刊。

那么我们如何找回自己的勇气呢？首先要消除“脆弱”的神秘感。“‘脆弱’是一个弱点，我们可以选择把它除掉；‘脆弱’是未经修饰，展示真实的自我；‘脆弱’还是我们能够独自面对的东西。”布朗在《快公司》的采访中说道。

她还提出了以下感人至深的建议：“哪怕在面对恐惧时，也要带着一颗感恩的心，保持快乐……（而且）要相信我们做得已经足够好了。因为当我们在一个让人觉得‘我已经足够好了’的环境中工作时，我们才会停止抱怨，开始倾听。”如果你想采纳布朗的建议，不用担心你是独自一人：这场演讲是TED史上下载次数最多的十大视频之一。

我想传递的信息是：我们可以跨过生活中的痛苦，尤其是在会议和其他专业领域的聚会上，跟完全不熟悉的陌生人敷衍地聊天。或许我们可以坦率地展示真实的自我，哪怕是一小部分，让对方看到我们的真性情，并为自己创造深入交流的机会。我们可以选择这样做。

最近几日，我很少因为提及对方认为的禁忌话题而担心得面色苍白。心灵鸡汤、浪漫的、政治方面等话题都可以让我们的生活更有意义。

当然，下面这个问题会让你觉得“看似安全”，可以在任何商业场合中使用：您是如何开始涉足这一领域的？工作的哪一部分最吸引你？您在工作中曾遇到了怎样的挑战？但是不论是在对话、做生意还是生活中，安全的问题往往产生“安全”（其实是无聊）的结果。

那些事业有成、与他人相处友好且魅力无法阻挡的真正赢家，通常都愿意坦率直白地讲明目的，绝不浪费一丁点儿时间和精力来伪装自己。做真实的自己就是一种魅力。你的独一无二就是你的力量。我们每个人都想成为聊天大师，这是我们天生拥有的一种渴望赢的品质。

擅长聊天的最佳方式并不是在一定范围内聊天。这是一门艺术，下面就教你如何学会这门艺术。

学会运用非言语交流

参加会议时，你转头看了看站在旁边的人。她也转过来看你，在刹那间，你的脑海闪过上千种想法。那一刻，你想弄明白是应该避开、迎上去，还是友好地跟对方打招呼。用人类学家的话讲，你正在像穴居人一样思考。

从我们的骨子里，我们就很害怕陌生人。“他们会吃了我们吗？”这是我们与陌生人接触产生的第一印象。我们要判断与对方接触是否安全。

在对方潜意识决定是否喜欢你前，你有大约十秒的时间。在这极短的时间内，我们不需要再做过多的交流；评判大多基于非言语的交流。

那么，怎样能让不认识你的人感到谈话很舒心呢？

现在不是保持距离，故作高深的时候了。这些太常见的反应可能对马龙·白兰度（Marlon Brando）的忠实粉丝有用，但是这种装腔作势会让我们的固有思想认为他是在说："请离我远点！"相反，我们应该主动塑造想给对方留下的印象。当你主动示好并让对方感到温暖时，他们会心有所触，对你好感升级。而你开口说话之前的所作所为都会影响对方对你的印象。

首先，向对方露出真诚的微笑。这表示"我很平易近人"。

保持相对平衡的眼神交流。如果你全程盯着对方一直看，那便像是在给对方抛媚眼。如果你的眼神交流时间少于70%，这表示你对话题似乎不感兴趣，而这样做也很没有礼貌。处在这两种情况之间就是你需要把握的平衡。

舒展你的臂膀，放轻松。交叉手臂会让你看起来有所防备，不愿敞开心扉；同样，它还是紧张的表现。一定要放轻松！对方会根据你的肢体语言做出相应的反应。

点头，身体稍向前倾。但是不要入侵到对方的空间里。这样做只是为了表示你正在倾听，而且很感兴趣。

学会与对方肢体接触。触摸是一个很有力量的动作。大部分人通过握手表达他们的友好之意；有的人用双手握手以表达更真挚的情谊。对于正在试图建立关系的人，如何能拉近距离，我最喜欢的方法就是拍一拍对方的肘部。这种肢体语言表达了适当的亲密，同时还是政客们最喜爱的肢体动作。这一动作距离我们保护的胸不会太近，但是比起手来说，更加私人、亲密一点。

真诚待人

不论你是用五分钟还是五小时建立新的人际关系，要确保这个时间花得值。我住在洛杉矶时，虚情假意之人是聚会上的“主要人物”。他们的眼神飘忽不定，来来回回，想要在屋子里“搜索”到最重要的人物。坦白讲，这种习惯很让人厌恶，一定要远离这种恶习。

想要在别人眼里与众不同，最保险的方法就是让他们觉得你很特别。当然对于相互关联的事情也是同样的道理：对方觉得无关紧要，那么你对他们的重要性也绝对降低了。

开展有趣的对话

跟新朋友见面时，要提前准备好说些什么。时刻了解最新时事；培养合适自己的兴趣。你感兴趣的某些“冷门”特长（例如烹饪、高尔夫、园艺等），会带给你意想不到的巨大收获。

商学院毕业后，我迷上了烹饪，并且在伦敦的巴黎蓝带厨艺学校（Le Cordon Bleu Culinary School）进修了几个月的课程。回想当时，我觉得那是在浪费时间。但是受益于那段经历，我对烹饪的了解以及热爱开始在后来的各个对话中发挥作用。即使是对食物不感兴趣的人，也喜欢听我讲在伦敦的法国厨房里发生的有趣或者尴尬的事情。

讨论的内容远不及讨论的方式重要。听人们讲自己的兴趣，这是一件有趣且受人启发的事。这意味着你也可以讨论其他人的激情。例如，YaYa公司的首席运营官詹姆斯·克拉克曾爬上珠穆朗玛峰。除了在攀上顶峰的那一周有状况发生，全程他都表现得非常出色。他的传奇经历令我佩服，这个故事到现在仍然是我最棒的聊天素材。

一定要记住不要将对话变成个人垄断式的独白，或者是冗长无聊的故事。要分享你的热情，但是不要将它变成说教。

调整自己的“乔哈里窗”

“乔哈里窗”（Johari Window）是一个模型，由两个美国心理学家发明。这个模型是对人们公开自己程度大小的归纳整理。有些人内向，公开区域较小，他们把这扇窗户关得较严实。另一些人外向，公开区域非常广，他们会主动打开自己的窗户，并且开得很大。公开区域和开放程度根据环境的变化而有所波动。在陌生环境里，大家都互不相识，各自的窗户都很小；我们几乎不公开自己，也不希望对方公开。另一方面，如果环境安全且有信任感，大家彼此相识，那么公开自己的范围就会扩大一些，我们的窗户也会开得更大。

根据“乔哈里窗”理论，成功的沟通取决于与自己联盟的程度以及和我们聊天对象匹配的窗口大小。

格雷格·西尔（Greg Seal）是我最早的导师，曾将我招入德勤工作，是他告诉我“乔哈里窗”这一理论，对此，我终生感激。那时，我还是个傲慢、说话直言不讳的年轻小伙，我的窗户是大开的。不论是向一家工程公司腼腆的CEO推销咨询服务还是跟公司里喧闹的销售同事共事，我一直都是傲慢、坦率的作风。回想过去，我当时一直不明白为什么销售同事在会议结束后跟我喧闹不停，还有那个CEO为什么不等我就急忙离开办公室。当格雷格向我介绍这个“窗口”理论，并告诉我需要根据谈话对象来调整窗户的开关时，我觉得说得非常有道理。格雷格不论跟谁聊天都展现出真实的自我，但是他是通过让对方最舒服的语气或者方式来表达自己的想法。

每个人的“乔哈里窗”可以视情况来调整其开放的大小。而且不同的职业，比如说，从特别要求人际交往能力的销售到鲜与人交流的会计，吸引的都是与他们开窗程度类似的人。例如，计算机程序员的窗户可能不会开得太大，除非周围都是志同道合的人。而另一方面，一个强劲的市场销售人员可能在任何环境下都会将自己的窗户大开。

在与人聊天时，我们要采用不同的方式，应对不同的聊天对象，这一点非常重要。要是碰到了法拉奇绿讯营销咨询顾问公司的员工，我会率性而为，与大家打成一片。但是跟一个要求苛刻且精于分析的投资银行代表会面时，我会收敛活泼的一面，表现得从容而严谨。如果我们跟某人说话用错了方式，那么对方的窗户会关得密不透风。

我一整天都在跟数百个各式各样的人接触，每个人都有自己独特的说话方式。而“乔哈里窗”这一理念帮助我更加清楚地了解我的需求，从而让我选择最佳方式与我想要认识的人联系。

我常用的一种有效方法是将对方与我的谈话想象成对方在跟一面镜子说话，而我自己就是那面镜子。她讲话的节奏如何，说话声音大不大，以及她有什么样的肢体语言，我会通过调整自己的行为来达到跟对方“镜面动作”一致的效果，这样她会从内心感觉很舒服。当然，这并不意味着你要虚伪地迎合对方。相反，这恰恰表明你非常在意对方的情绪。你只是转换了方式，保证对方的窗户仍向你打开。

华丽地退出

你是如何结束对话的？在很多会议和社交场合中，我都是非常干脆地结束对话。我会总结一下聊过的有意义的话题，然后说："今晚来了很多非常优秀的朋友。如果我不多认识一些朋友的话，我会觉得有些错失良机呢。希望您不会介意我暂时离开一会儿！"对方通常会理解你，并且还会欣赏你的诚实。同样你还可以选择"酒遁"。我会说："我想再拿一杯喝的，您有想喝的吗？"如果对方说"没有"，那我就没有义务再回来聊天了。如果对方说"有"，我会在去吧台拿酒的路上开始另一段聊天。当我拿着酒回来时，我会说："我刚刚恰巧碰到几个人，你也应该认识认识，快去！"

期待下次相见

为了继续保持联系，聊天结束时，需要向对方发出下次联系的邀请。毫不吝啬对对方的赞美之词，并口头邀请对方下次见面，即使不是为了生意。"看来您对红酒很有研究。很高兴……我们可以带上一瓶自己最喜欢的红酒，找个时间好好聊聊。"

学会倾听

美国心理学之父威廉·詹姆斯曾指出："人性最深处的准则就是希望得到别人的赏识。"

我们应该受这样的想法支配：首先去理解对方，然后再请对方理解你。我们总是担心接下来要说什么话，于是忽略了对方跟我们的谈话。

有很多方式向对方发出信号表示你很感兴趣并在积极听他们讲话。积极主动，首先向对方打招呼。这不仅彰显了你的自信，同时迅速表明你对对方很感兴趣。对话一旦开始，就不要打断对方。通过点头，全身心投入与对方的谈话等方式，来表现你对谈话的赞同以及专注。向对方提出问题，这表示了你认为对方的观点值得探讨。关注对方成功之处；在他讲笑话时要大笑；时时刻刻要记住对方的名字。没有什么比对方听到自己的名字更开心的事了。双方自我介绍时，我会对号入座将对方的名字与表情配对；几秒钟之后，我会重复对方的名字，确定我记住了；然后，我会在整个谈话中不断地提到对方的名字。

好好聊天

不管你喜欢与否，现在我们很多聊天方式都是虚拟的，不论是通过电邮、聊天工具还是社交媒体。在我的公司——纽约第一家办公室里，我们一群人全都挤在一间小屋里，这间屋子大家戏称为“血汗工厂”。我去的时候，第一印象便觉得那是世界上最无聊的办公室了。然后忽然有个人大笑一声，或者摇摇头。随后我发现一股交流合作的“喧嚣”气息游走在他们跃动的十指间。为了安静做事，大家都用Skype聊天，尽管他们差不多就是肩并肩地坐着。对他们来说这种方式跟面对面正常聊天一样自然而又亲密。

想让你的虚拟聊天看上去亲和且具有可读性，你可以大声地将它读出来，检测一下。发送之前尽力排除拼写输入的错误，但是不要太过吹毛求疵，以免放缓聊天的速度。

最后在邮件末尾用心附上暖心的结束语。在一天内的某个时间段，要保持虚拟聊天通道畅通，且手边常备笑料。想办法在常规工作中找些乐趣，这只是为了提高工作效率，并不是为了让你和其他人分心。

如果上面的都失败了，下面这条绝对不会失败

“你太棒了！再多跟我讲讲！”

著名社交案例

戴尔·卡耐基：学会“闲聊”很重要

斯坦福大学商学院的已故教授托马斯·哈勒尔（Thomas Harrell）生前钟爱研究校友的优良品质。现在你已经知晓，他最主要的发现就是成功的毕业生善于社交、健谈并且外向。最重要的一点就是“与人相处的技能”决定你能否成功。

戴尔·卡耐基（Dale Carnegie）是第一个将“闲聊”纳入合作技能的大师，而他于1936年出版的《人性的弱点》（*How to Win Friends and Influence People*）畅销80年后仍然很受欢迎，这恰恰说明了“与人相处之道”的重要性。

对于卡耐基而言，闲聊也成了一种自我提升的方法。

卡耐基出生于1888年，父亲是密苏里州的一个养猪场农场主，一生都在为生计奔波，而卡耐基则在贫困的羞愧中成长起来。这种羞愧感有增无减，年轻时，他甚至曾想过自杀。24岁那年，为了在纽约生存下来，卡耐基在第125街道的基督教青年会教夜课。他的第一堂课，学生不到十个人。接下来几周，卡耐基向他的学生分享了他在作为一名优秀高中辩手和密苏里

州师范学校的学生时学到的技能。他教会人们如何摆脱羞怯、建立自信、缓解忧虑，并把这些方法看作常识来对待。要记住对方的名字，做一个优秀的倾听者。不要批评、谴责或者抱怨。

上完几堂课之后，卡耐基的故事材料用完了。于是他请同学站起来分享自己的经历，并对他们的表现进行回馈。就是在那时，他了解到学生们在克服了上台发言的恐惧，开始更加轻松地在公开场合讨论自己的事情后，他们的自信也增强了。

卡耐基的学生有生意人、销售员还有其他行业的人，他们为了提升自我而参加课程。到1916年，卡耐基的课程已经相当成功，卡耐基第一次需要专门培训“卡耐基课程”官方教员。到1920年，卡耐基出版了《公开演讲》（*Public Speaking*）一书，这本是他用来在波士顿、费城和巴尔的摩等地授课的官方教材。

如果卡耐基最初没有鼓励班上的学生敞开心扉，分享他们的故事，那么这后面的一切可能都不会发生。这也是卡耐基一直强调倾听是一个非常重要的社交技巧的原因。在这个时代，为了方便做生意，电脑和邮件代替了人们面对面地交流，而卡耐基的朴素逻辑仍然非常有效。毕竟，人还是要和人打交道的，谁能在处理人际关系时不用到下面这些技巧呢?

- 发自内心地对他人感兴趣。
- 成为优秀的倾听者，鼓励他人分享自己的故事。
- 微笑。
- 谈论对方的兴趣。
- 发自肺腑的感谢。

尽管卡耐基成功将闲聊应用到自己的生活中，但是最开始时，他并不情愿在书中分享自己的秘密。卡耐基的课程是收费的，一节课75美金，卡耐基不愿意免费赠送他的课程。西蒙与舒斯特出版社（Simon & Schuster）的一位编辑利昂·希姆金（Leon Shimkin）曾是卡耐基班上的优秀毕业生。他终于成功说服了卡耐基写书，这对我们每个人来说都是好消息。“或许是不断运用卡耐基先生自己提倡并称赞的恭维和坚持，希姆金先生终于成功说服了他。”1986年埃德温·麦克道尔（Edwin McDowell）在《纽约时报》中写道。

对于希姆金以及上百万像他这样的人来说，卡耐基让我们鼓起勇气相信不论我们是谁，我们有多么大的能力，我们可以跟其他人更加融洽地相处，而且一定会取得成功。

第三部分　把交情由浅变深

TURNING CONNECTIONS INTO COMPATRIOTS

18
健康、财富和孩子

“你到底想要什么？”这可能是英语里最常用的句子。与我在“找到自己的使命”一章里所说的一样，“你到底想要什么？”这个问题的答案将决定你做什么事和帮助你达到目的的人有哪些，并为你描绘出你的付出和社交将实现的蓝图。同样，理解了别人肩负的使命，你就拿到了钥匙，能够打开那扇门，知道对他们最重要的是什么。了解这一点能帮助你发展深厚而持久的友谊。

第一次见到我将深入了解的人，无论他们是新同学还是商务人士，我会努力找到他们的动机。归结起来，有三种：赚钱、寻找真爱、改变世界。你别笑——深究自己内心深处的愿望，绝大部分人真是这样。

接受这个事实吧。成为社交达人在某种层面上意味着成为一名只需理论的临床医生。顺着这条路走下去，你会热衷于观察人们的心理。

你还要去了解人们这样做的原因，怎样做才能做到最好。这也表明，如果你看到有些人不真诚的话，你可以心里暗自咒骂他们。建立人际关系方面最成功的人，实际上是一个有机综合体，具有经济权威、治疗专家和多才多能的空想家的特点。

社交是一门生活哲学，一种世界观。其主要原则就是：你遇见的所有人都是发生互助关系的机会。为什么我如此重视相互依靠的关系？首先，我们必须生活在社会当中。我们的力量来自我们行动和知识的长期积累。事实上，没有其他人的大量帮助，我们的生活无以为继。

消除怯弱、操控这类性格缺陷，对所有人都有效的办法只有一种。你知道是什么吗？这可不是无关紧要的问题。注意，商业就是激发一群人努力将构想转变为现实，将理论用于实践，为公司同事争取更多股份，同时激励其他人完成自己的计划。

如果你仍然不知道答案是什么，没关系，很多人都不知道。每年都会有成百上千种新书出版，介绍培养忠诚度和动力的方法，可惜绝大部分都是错误的。这些错误的原因在于假设不对。感叹成了一种潮流：一切都是新的！一切都不一样了！情况变了！人们以为这些答案一定会出现在科技、新式领导模式或者最新的组织理论当中。但是人们真有什么不一样的或者新的地方吗？不见得。

与他人交往的准则就是戴尔·卡耐基60多年前所宣扬的东西，这些准则放之四海而皆准。让别人把事情做好的唯一途径在于承认他们的重要性，并让他们感受到自己很重要。我们每个人一生之中最深层的渴望就是实现人生价值，并且得到社会认可。要表达对别人的欣赏和赞扬，除了对他们本人和他们所做的事情感兴趣之外，还有更好的办法吗？

在确定对人们意义重大的事情时，有一些额外的细微差别。帮助别人实现最大的愿望可以带来很多好处，不仅能形成彼此特定的关系，还能让这种关系稳步发展，越来越牢固。大家可能忘记了“忠诚”，但现代社会的这种品质仍然是所有坚固关系的共同特征，而且许多公司努力想把这种价值观念融入日常工作里。

忠诚，对我而言，意味着不顾困难坚持客观真实地对待人和事（比如，某品牌对客户要忠诚，某商品对客户群要忠诚）。忠诚是一场马拉松，而不是短跑。很多品牌经理都知道，不可能短时间就能赢得消费者的信赖。这需要花费时间和精力才能获得。怎么做呢?

让我为你讲讲美国金融界风云人物迈克尔·米尔肯的故事。迈克尔·米尔肯是个擅长做交易的金融家，同时他还是一位慈善家、人类行为学家，洞察力很强。在我离开喜达屋集团之后成立了YaYa公司，迈克尔通过娱乐媒体公司Entertainment Media Ventures公司还投资了YaYa公司。在我担任CEO期间，我曾经清楚地告诉过迈克尔和我的朋友——娱乐媒体公司的领头人桑迪·克里曼，我做这份工作的一大动机就是能一边经营公司，一边向迈克尔学习。几年以前我私底下已经了解了很多关于迈克尔的信息，当时我还是世界排名第二的美国化工公司杜邦公司的顾问，而杜邦正在创建一家为消费者生产豆浆的合资企业。迈克尔是我一直想见的人，在我早期渴望结交的人之列。我在一些与他相关的文章里发现，他对大豆及其医疗效果很感兴趣。他曾经有一段时间患过前列腺癌，这个病让他对健康防护和预防性药物满怀热情。对迈克尔而言，在保持健康这个复杂的问题上，饮食是必不可少的一部分，而他的热情完全来自个人的兴趣和对公益的热心。

在开始担任CEO的时候，我就希望把公司发展好，增进我与迈克尔的关系。相应地，他也对我照顾有加，让我了解了他的世界。

如果他要去纽约会见支持为前列腺癌研制药物的科学研究的CaP CURE基金的一位募捐人，或者到某个地方慈善旅行，比如说通过米尔肯家族基金会（Milken Family Foundation）捐助杰出的教师，我会争取一起去。我只有一个目的，就是观察他怎样工作，也许还能在这个过程中长点儿见识。无论他将去哪座城市，我都会确认客户和潜在客户的信息，而花这些时间也对YaYa公司有很多好处。

大部分时间，我们都安安静静地坐着忙工作。无论去哪里，他都带着十大口袋书，一丝不苟地翻看其中一本；而我当然在不停地敲键盘，要么发送邮件，要么漫不经心地与别人讨论YaYa公司收益产出和商业发展的问题。单单观察他读哪些书以及怎样思考就已经能学到很多东西了。

在一次旅途中，迈克尔开始与我谈论人们的热情，到底什么才是真正重要的东西。就在这个时候，我对人和忠信有了自己的看法。你看，迈克尔不仅见多识广，也是精通人际关系的艺术家。

我见过他花几个小时与别人交谈，而这些人却是你觉得他不可能会感兴趣的：秘书、年纪特别大的和特别小的人、权力最大和最小的人。他喜欢他们、他们的故事，还有他们对世界的看法。我向他提过这一点，当时想到了拉尔夫·瓦尔多·爱默生（Ralph Waldo Emerson）的名言："我所见的每个人在某方面都是我的老师，我向他学习。"所有人都有东西可以教给他。

因为他关注别人，所以赢得了其他人对他的忠信。我也有同样的对忠信的感觉。我问他为什么这么多人对自己与他的关系兴趣如此浓厚。他是不是知道一些别人不知道的东西？迈克尔愣了一下——每次听见自己十分喜欢或者特别讨厌的问题，他总会这样。随后他笑了。

"基思，"他说，"世界上有三种东西可以让人们的友情变得深厚，它们是健康、财富和孩子。"

我们能为别人做很多事情：给出好建议、帮他们洗车，或者帮他们搬家。但是健康、财富和孩子对我们的众多影响是其他友善的行动达不到的。

你帮助某人解决了健康问题，让他的身体更加健康，或者真切地关心他们的孩子，你就在培养能持续一生的忠信。

迈克尔的经验其实得到了研究证实。心理学家亚伯拉罕·马斯洛（Abraham Harold Maslow）提出了需求层次理论，简要说明了人类各个层次的需求。马斯洛认为我们的需求都一样，并且在低层次的需求得到满足后，高层次的需求才会引起我们注意。

马斯洛说，人们最高层次的需求就是实现自我——渴望成为最好的自己。戴尔·卡耐基敏锐地把握住了这一点。但是马斯洛认为我们只有在满足了必需物品、安全和性这类处于金字塔底层的需求之后，才能把注意力集中到高层次的需求上去。低层次范围包含了健康、财富和孩子这几个因素，正是这里产生了迈克尔所说的忠信。解决掉这三个基本问题，你就完成了两件大事：（1）你帮助某人实现了他最需要满足的需求；（2）你让他们有机会在需求金字塔上更上一层，去处理更高层次的需求。

我反思了自己的经历，发现他完全正确。

最近，我有一个朋友被诊断出患有前列腺癌。因为我与CaP CURE基金的关系，我认识那里负责的医生。我给他打了一个电话，问问他能否与我的朋友谈谈。另一位朋友，穆罕默德·奥兹（Mehmet Oz），他在哥伦比亚大学心血管研究所指导研究项目，同时还是纽约长老会医院补充疗法项目的发起人和负责人。他经常接到我介绍的人打去的电话。

我很清楚，在焦急万分的时刻，为什么能消除疑虑的专家比得过世界所有的财富。在我父亲患心脏病期间，与我们家关系一直很好的朋友，阿琳·特斯科维奇（Arlene Treskovich），为我们提供了一般蓝领家庭难以承受的医疗服务，她是匹兹堡一位优秀的心脏科医生的助手。其实她只做了她学到的事情，她的母亲玛吉，曾在拉特罗布医院（Latrobe Hospital）工作，以前总是真诚地对待我们家住院的每一个亲朋好友，即使只是从厨房多拿一份吉露果冻。现在，阿琳让我办任何事情我都会答应。

有时候，只需要我们对此感兴趣，传递情感上的支持。让我再举一个例子。罗宾·理查兹（Robin Richards）创建并管理着音乐门户网站MP3.com，还成立了一家世界上最赚眼球的互联网公司。他巧妙地带领

MP3.com度过了危险时期，然后卖给了世界500强公司威望迪环球集团（Vivendi Universal），威望迪随即聘请他为重要的管理人员。我就是在这个时候认识罗宾的，因为他正要展开购买我们公司的协商谈判。

交易最终失败了，但在这个过程中，我了解到罗宾有一个小孩，患有一种严重的癌症。当他在用餐时把这条让人痛心的个人信息传递给我时，在谈判期间常常出现的紧张态势消失得无影无踪。我们分享了各自的经验，我把他介绍给了迈克尔，因为迈克尔对找到治疗他那种癌症的药物也很热心。罗宾和我到今天仍然是好朋友，我知道我们会竭力帮助对方。

你有没有把健康的食谱告诉朋友帮助他们减肥？有没有把帮助过自己的某种维生素或者滋补物品推荐给其他人？这些看起来是小事，但是考虑到那三个因素，健康和饮食已包含其中，小事情就是一切。

再说财富，我想到了在我的帮助下找到工作的那些人。虽然与让人们像迈克尔经常做的事情那样，通过创新型融资工具获得几百万资产相比，这并不一样，但是一份工作对改善他们的经济状况起着很大作用。如果我认识的某个人在找工作，我会在我的社交圈里搜相关的信息。如果他们已经找到了感兴趣的工作，我会打电话联系做决定的人。有时候我只帮他们改改简历，或者解答一些疑问。无论什么，只要是我能做的事情，都可以。我对往来事务的态度也一样。比如，对我常常去的餐厅，我把尽量给他们介绍顾客当作自己的一项任务。我努力把客人介绍给我认识的人，比如各类顾问、小贩和各个供货商。我知道他们很棒，我相信他们，我也想让别人从他们的技能中受益。

人们的孩子就是他们的一切。我自作主张地教导孩子们。这既有趣又有好处，教别人是我所知的最佳学习方式。我帮助别人的小孩寻找实习工作，无论是在我的公司还是推荐到朋友的公司，这让我获得的忠信是无法估量的。

感受一下我与杰克·瓦伦蒂（Jack Valenti）的经历吧。他是电影协会前任会长和首席执行官，2007年去世。他出生于得克萨斯州，从哈佛大学毕业，经历过多种职业：在战争年代开过轰炸机，后来创办过广告公司，还当过政治顾问、白宫特别助理和电影行业领头人。他认识很多人，更重要的是，认识他的人都相当尊敬他（娱乐界并不热衷于敬重任何人）。

我有一段时间极其想结交瓦伦蒂。我没有花力气去找他，但我知道他一定很有趣——一个兢兢业业、白手起家的意大利人。我发觉我们有很多共同点。

我们第一次见面完全是巧合。克林顿总统任期的最后一年，我在洛杉矶出席民主党全国大会为内阁成员安排的一次午宴。入座的时候，我故意坐在他旁边。那天下午我们谈得很愉快，谈话内容很有趣，双方都很有礼貌。我没有什么任务或目的。我希望有一天这次见面能成为我们发展实质性交往的基础。

在那之后不久，一位朋友打电话给我，他知道我很喜欢为别人指点一二。“你知道吗，杰克·瓦伦蒂的儿子想进入你那个行业。你可以见见他，给他提一些建议。”

杰克的儿子很像他，既有魅力，又很聪明。我给了他一些建议，把他介绍给了他应该认识的业界人士，这件事便告一段落。

几个月之后，在耶鲁大学CEO会议上，我又见到了杰克。

“杰克，”我说，“我想您应该不记得我了，也没有理由记住我。我们曾在民主党大会期间一起吃过午餐。不过几个月前我见过您的儿子，给他提出了一些职业建议。我想问问他现在怎么样了？”

杰克停下了自己手里的事情，表现出前所未有的兴致。他不断问我有关他儿子的问题，以及进入我所在行业的最佳途径。

接着，我在一天以后邀请他来我家与很多政界和娱乐界的知名人物吃饭，深化彼此的印象。

“当然，只要时间允许我很愿意来，”他告诉我，“可是更重要的一点是，我希望一起吃午饭的是你、我，还有我的儿子。”

杰克很可能对我的邀请没多少兴趣。谁知道呢？但是他对儿子的利益很感兴趣。如果我没有机会向他的儿子提那些实用的小建议，那么杰克对我的邀请表现出的兴奋就远远达不到这样的程度。

很多人都认为只要有邀请就足够产生忠诚。以前在德勤的时候，还有在现在的咨询当中，我都见到过很多类似的情况，大部分人都认为带客户和准顾客出去好好吃一顿饭、打一场高尔夫，或者看一场表演，就能建立起忠信关系。我曾经也掉进了这个陷阱。在一段关系开始的时候，这类活动只能提供交谈机会，让你与其他人的关系坚实到足够让他们说出对他们意义最重大的问题。尽管如此，我们鼓励部分属于《财富》100强的客户邀请他们的客户和准客户到管理人员家里吃饭，见见他们的家人，了解了解怎样才能真正从个人层面帮到他们的客户。

但是请记住，如果你将要解决对别人至关重要的问题，就一定要认真对待。否则，你的好心好意可能适得其反。地狱烈焰不及被拒女人的怒火，就像你承诺最亲密的朋友要帮助他却没有办到。

你能说到做到吗？人们很容易说：“我很关心人。我相信互助互利，相信帮助别人变得健康，或者赚到钱，或者培养出优秀的孩子是人生中最重大的事情。”许多人都这么说，但是看看他们的行为，听听他们的朋友谈论他们的话，你会发现他们根本不可信。你应该知道你的朋友会把你的真实情况迅速传播出去，给你的朋友带去持久的影响。

从哪里开始改变呢？你的处世哲学，你的世界观：人人都有机会帮助别人并且接受帮助。剩下的问题，比如帮助别人实现健康、财富、孩子或是其他方面的愿望，都会随观念转变而解决。

著名社交案例

亚当·格兰特：人们付出之后，会发生特别的事情，并且迅速扩散

亚当·格兰特（Adam Grant）教授把生活看作帮助别人的机会。根据他自己在沃顿商学院所做的研究，这种态度正是帮助他成功的原因，让他成为组织心理学领域的新兴名人。他的研究表明，帮助别人促使我们产生自我良好的感觉，让我们工作更卖力。长久来看，用来帮助别人的时间实际上让我们自己的效率得到提高，而不是降低。

在大学本科担任《出发！》（*Let's Go*）系列旅行指南底层推销员期间，格兰特偶然发现了这个道理——“付出，即‘利他行为’，能鼓舞人们行动”。“我的表现不咋样，”他在自己的书《付出和获取》（*Give and Take*）中说：“给公司的总收入造成了损失，还要用我自己的佣金来补偿。”随后他与另外一位业绩很棒的同学进行了交流，这位同学靠《出发！》的工资解决了自己的学费。他突然明白，销售杂志并不是一件让人厌倦又没有回报的事情，而是一次帮助别人的机会。卖出的杂志越多，杂志社能支持的岗位越多。在这种想法的鼓舞下，他信心倍增，销售工作也更加有序，业绩猛增。一年之内，他为公司销售创下了新纪录。

在那以后的十年里，他开始研究付出和成功之间的关系，硕果累累。格兰特发现人们有三种价值取向：付出者，寻找机会帮助别人而不求任何回报的人；获取者，聚集资源并且想办法让别人帮助自己的人；折中者，既喜欢付出，又喜欢获取的人。

然而，格兰特洞察到的关键在于：最成功的人不是付出者，而是其中的特殊人群。他们乐意付出，但也很在乎自己的利益。他们在付出方面具有全局视野，最终可以避免自己沦为擦鞋垫，被踢出社交圈。

格兰特对他们行为的解释可以作为有用的参考，指导你如何带着目的付出：

· 付出者优先：聪明的付出者能认出那些获取者，小心翼翼地满足他们的要求，宁愿把自己的努力集中在那些可能会回报的人身上。

· 首先满足自己的社交圈：他们引导自己的付出向发展自己的社会关系这一方向发展，也就是说，他们明白培养自己的社交圈需要哪些条件。

· 划出特定时间段：他们把付出行为和所花的精力相“结合”，这样不仅可以让自己更高兴，而且可以保证自己高效完成其他事情。

表面上，格兰特似乎沉迷于付出，直到晚上11点，他还在跟进别人的要求。实际上，他相当有计划。其中一点就是，他会努力“讨价还价”：别人能从这5分钟时间的帮助里获得最大益处，而他却只花费了最少的时间或者精力。比如，写封推荐信、推荐一些资源，或者回答几个问题。因此，晚上用一个小时发e-mail，同时送出12份将来会产生各种影响的帮助；筋疲力尽的人也变得精神百倍。

这些战略性的付出会得到什么样的结果呢？“全世界好像

都欠他人情，包括我。”贾斯汀·伯格（Justin Berg）对《纽约时报》说道：“人们争先恐后地想与他共事。”伯格准备读博，他曾与格兰特合作过。

格兰特的生活和工作告诉我们，那些讲究付出，并且带着长远眼光谋划成功的人，最终会获得回报。此外，他们不仅感到更加积极向上，办事效率极高，而且更加心满意足。

19

“社会关系套利”

有些人通过恐吓和毅力成了“权力掮客”；而有些人，一般结果都好得多，学会了变成周围人必不可少的朋友。

我仍然记得一条建议，它让我明白了这两种获得权力的途径。

我进入德勤不久，格雷格·西尔有一天把我拉到他的办公室，让我坐下，然后告诉我：“别再疯狂地逼自己和其他人思考如何成功了。想想你怎样才能让身边的人都成功。”

自从来到德勤那一刻开始，我就负有一个使命。我想工作更长的时间，会见更多的合作人，参与解决最大项目中的关键问题——我想现在就做到这一切，因为我急切想让自己出名。在德勤，与在其他机构一样，如果伙伴们很讨厌你，你就很难做成一件事情。

厌恶、阻挠顺着你的道路走向顶层社会的人——这曾经是普遍现象。迈克尔·柯尔达（Michael Korda）在1975年出版了一本书，《权力！获得之法，使用之道》（*Power! How to Get It, How to Use It*）。这本书介绍了成为公司高管的秘诀，还说道："大师级人物……努力把信息掌握在自己手里，越多越好，然后不让别人得到，越少越好。"但是，如果30年前权力是通过信息垄断获取的，那现在这个系统更类似于"社会套利"：大家不断相互帮助，开放地交流情报，正如格雷格明智的建议。

这是怎样进行的呢？把这想象为一场游戏。当某人提出一个问题后，思考一下解决办法。这些办法来自我的经验、知识，以及同事朋友。

比如，如果在交谈中对方提到他们正考虑在洛杉矶买一套房子，我想到的第一件事就是，"我的朋友可不可以帮忙？"没有时间犹豫。在谈话过程中我就会掏出手机，找到能够帮助对方买房子的人。拨号的时候，我可能会说些这样的话："你可以见见我认识的这个房产中介，贝蒂。没人比她更了解洛杉矶这个地方了。这是她的电话号码，但是请等一等……"现在贝蒂的电话通了，"你好，贝蒂！听见你的声音真好。好久没打电话了。我身边站着一位朋友，他需要你的帮助。我刚才把你的号码给他了，所以我想先告诉你他可能会联系你。"于是联系就建立起来了，事儿就办完了，无论接下来发生什么，双方都会高兴我为他们做的事。

这是工作中的社会套利。第一个关键之处在于，不要等着别人请你帮忙。直接帮吧。

再举一个例子。我与汉克·伯恩鲍姆（Hank Bernbaum）交往过，他是高山公司（High Sierra）的CEO，这是一家生产背包的小公司，位于芝加哥城外。汉克在《快公司》杂志上看见过我的一幅小头像，并且了解到我擅长市场营销。他突然给我打电话，对我说："那篇关于你的文章棒极了。"

他已经引起了我的注意。

"我们是一家小公司，"他说，"我们的市场营销做得很糟糕。虽然生产出了美国最好的野营用品和背包，但是没人知道。营业额和市场份额是应有规模的1/4。你能帮帮我们吗？”

他还补充说：“顺便告诉您，我们能烧的钱不多。”

在时间允许的情况下，我通常很高兴接到这样的电话，因为我能为各种各样的人扮演好知己、顾问，甚至迎宾门房的角色。我总是把出现在我生活不同领域的两个人介绍成为朋友，他们或许能在对方那儿受益。这就像一个持续进行的谜题，把合适的人和合适的机会匹配在一起。一旦你也开始用这种眼光看待世界，你会发现许许多多让人激动的机会。这有益又有趣。

汉克需要咨询方面的帮助，他的背包需要高曝光率。我给皮特打了一个电话，他是一名顾问，曾在喜达屋酒店与我共事，极其擅长市场营销，并且爱好户外运动。绝佳搭档。随后我打电话给另一位朋友，他是锐步（Reebok）营销部门的领导。他们背包的销售情况向来比不上其他产品，我认为他俩分享观点和经历可能会受益匪浅。我甚至把我在锐步与一位市场经理进行的会议“克隆”了下来，带着汉克面对面交流。

然后我问汉克有没有任何公众知道的宣传。没有。我寄了几个汉克生产的背包给《快公司》的编辑艾伦·韦伯（Alan Webber）。几个月之后，艾伦手下的作者评估了我们寄过去的一款极有新意的旅行包，随后这本杂志便刊登了一篇文章介绍高山公司的产品。

汉克欣喜若狂。但接着我提出了另一个问题：“汉克，我替你打了这些电话，以后需要你自己来做这些事情了。你是芝加哥经理俱乐部的成员吗？”

“我正在考虑要不要加入，”他说，“怎么了？”

“你不能再把你自己和你的公司当作一座孤零零的小岛了。你需要认识更多人。经理俱乐部里很多CEO和聪明能干的人早在几年以前，就能做到我为你做的事情。你需要建立这些联系。”

不久之后，汉克开始与当地其他管理人员交往。汉克的产品相当不错，他需要的是关系网。十年之后，汉克把他的“小公司”以1.1亿美元的价格卖给了新秀丽（Samsonite）。获得巨大收益的不止他和我，我以前的同事皮特，喜达屋户外产品的营销人员，最终通过这次经历建立了单独行动的信心。现在他在纽约的咨询公司蓬勃发展。锐步的CMO又是怎样一种情况？他很感激有这么一次介绍会，可以帮助他发展自己的背包生意。开始时的一个人和一个难题，结果演变成几个人和很多解决办法。

我想指出的关键就是，真正的权力来自对别人不可缺少的那份必需。成为电话接线员就具有必需性，把信息、联系和善意尽可能多地传递给不同领域的人。

这是事业上的因果联系。你对结交往来的人付出了多少，你就能得到多少回报。换句话说，如果你想交朋友、解决问题，你就得为别人的事行动起来，而这些事情是需要时间、精力和考量的。

成功与他人建立联系绝不仅仅是得到你想要的东西，而是首先确保对你重要的人得到了他们想要的东西，其次才是你得到了自己想要的。这常常意味着见面要安排妥善，否则有些人再也不会出现第二次。

如果你把来自完全不同的两个领域的人聚集到一起，会产生最美妙的联系。社交圈的力量有很大一部分来自关系的多样性，这和关系的质量和数量同样重要。

很多人都认识自己职业范围和社交群体内的人物，以及少数其他人。我会催促你通过其他联系人和你自己，务必尽全力结识来自各种不同职业和社会团体的人。能在不同领域，甚至同一职业的不同人之间牵线搭桥，是管理人员的关键素质，这样的人薪水更多、升迁更快。这个结果来自芝加哥大学商学院教授罗恩·伯特（Ron Burt）指导的一项影响重大的研究。

“在各种独立群体都有朋友的人具有竞争优势，因为我们生活在一个社会体系里，官僚体系就会制造壁垒。”伯特说：“拥有企业社交圈的管理人员传递信息更加迅速，在官僚体系里更易流动，能找到更适合组织需要的解决问题的办法。”

他这项研究进行了很长时间，为了回答这个长期困扰我们的问题：引导你成功的是你的学识，还是你所认识的人？在伯特看来，这两个因素都有。你认识哪些人决定了你的学识能起到多大的效用。办好事情，在公司的阶梯上进步，都需要合适的关系。

我一直很清楚这种观念。在德勤，我认识了我们最大竞争对手的CMO。在喜达屋，我很快熟悉了这个行业里影响巨大的人物。成为YaYa公司的CEO之后，我开始见到媒体界和电脑游戏产业的领导阶层。我没有意识到的是，与此同时，我为法拉奇绿讯营销咨询顾问公司的成功打下了基础。无论在哪个职位上，如果我要让公司的产品成为重要品牌，与其他大品牌站在一起，我就需要与这个行业内外能够帮助我实现目标的人谈话。我做到这些的一个办法就是介绍他们相互认识，而他们也知道这有利于他们的商业。有些事让我很惊讶，比如，大型咨询公司的销售部领导居然互不认识。

或许你在想：“可我不认识什么经理或者我这个行业里的重要人士啊！再说，他们何必来认识我呢？”没问题，我来解释。

在你的资金资源和相关资源比较薄弱时，社会套利实际上并没有太大的障碍。解决之道就在于知识，这是社会套利策略里最有价值的现金资产。知识是自由的，书籍、文章、网络上面都有，随处都可以发现很多，而且对谁都很珍贵。

在朋友当中传播知识的能力很容易学到手。简单到你今天就可以开始。浏览成千上万的博客、汤博乐（Tumblr）和网络出版物，你可能感到知识的市场已经被垄断了。但是有一种从这些噪音中突围而出的简单办法，那就是小心翼翼地确定自己的目标。当人们感到他们收到的Intel产品是专门为他们制作的，他们就会集中注意力。你选定的目标越细小越好。

举一个例子。我认识一位名叫马克思的年轻顾问，他采访了公司里的重要人物，制作了一份短小的资料，帮助新员工“进入工作状态”。在一位良师益友的帮助下，他把这份材料分发给了公司里所有在接受培训的新同事。从此以后，这份资料成为这家公司正式的培训资料。这还只是成就之一，在完成这份材料的过程中，马克思见过了公司所有重要人物，并且给他们留下了深刻印象。

后面我们会更深入地讨论创造优秀内容的问题。值得注意的是，书评书摘、大事纪要和专栏评论都是简单易行的收集和分享知识的方法。但如果说，你将写一份书评，不要把读者全部当成“商务人士”，然后分发给全公司职员。相反，你应该写给特定对象，比如，自己所在的销售团队，这样你脑子里就会列出具体的问题和偏好。目标群体会比较小，但是我保证影响会更大。

行啦！现在你就是一个“知识经纪人”了。

养成经营知识的习惯很容易。比如有人在午餐期间或者开会之前提到自己拿十几岁的孩子没办法，你就应该从中听出“问题”。作为推行社会套利活动的人，你想到的是“要找到解决问题的办法”。如果自己给不出什么建议，你就要问问自己：“我的朋友能提供哪些帮助呢？哪个朋友家也有十几岁的孩子？”你很快就会想到某个人，或许是你的父母，他们曾经管教孩子的办法很有效。给他们打电话，问问他们有什么建议，有没有借助过这方面的书籍或文章。传播这些东西去吧！

还可以假设你是一位不动产代理商，但是希望当一名服装设计师。我对服装知道得不多，但是就像对任何事物那样，我确信有人很熟悉。搜索一下亚马逊网站，你会找到那些可能对想成为服装设计师的人很有用的东西。把链接发给这些怀揣梦想的人，或者把书寄给他们，再或者直接面对面告诉他们，这样做会产生实际价值。

的确，这样的付出不仅需要时间，更需要考虑周全。但这恰恰就是这些做法受用的地方。促进开展这样的谈话、进行这样的知识交流，并最终实现这样的幸福就是成为现今的“权力掮客”要做的一切。

戴尔·卡耐基的话可以这么理解：在两个月时间里对他人的成功表现出极大兴趣，与用两年时间让别人对你自己的成功感兴趣相比，前者会让你更成功。

著名社交案例

弗农·乔丹：使自己能够给他人带去不可替换的价值

弗农·乔丹（Vernon Jordon）十分擅长撮合交易，他曾经是克林顿总统的顾问、华盛顿的高级律师，他的名字出现在10家公司董事会的名单上，其中包括金融服务公司美国运通公司（American Express）、著名的财经信息出版物公司道琼斯公司（Dow Jones）、化妆品公司露华浓公司（Revlon），以及案管理、处理技术公司施乐公司（Xerox）。他是国际投资银行拉扎德集团（Lazard）的资深总经理，同时还是华盛顿特区艾金—岗波律师事务所（Akin Gump）的高级法律顾问。《财富》（*Fortune*）杂志把他列为第9位最有权力的黑人高管。

《时代》（*Times*）杂志报道称，乔丹每月工资达到7位数，而这份“法律工作不需要他整理任何诉讼材料或者进出任何法庭，他那些计时收费的宝贵时间应该都花在豪华餐厅、电话上了，在这儿巧妙地安排一场介绍，在那儿推广一项立法方面的观点，在某种糟糕的情况还未形成文字之前把它清除掉”。这可不只是说来听听，他会让事情兑现。

在这样的生活状态中，要在一个影响重大的组织机构里保住某个职位已经是很困难的了。但是乔丹让自己对雇主极富价值——因而别人极想与他交往——所以他可以同时受聘于多方，而且各大公司对此似乎都没有意见。

乔丹因此与华盛顿各个社交圈联系紧密，且在各个地方似乎都有朋友，在各个领域似乎都有影响力。他曾让路易斯·郭士纳（Lou Gerstner）与IBM建立了联系，曾经游说科林·鲍威尔（Colin Powell）接替沃伦·克里斯托弗（Warren Christopher）出任美国国务卿，还曾帮助詹姆斯·沃尔芬森（James Wolfensohn）当上了世界银行行长。

他怎么做到的？

乔丹利用“社会套利”让自己变得不可或缺，从各个层面上来讲，他都是一个现代社会的权力掮客。但是他并不总是处于华盛顿大小事情的漩涡当中。1982年被艾金—岗波律师事务所聘用之后，他才开始长期居住在华盛顿。来到这里之前，他已经完成了职业生涯里的很多事情。几十年时间让他经营了很多关系，帮助了很多人，可想而知，不久之后，他将在这个新地方塑造自己的影响力。艾金—岗波律师事务所明白这一点，这也是雇用他的原因之一。“我知道他能融进华盛顿的法律界，并且会起到主导作用。”他的合作伙伴罗伯特·施特劳斯（Robert Strauss）这样说道：“这是一座建立在权力和关系之上的城市，弗农可以说是我所知的最好的人了。”

20世纪90年代，乔丹因为与比尔·克林顿的关系，在美国已是家喻户晓。但是在此之前很久，乔丹在黑人圈子里就已经很有名望了。

20世纪60年代，乔丹还是亚特兰大的一名律师，活跃地参与民权活动。后来，他成为美国全国有色人种协进会（NAACP）的活动指导，为取消学校种族隔离和争取佐治亚黑人的选举权而不断斗争。1964年，乔丹离开了NAACP，转而为南部地区委员会（Southern Regional Council）管理选民教育项目（VEP）。他的任务包括召集能够点燃选民热情的志愿者，以及为项目募集资金。为了筹集费用，乔丹不得不走遍南部地区，向富有的基金机构解释为什么它们应该捐款给VEP。正是这个职位让乔丹赢得了人们的尊敬，从此他就能在组织内部为民权事业奋斗了。他与基金领导人和华盛顿特区的VEP高管都建立了联系，于是他的名片开始四处扩散。

1966年，乔丹被邀请参加约翰逊总统在白宫举行的民权会议，参会人员还有几百名CEO，《财富》500强公司开始对他另眼相看。对于20世纪六七十年代的事情，乔丹四处奔走，就像在政府和民权人士之间形成联系的插座。他在一个圈子的社交活动突显了他在另一个圈子的价值。一个圈子里帮助过的朋友和结交的人，会在另一个圈子里成为帮助那些朋友和结交那些人的优势。

乔丹的工作让他能够同时涉足各个领域。1970年，他成为黑人学院联合基金会（United Negro College Fund）的执行董事。1972年，他成为国家城市联盟（National Urban League）的会长。这是一个有利于商业发展的民权组织，而他在这个职位上干了10年。这两个岗位都让乔丹顺利拓展了自己的社交圈，直到1982年艾金—岗波律师事务所高薪聘请他为自己服务。“弗农不会轻易就来的，”施特劳斯说，“但是我告诉他，‘前几年我们会帮助你，让你明白这里的一切，然后未来你会给我们帮很多忙。’”

乔丹的生涯是绝佳的例证：把不同领域、不同机构的人聚集在一起，就有机会带来美好的结果。在克林顿和莫妮卡·莱温斯基（Monica Lewinsky）丑闻的影响下，乔丹成为公众人物，受到质疑，因为他说过“自己帮助完全陌生的人，比如莫尼卡·莱温斯基找一份工作是很平常的事”这样的话。他的朋友再次帮助了他。华盛顿的律师莱斯利·桑顿（Leslie Thornton）在《华尔街日报》上详细描述了乔丹帮助自己和其他人的方式。她揭开了很多年轻的黑人和白人专业技术人员早就知道的事情：几十年来，乔丹的大门一直为各种肤色、各种信仰的人们敞开着。

20

丁零零——不断联系

伍迪·艾伦（Woody Allen）曾经说，80%的成功都是自然而然出现的；那也可以说，80%的社交活动就是保持交流联系。

我把这个叫作“问候联系”：迅速而随意的一声问候，方式多种多样，不受拘束。一旦形成了自己的风格，你会发现很容易与更多的人保持联系，而且花的时间还比想象的少。

这样做有时候比较繁琐枯燥。做到这一点需要费心费力，难就难在这儿。你要不断问候、问候，再问候，千万不能停。如果不为人际关系添柴加火，它就会渐渐微弱甚至熄灭。

你自问过多少次“他长什么样儿来着，那个人……”或者“我认识她，只是想不起她的名字了……”，我想我们常常面对这些情况。每次我听见这些话，我都能感觉到一张关系网正在风干枯萎。

现在，我们被大量信息裹挟，大脑只能优先处理最新的信息。信息过载带来嘈杂，怎样才能突破呢？

在人们心里留下突出的印象，需要依靠一个巧妙的小技巧：重复。

如果你要结交新朋友，至少要让你接触的对象通过三种不同方式看见或者听见你的名字，比如电子邮件、电话以及见面，之后他才能真正认得你。

一旦给别人留下了初步印象，为了让这份关系保持发展，至少一个月用电话或者邮件交流一次。

如果你想把认识的人变成朋友，至少要与对方单独见面两次。保持二等关系需要每年问候两三次。

社交媒体上的互动（动态更新、信息回复、评论等）对正在发展的关系十分重要，尤其是处于你社交圈边缘的人，但是这些做法不能代替对最高关系层级朋友的单独问候，即有必要单独联系与你当前目标相关的人。

以上这些经验法则应该让你感受到了需要哪些努力才能保持社交圈处在活跃状态。我每天都会打几十个电话，其中大部分都是通过语音邮件发送的简单问候。我还经常发电子邮件。借助手机和平板电脑，我基本上可以在火车、飞机和汽车上问候我的朋友。我记得——至少我的设备记得——朋友生日和其他纪念日，我会在这些时候特意联系他们。

在保持人际关系这件事情上，你要一年365天，一周7天，一天24小时，时时刻刻留心。

你必须把一部分精力用在这个“系统”上，这是毫无疑问的。不过，这只是我做事的方式，你会找出你自己的办法。主导原则就是重复：找到自己联系朋友的节奏，而且这种方法不会让你的时间安排更加紧张。

我找到一些简便办法来规范与新知旧友保持联系的行动，其中之一就是根据接触的频度建立等级系统。首先，我把朋友分为五大类。“私交”条目下的都是好友和熟人。一般我与他们的交流很有规律，因此我不会把他们列入联系名单。我们的关系很稳固，我们谈话的时候就像每天都联系过一样。“客户”和“准客户”一类不言自明。“重要合作伙伴”特指业务交流密切的人。要么我们正有商业往来，要么我希望与他们建立商务关系，因为他们包括在我的“社交关系行动计划”当中。这一组是事关社交成败的重要对象。在“渴望结交的人”一项里，我列出了我想认识的，或者只见过一眼但想发展深层关系的人（比如老板的老板和社会名流）。

读过前面有关记名字的方法那一章之后，可能你已经开始用适合自己的方法把朋友分门别类——这些办法不用统一。创造一种对你和你的目标都有效的分类办法。这是一个好习惯，值得不断重复。所有成功人士都是有计划的人。他们把自己思考的东西留在纸上。如他们所说，没有计划就等同于计划失败。而计划就包含在列有活动和姓名的清单里。

下一步就是打印通讯总表，包含经过你分类的所有人。打印纸质资料可能显得过时了，但是我发现在连续不断的数字信息流之中，这个办法现在比以前甚至更好用了，因为你可以把注意力集中到手里那一份实实在在的东西上。当然你也可以直接利用你正在使用的任何应用软件。

现在的问题则是，你多久联系一次名单上的人？我这个系统比较简单，你完全可以根据你自己的实际情况改进。我会顺着总名单，挨个儿在名字旁边标上数字“1”“2”“3”。

“1”表示至少一月联系一次。这表示我与这个人交流活跃，无论他是朋友还是新的商业伙伴。对于刚建立的友谊关系，“1”一般表示需要像前面提到的那样，至少用三种交流方式巩固友情。每次与人联系时，我习惯看看他们的名字旁边简单的笔记，提醒自己上次联系他们的时间和方式。如果上个月我给一位“1”级别的“准客户”发了问候邮件，这个月我就会打电话。我还把这个类别的人放在电话簿“最常联系”那一栏。这样我就能方便快捷地找到他们了。如果乘车时有空闲时间，我会浏览“最常联系”目录，打几个电话或者发几条短信，问候一下最近没有说过话的人。

标记为“2”的一类是我要“再次联系”的人。他们要么是随和的熟人，要么是我比较了解的人。每个季度我会给他们打一个电话或者发一封邮件，同时我还会关注他们在社交媒体上更新的信息，了解他们的变化，找到能为他们提供帮忙的机会。我偶尔会向他们集体发送与我的商业有关的邮件。与其他朋友一样，他们每年都会在节假日或者生日那天收到贺卡。

标记为“3”的一类人是我还不熟悉的，因为时间和环境有限，我无法有效地联系他们。这些人都只是见过面，以前办其他事情的时候顺便认识的。我希望跟他们做朋友，至少每年用更直接的方式联系一次。他们总会给我惊喜，因为还不熟悉，他们收到贺卡或者邮件就会做出别样的回应。

收到不熟悉的人发来的信息，无论多么短，大部分人都会十分高兴，而且感到特别好奇。

第三步就是把你的朋友按照不同标记分类。总名单不久就会变得庞杂，用起来很不方便。详细的名单有利于节约时间，集中精力。你可以按照等级、地域、行业等对他们分类。这完全可以灵活对待。如果我要飞去纽约，举个例子，我会打印一份“纽约名单”，下飞机的时候打电话给几个“1”级别的朋友。“简，你好！我来纽约了，刚下飞机就想起了你。可惜这次没时间见面，但我还是想跟你多联系。”出行前一周安排行程时，这份名单对填补日程中的空闲时光大有好处。

这几年来，我的助手已经让这个过程衔接得完美无瑕；而现代技术终于赶上来了。比如，领英具有突出的社交特征，让你能通过标签筛选名单，然后可以选择给对方发邮件、打电话，或者直接在手机App里他们的个人信息条下面添加注释。

时间从哪里来呢？有的是时间。我在出租车里、自己的车里，或者洗手间（只发信息）联系别人。开会开得厌烦时，我会发发邮件联系别人。我养成了保存往来邮件的习惯。一收到邮件，我就立即放进相应的类别，处理邮件的软件会记录我有没有回邮件。然后我可以直接打开文件夹回复邮件。我习惯每周末回顾总名单，查看下周的活动，根据行程方便判断应该问候哪些人。这样一来，我不断更新，整周手边都有一份可靠的联系名单。

另一个节约时间的办法就是留心你打电话的时间。这的确很滑稽，不过很多时候我打电话都是为了不去见朋友。有时候没有时间长谈，我只想打个电话问声好。我会注意记住人们打电话的习惯，如果我只想给他留个话，我会趁他们不在我附近时打过去。一大早或特别晚的时候打他们办公室的电话，往往都能达到这个效果。

最重要的一点在于你把联系朋友这件事情融入了你的工作。有些机构甚至把这件事规定为必不可少的工作程序。我听说麦肯锡咨询公司在实践中总结出一条工作经验：新任CEO接管一家公司满一百天之后，麦肯锡公司会安排一位咨询职员给他打电话，询问是否需要麦肯锡的帮助。麦肯锡公司认为，一百天足够让新任CEO觉察到公司存在的问题，但又不足以想出办法来解决。

自动回应社交媒体

在我逐渐形成自己联络朋友的习惯的过程中，还没有社交媒体这样的工具。从某种程度来说，这是一件好事，因为这样我更习惯于积极主动地联系每一个朋友。Plaxo这个在线地址簿服务软件第一次让我尝到了自动关联的乐趣。我更新了地址簿上管理页面的个人信息，几天之后我就收到了一封邮件。发件人是以前一位准客户，后来失去了联系。他写道："我们一年前谈过，但是没有结果。现在可能是洽谈的更好时机。"这封邮件最终带来一笔20亿美元的买卖。

这款管理基本信息的交流软件让我的交易成功了，原因在于保持联系让大家对我印象深刻。现在有各种各样的社交媒体工具，你联络朋友的方式也多了，交流的结果也丰富了。领英、Facebook、推特、Instagram，以及未来五花八门的工具，会让你不断了解人们喜欢的东西和看重的事情，只要你能帮忙就可以抓住机会参与其中。

你在新时代面对两重挑战。第一，为了不沦落到发送垃圾信息的地步，你得加倍努力。在我看来，"垃圾"信息就是那些对接收人而言关系不大、不及时，既没有实际作用，又没有娱乐价值的信息。好好检查每一条你要发送的信息：这出现在别人的邮箱或者信箱里合不合适？

第二个挑战就是控制信息流。从对的人那里获取正确的信息，并在合适的时间恰到好处地回复。

我遇到这两个问题的时候，它们被同一种"技术"解决了，那就是"名单"！更新名单一定要小心翼翼，确保你的重心一直放在对你最重要的人身上，这样你才能过滤往来的各种信息。对于"1"类朋友，你要每天跟进，知道与他们相关的所有信息；"2"类，每周或者每月查看一次即可；"3"类，每个月或者每个季度看一次。这些"计划"都要写进你的工作安排。

针对个人的联系最重要

多亏有了社交媒体，我们现在的社交范围比以前大多了。准确地说，这些都是"追随者"而非"朋友"，他们是社会社交里新兴的重要群体。我会在下文有关社交媒体那一部分详细阐述这一类朋友的价值，以及如何处理这种关系。

把一个人从“追随者”提升到“朋友”的层次，尤其是一个原本关系疏远的人（“我们是在Facebook上认识的”），需要大量单独的联系，需要不断增强相互之间的关联度和亲密度。

社交媒体和联络问候能实现这一切。对于关系亲密的伙伴，我常常“打电话表示关心”。我很想表达清楚这样的意思：“很久没跟你说话了，我想告诉你我挺想你的，你对我很重要！”这样的话可以说得更加具体详细。总而言之，这些话针对性越强越有好处。

对我的事业或商业很重要的人，我喜欢顺便给他们推荐一些有价值的信息。注意到朋友升职了，或是这个季度经营的公司效益不错，或是生了小孩，我都会在交流过程中提供一些有意义的东西。我还喜欢给他们发一些相关的文章、简短的建议或者其他具有象征意义的小东西，让他们明白我关注着对他们意义重大的事情，我乐意帮助他们。

积极创造吧！我有一位朋友，到哪儿都给结交的朋友拍照。开完会或者出差回来，他会联系见过的人，打个招呼，顺便给他们看看照片。这是个好办法，对他很有用。还有一位朋友，他让音乐发挥了同样的作用。每当遇见新朋友，他就会问对方喜欢哪种类型的音乐。他收藏了很多数字音乐，不断扩充自己的音乐库，还很熟悉最新、最棒的音乐。他会在发送给别人的邮件里这样写：“那天很高兴遇见你。你说你喜欢爵士乐，我碰巧有一张迈尔斯·戴维斯比较珍贵的唱片。是不是很兴奋？有什么想法可以告诉我。”

一旦结识了新朋友，不断联系可以拓展交往。这就是让你那友谊的花园生机蓬勃的最佳园艺肥料。

联系的主要时机：生日

对于人们生活中的重大事情，很多人都建议通过在圣诞节或者光明节（犹太教的节日）寄送贺卡表达关注之意。但在我看来，节庆日不是集中精力进行社交活动的最佳时机。为什么？因为你很难把自己与其他也这么做的150个人区别开。

我个人喜欢在别人生日的时候联系他们。似乎随着年龄增长，你周围的朋友开始渐渐忘记你的大日子（很可能他们连自己的生日都不想过）。活跃于社交媒体的人会发现到处都有提醒生日的信息，很多人也会在生日那天在自己的公众主页上热情回复收到的各种暖心的祝福。真诚而又美好的祝愿那么多，但是祝愿最好要有实际行动，尽管人们会立即否认这一点。

“好啦，我不喜欢过生日。”我总听见人们这么说。你斩钉截铁地告诉亲朋好友：“不要为我做什么特别的事情，如果一定要表现一下，别花太多心思。”

可我不相信，我很清楚这个游戏的玩法：不仅你在意，其实人人都在意。

我们从小就习惯性地认为生日是自己的日子，尽管成年后我们可能成了舍不得花钱庆祝生日的“吝啬鬼”。你从小就认为这是属于“你”的一天。即使你70岁了，虽然会抵制，但在内心深处，只要有人意识到你已经走过了70个春秋，你仍然会因而心情舒畅，即使没有收到“红色巨龙”这样的生日礼物。

别拿自己开玩笑，实际上人人都在乎自己的生日！

几年前我还在纽约的时候，手机上弹出了一条提示信息：“肯特·布罗西尔生日将至。”肯特来过我家。我见他那天，明白了他想与我保持联系的意思，然后问了他的生日——这是我的习惯。甚至现在，我仍然与很多不用Facebook或者至少不用Facebook处理职业关系的人保持交流。询问别人的生日不会显得冒犯，很多人告诉我之后就会忘了我问过这样的问题。

肯特信奉摩门教。他出生于犹他州的盐湖城，有十个哥哥姐姐。家人这么多，你可以想象生日那天他的电话会丁零零响个不停。

我已经有一年多没有跟他通过话了。那天很忙，将近下午三点我才注意到这条提示信息。在一般情况下，我喜欢早上打电话为朋友送上生日的祝福。我会给寿星发语音邮件，这一天他们走进办公室开始工作，就会听见我唱着“生日快乐”给他们打招呼。我都数不清纽约城有多少出租车司机认为我完全是个疯子。

所以那天下午肯特接到电话，却听见我那帕瓦罗蒂式的声音跟他说“生日快乐”。没有问候寒暄，没有谨小慎微，任事情自由发展。

在通常情况下，我会听到几声大笑，最后再来一句满怀感激之情的“谢谢”。可我这一次说完之后，电话里却一片静默。“肯特，你还在吗？今天是你的生日，对吗？”还是没有回应。我以为我当了一回蠢人，弄错了日期或者别的。

“肯特？”

他终于结结巴巴地说：“嗯，是啊。”他哽咽着。听得出他努力不让眼泪流出来。

“你还好吗？”

“你记得我的生日？”他说道。

“基思你知道吗，今年我的哥哥、姐姐，还有其他家人，没一个……他们都没有记起我的生日。没人记得。”他说：“太谢谢你了！”

他从来没忘记自己的生日。人们也不会。

21
寻找压轴主宾帮忙

我在学生时代负有一些债务，需要努力工作才能从商学院顺利毕业。我住的公寓绝不是那种干干净净的商品住宅，它不仅很小，而且有一点脏乱。但这丝毫没有影响我进行疯狂有趣的聚会，我很享受与好朋友一起度过的时间，有时候也来几个陌生人。

也就是那些日子让我明白了举办晚宴这门艺术的力量，不仅可以给人们留下美好的回忆，而且还可以深化人际关系。现在我可以确定地说我那些最硬的关系都是在餐桌旁边形成的。一起用餐让大家友好地聚集到一起，更不要说大家还想高高兴兴喝几杯酒了。

我早年住在一间400平方英尺的公寓里，只有一个卧室，对面就是足球场，厨房里有一张桌子，只能坐两个成年人。我却在这里聚会，邀请过4个人、6个人，甚至15个客人。来聚会的人形形色色，有教授、学生、波士顿本地人，有时还有我在百货店排队结账时认识的人。我从来没认真想过当年经济拮据给我举办这些活动带来了多少不便，比如客人不得不把餐盘放在腿上用餐。

晚宴让我们很快乐，给我们带来了很多美好时光，但快餐文化似乎削弱了几个世纪以来的传统观念，人们不再相信在自己家里与别人一起用餐有多么伟大的力量，不相信这样可以让对方轻松自在、建立或者深化友谊。有的人认为这很困难，又特别费时。他们对晚宴唯一的印象就是那些装潢华丽的场景，曾经还有美国著名专栏作家玛莎·斯图尔特（Martha Stewart）这样的宾客让聚会魅力四射。人们，尤其是男性，忘记了简单聚一次餐会带来很多好处，或许其中一个原因就是那些女性主持的电视表演节目，让大家觉得聚餐是女性的事情。但是请相信我，你可以在自己家里招待好客人，同时表现出男人的特点；如果你还是单身一人，这对你以后跟女友约会有很多好处。

不同领域的一群人几乎每个月都会聚集一次，玩玩闹闹、谈谈生意、见见新朋友，要么在洛杉矶我的家里，要么在纽约某家宾馆的套房里，要么在洛杉矶某个朋友的家里。但我学习举办聚会这门艺术的地方却是狭小的剑桥公寓。

为了让聚餐收到良好效果，我首先要制定一个完善的策略，吸引各行各业的人们参加，既要能开阔我的社会视野，又要能让他们乐意再次参加。

不仅你我，我们每一个人都有一群生活与自己类似的朋友。但如果你总是与同样的人聚餐，你的社会关系永远得不到发展。与此同时，我们还要面对一大障碍。随意邀请陌生人，尤其是那些地位略比你高、经历略比你丰富的人，往往没什么结果。他们更愿意结交与自己背景、经历相似或者社会地位一样的朋友。

父母一般不会参加孩子们的聚会，除非孩子们特别希望他们参加。大学高年级的学生一般也不会参加新生和二年级学生的聚会。这样的规律同样出现在成年人的世界里。走进全国各地任何一家机构的餐厅，你会发现这个机构从管理人员到行政领导的各个阶层，分别集中在自己的团体里用餐。

为了让大家克服这种扎堆心态，促使他们来参加我的晚宴，我发明了一个挺好用的概念——“压轴主宾”。

在一群同龄朋友当中，每个人都通过自己的渠道与这个群体之外其他类型的朋友交往。我们都有比自己年纪大的，或者更聪明的，或者经验更丰富的朋友，只是多少不同罢了；他们可能是我们的顾问、父辈的朋友、老师、拉比（犹太教会堂的精神领袖）、牧师、上司或者老板。

我把他们叫作“压轴主宾”，其价值就在于他们与这个人大部分的朋友都不一样。他们认识不同的人，经历过不一样的事情，有很多值得交流借鉴的东西。

发现这样的宾客，请他们也来聚餐，并不是一件难事。你大概能联系到某个你认识的人，他差不多能愉快地接受邀请，这样就可以了。寻找这类人，你需要注意朋友的故事，注意反复出现的那几个名字。这些人往往就是给你朋友的生活带去积极影响的人。可想而知，他们也能对你产生同样的作用。

一旦确定了社交范围之外的目标，成功邀请他们参加晚宴，那么聚会活动就会更加有声有色。请主宾来压轴，并不是为了娱乐经常参加聚餐的朋友，他们总是会来的。邀请主宾让你不断接触其他社交圈子，请来一般不会参加这些活动的人。用公司餐厅的例子来说明，好比现在你让CEO跟经理同桌吃饭，而其他行政领导也会欣然接受这样的机会。

说得更直白一点，任何能给聚会增添活力的人都可以成为压轴主宾。我发现记者是不错的人选。他们的薪资不算高（所以喜欢免费的餐点），这个职业涉及很多不为人知的事情；他们总是在仔细搜寻好的新闻素材，把这样的聚会当作激发灵感的好时机；他们很多都擅长说话，喜欢把自己的想法说给别人听，抓住机会让别人传播出去。艺术家和演员，无论是否出名，也属于这一类人。如果请不到你喜欢的“贵客”，可以试试邀请权力人士身边的人：有趣政客身边的政治顾问、有趣CEO领导的有趣公司里的COO（Chief Operating Officer，首席运营官），等等。这些就涉及与大人物社交了。

一旦找到一位压轴主宾，确定适合参加聚会的人就成了关键。对我来说，受邀的人比较多元化，包括我今天想与他们做成交易的专业人士、我渴望以后能与他们进行交易的朋友，还有我称之为“散发淡淡诱惑的人”——他们精力充沛，活跃有趣，愿意分享自己的想法。当然，再加入一两位当地的名人有益无害。还有一点不言自明，你要让你的家人和朋友也参加。

政治专栏作家阿里安娜·赫芬顿是我很喜欢的一位客人。她既优雅又有趣，还很坦率。我是怎么找到她的呢？朋友埃琳娜·韦斯认识她公室里的工作人员，于是我给她发了一封电子邮件。我在邮件里表达了我对她的仰慕，告诉她我在洛杉矶办了很多有趣的晚宴，毫无疑问如果她能参加会让聚会更有趣。起初她只来喝一点儿鸡尾酒，开心玩一会儿；参加的次数多了，我们就成了好朋友。

虽然在这些宴会上一般都能达成重要的商业交易，但一定要注意不能请太多商业伙伴，也不要在交流中过多讨论商务事项。一直商谈预算和其他经营管理方面的繁杂事情肯定会让聚会变得死气沉沉。聚餐是为了建立良好的人际关系。

我发现把晚宴人数控制在6～10人是最佳选择。现在我常常邀请14个人，不过这是在我有了丰富经验作为基础之后才开始的。在宴会前后，我还会另外邀请五六位朋友来喝东西或者吃甜点。他们属于特别要好的朋友，不会因为没能被邀参加聚餐而感到不快，反而很高兴与大家聚在一起。在通常情况下，你发出的聚餐邀请会有20%～30%的人接受，因为会出现日程冲突。如果对方是因为要参加另一个饭局或者有其他约会而不能来，我会请他们餐前来喝东西、吃开胃食品，或者餐后来吃甜点、喝饮料。

这些“额外的客人”会在宴会结束前一点到。我准备好了折叠椅子，方便他们坐在桌边，吃些甜食，与其他客人说话。就在宴会气氛开始削减，大家开始看手表想着明天早上最晚几点得起床的时候，新来的一群朋友成了聚会的新动力。场面瞬间又热闹起来。

差不多这会儿，立体音响播放的音乐就可以换成现场钢琴演奏了。我不会大声宣布这个变化。在餐厅或者露天平台用餐的客人会慢慢注意到，客厅传来的音乐发生了变化。有时候不仅仅有钢琴曲，我可能还会请一位歌手或者一个年轻人组成的乐队来表演，或者多花点儿工夫在当地找找，看看有没有谁曾经是耶鲁著名合唱团Whiffenpoofs的成员。这些孩子很愿意拿一点合理的酬金为老校友唱几首老歌。

甜点端上来，乐队开始演奏。后来的客人也到了，夜晚开始爆发活力。有的人留在餐桌旁边，有的人聚集到客厅，与歌手一起唱起来。我知道活跃的气氛维持到深夜一两点之后，这次活动将圆满结束。

如果你喜欢吃东西，喜欢其他人陪在身边，你可以按照自己的意愿举办晚宴，无论环境怎样都会很棒。

我的朋友吉姆·布雷姆（Jim Brehm）是纽约一位很有品位的设计师。他在市中心有一所漂亮的独立公寓，每隔一个星期在那儿进行一次聚会，时间一般在周四晚上，客人多是艺术家和音乐家。顺便说一句，星期四是举行晚宴的绝佳时机：既不会打乱别人周末的安排，别人也愿意玩得晚一点，因为再过一天就周末了。

吉姆让“简单”透出“高雅”的能力让我十分惊奇。他的建筑和设计也有同样的特点。他家有一条铺着天鹅绒的长凳，沿着墙壁放着，还有几个黑色的单人皮革沙发。我们喝着香槟，听着弥散在空中的轻柔的爵士乐。到用餐的时候，我们走了几步，来到一个小型木制餐桌旁边，桌子造型简单，上面没有铺桌布，却有一对银制蜡烛作为装饰。椅子是可折叠的。每个盘子里面放着一碗自制的墨西哥牛肉酱，还有一片刚出炉的面包。吉姆会用冰激凌和香槟作为饭后甜食。简简单单，无可挑剔。

谁都可以举行宴会。让我来举个例子吧。马克·拉姆塞（Mark Ramsay）以前是我的商务经理。第一次见他时，他还在另一个商务经理那儿当会计，那个经理主要负责娱乐行业方面的客户。那时马克四处野营，生活并不开心，很想逃离这种状态。积聚了足够的勇气之后，他终于在25岁开始采取行动。我成了他的第一个客户。

马克经常参加我在纽约举办的活动。作为他的客人和朋友，马克会请我在外面吃饭或者看一场表演，感谢我帮助了他。几年之后，有一次我问他："为什么不请我到你家里去吃晚饭呢？"到别人家里去吃饭才是我最喜欢的。

他的回答再普通不过了，与我指导过的其他青年没什么两样。他告诉我："我永远不可能像你那样组织一次晚宴。我没那么多钱，住在破旧的单身公寓里，连餐桌都没有。"

"餐桌！谁需要啊？"我问。

就这样，我说服马克试一试。我还告诉他我会是他的主宾，建议他再请四个人来吃晚餐。我让他买普通的葡萄酒，不过要多买一些；用薯条和辣味酱汁作为开胃食品，或者用蔬菜蘸着酱吃。买一张普通的可折叠圆桌桌面，放在小矮桌上面。瞧！这就是一张漂亮的餐桌。

我告诉他不要担心烹饪的事情。从熟食店买一些沙拉和一只烤鸡就好了。再买些饼干和冰激凌作为甜点，酒要一直都有。

聚会很成功。马克邀请了一位准客户、我，还有我带去的一位朋友。现在我们三个人都是他的客户。

明白了吧，这类活动本质上只有一个准则：开心。下面还有一些要求可能对你有帮助。

1.创造主题

小型聚餐也应该有主题，一个简单的想法就可以帮你把食物和气氛联系起来。你真的可以为了任何事情办一次聚会。可以是为了母亲的肉馅糕、假期、小礼服（很少用，因为最好让大家感到完全舒适）、素食、特别的音乐——任何你喜欢的东西。知道你变得这么有创意，朋友会很激动的。

我记得几年前在《华盛顿邮报》上读到过一篇文章，里面有一个把聚会主题应用得很好的例子。故事发生在一位名叫佩蒂塔·赫斯顿（Perdita Huston）的女性身上。1987年，她被卡特总统任命为美国政府的志愿工作者机构和平队（Peace Corps）的区域总指挥，负责管辖北美、近东、亚洲和太平洋区域；此后，她开始每周举办一次只有妇女参加的晚宴。

晚宴为佩蒂塔填补了一片空白，她解释了这个想法的由来："因为我管理的面积十分广，我必须去各个地方。

"当和平队没有事情让我外出去处理的时候，我觉得在家陪伴儿子皮埃尔很重要，他那时才7岁。因为我要到处出差，我开始与很多朋友失去联系。我不想挨个儿与他们在餐馆见面，所以计划每周聚一次会。

"与此同时我还发现，很多妇女的处境跟我差不多：一个人生活，职位很高，工作中会遇到一些难题，私生活常常因此受到干扰。卡特政府的女员工在很多方面都是先驱，需要发展支持自己的社交关系，所以我把客人限定为女性。

"我所做的不过是周日增加一点烹饪工作，为周一将来参加聚会的12位客人准备好晚餐。我常常蒸粗麦粉或者用羔羊肉做汤，阿尔及利亚的穆斯林在斋月结束那天日落时，用这个来开斋，把它叫作'chorba'，意思是汤。但其实那种汤比较特别，喝起来很辛辣，完全不用再上其他菜了。我常常用很大的汤碗准备好，还有热面包和一大盘沙拉。甜点就是一些水果和奶酪。

"星期一的晚宴反响热烈，让我很激动。"她继续说道："我总会用我最好的瓷器、水晶烛台和银制烛台。换句话说，我对待这个宴会的态度与大部分女主人对待传统晚宴一样。

“我们在餐桌上讲话都很直率。一起讨论（或说争辩）美国的外交政策，或者说说女性在管理岗位上遇到的普遍问题，比如怎样对抗工作中他人对女性的偏见或者性别歧视。

“我们相互反馈信息，因为我们的经历特殊，我们可以让各种人群觉察到这些问题，提出可以联系哪些组织机构，或者制定出一些办法。因为伙伴们都很积极，这些晚宴对我们很多人都很重要。”

佩蒂塔住在华盛顿特区，她每周一次的聚会成为了这里的一种社交机制。聚会把思维相似的女性聚集到一起，大家经历过相似的艰难困苦，相互鼓励支持。你同样也可以做到。从普遍存在的现象中提出一个主题，可能涉及种族、宗教、性别、职业，或者任何别的方面，都可以让你的聚会因为额外的用意而特色鲜明，帮你吸引其他人。

2.发出邀请

虽然我组织聚会总很草率，会做出很多临时的决定，但是最成功的晚宴需要花时间和精力认真准备。无论是打电话、发邮件，还是写请帖，确保至少提前一个月发出邀请，这样人们才有时间做好安排，你才知道哪些人会来。

3.不要为厨房所累

在聚会上一直忙着服务毫无意义。如果你不能请服务生，要么提前把所有菜肴都做好，要么就点外卖。如果东西很好吃，你看起来又很有魅力，你的客人一定印象深刻。

最近我常常请服务生来帮忙。如果你愿意发挥一下创造力，花时间好好准备，你也可以低成本举办一次高雅的聚会。保持晚宴开支较低的关键在于保持简单。做一道大菜，比如炖菜或者墨西哥牛肉酱，提前一两天就可以准备好。上菜的时候辅以面包和沙拉就足够了。

当然，也许你想要的不完全包括在内。我还有一项消耗较大的东西就是酒品。我非常喜欢高品质葡萄酒。有酒我就会更兴奋。说实在的，上帝还能赐给我们比这更好的社会润滑剂吗？自从有酒以来，酒就是宴会上的最爱。重申一次，人人都有自己的偏好，我相信你用苏打水也能办成一次完美的晚宴。

4.制造氛围

确保花一两个小时装点一下聚会场所。请记住，不需要贵重的饰物或者罕见的玩意儿。蜡烛、鲜花、昏暗的灯光和音乐足以制造良好的气氛。在餐桌中央放一件漂亮的摆设。如果没有酒保或者服务生，就请家里的一个年轻人送送酒水。目的就是让客人感受到各种信号，明白现在是放松、娱乐的时刻。

5.忘掉庄重

大部分晚宴都不需要多么精致的东西。遵守“KISS”法则，即“简单就好，笨蛋”（Keep It Simple，Silly）。好吃的东西、好玩的人、好多的酒、开心的谈话，这就是成功的聚会。我衣着常常很随意，这样别人就不会感到自己过于随便。我的标准是牛仔裤和夹克衫，你的情况你自己定夺。

6.不要让夫妻坐在一起

晚宴出色的关键就在于适当安排座位。如果把夫妻安排坐在一起，气氛可能变得很无聊。你可以把他们混合在一起，让互不认识但可能兴趣相投的人坐在一起。我喜欢在座位上放上标签，让人们坐我想让他们坐的位置。每个标签就是一张写有客人名字的卡片。如果时间充足，我更喜欢在卡片背面写上一个有趣的问题或者一则笑话，客人可以借此聊起来。为了让聚会变得更有趣，你也可以去外面买一些有意思的贺卡。

7.放松

客人的感受会受主人影响，如果你过得开心，那么他们很可能也很开心。聚会当晚你的任务就是享受你的付出换来的回报。这是命令！

8.聚会后再联系

聚会结束后，通过电子邮箱或者私人联系方式把你对朋友的感激、聚会的照片，还有聚会最有意思的部分发送给大家（“密送”给每一位朋友）。采取这样友好的后续行为，是在帮助我们浇灌聚会种下的所有友谊之种，激励客人们也行动起来。他们也很感激你！

第四部分　数字时代的联系

CONNECTING IN THE DIGITAL AGE

○ 抓住边缘社交

○ 成为内容之王

○ 创造机遇

22 抓住边缘社交

不论人、事物，还是观点，总归万事万物都有联系，而关键是联系的强弱。

——查尔斯·伊姆斯

在最近一次聚会上，一位朋友对社交媒体大发牢骚。“基思，我快喘不过气来了！我收到的消息几乎全是垃圾，我都没时间照顾身边的人了。”他说：“我有真正的朋友，为什么还需要网上这些‘假朋友’？”其他坐在餐桌旁的人点了点头。

我明白这个问题。我们想通过科技与我们想结交的朋友、想学习的东西和想把握的机会更加紧密地联系在一起。恰恰相反，我们却湮没在他人大量无用的个人信息里，比如一个朋友突然想吃热的熏牛肉三明治，无穷无尽的自我展示和宠物特写，Zagat点评网上排名靠前的食物，漏水的水槽，等等。

有一个解决办法。你虽然完善了寄送圣诞贺卡的名单和密友的名单，但却很可能忽略了管理人际交往里面不可或缺的一部分——我们通过科技接触了自己圈子之外的人，我们可以把这种社交称为“边缘社交”。

边缘社交向来很重要，社交媒体时代怎么重视都不为过。如果你能有效地控制边缘社交，你会及时得到与你相关的重大信息，而且常常出乎意料。

当然，就在读这些信息的时候，你可能又收到三条具有启发性的搞笑言论，还有一张毛发内生*的图片。我们一起来看看。

下面是过去几天我的信息箱收到的推特信息：

@michaelhyatt 酷毙了："iPhone语音备忘录的App能用啊" @StuMcLaren，http://mhyatt.us/18rRolz。

@CoryBooker 我的一生都在迎难而上，现在我要进入华盛顿政界。看我竞选美国参议院议员的第一发宣传，http://corybooker.com/first-ad。

@Hummel_Chris 我人生最伟大的老师啊，您安息吧！玛格丽特·梅茨格的讣告，来自《波士顿环球报》。

@TonyRobbins 少年发明用手掌温度充电的手电筒，http://www.nbcnews.com/technology/teenager-invents-flashlight-powered-warmth-your-hand-6C10485762。

@Seanstitutional @denniskneale 最强提示：在麦当劳可以点任意东西加生鸡蛋，而不是鸡蛋粉；收银台前的尖叫声真是值了。

@GuyKawasaki 社会企业家：沃顿商学院免费入学资格，http://wdp.wharton.upenn.edu/books/social-entrepreneurs-playbook。

@CiscoCollab 高级管理人员辩论#云协作如何发展商业#信息图，http://cs.co/6017ZHJh。

@Accentrure 挪威电信公司Telenor选择与埃森哲咨询公司（Accentrure）合作，推行全球共享服务计划，http://bit.ly/19WQpkV。

---

* 毛发内生指毛发倒卷刺入皮肤或沿着表皮下层生长，可能伴随毛囊炎发生而呈现红色隆起的疙瘩。

这些东西在你看来或许没什么特别的，但对我而言正相反，而且还是关键！我设置了在线网络服务，把针对我的和对我有用的信息发送给我，包括各种人员、资讯和机会。在这类推特信息里，我发现：

· 一个有用的工具：正是那款我需要的，用来记录我在机场排队、在出租车里或者做其他事情时想到的话。

· 提醒我帮助朋友：科里 · 布克（Cory Booker）的推特提醒了我，我要代表他发几封邮件。

· 影响客户的个人信息：某天一位重要客户很悲哀；我发送了一条问候信息，让他私下讲讲遇到的事情。帕特 · 罗康托去世时我也这样。

· 客户动向：商业上有了新的合作关系，我会注意，并且下次见面时祝贺他们。

· 有用的机场贴士：我其实不知道这条推特信息，但是你可以相信下次我在机场吃早餐，又没有选择时，我会试试这个办法。有时候这些细微之处真的会让我的一天发生很大变化。

· 分享点滴家庭生活：我喜欢激励人心的故事，我们坐下来吃饭时，托尼会讲一个少年发明家的故事鼓舞我儿子，尽管他老眨眼睛（必然嘛）。

· 利益信息图：现在我面对的主要工作就是虚拟合作，我还要与一位潜在客户通过网络展开工作；上次我们见面聊过之后就开始建立虚拟合作关系，所以我当然得登录。

浏览邮件、推特、领英和Facebook，我可能第一眼会看到埃森哲咨询公司做的报告，接着就是一篇把慈善和营利性商业事务联系起来的专栏文章，然后是一幅《纽约客》的漫画，等等。其中有些我会转发给别人。

在管理网友这一方面，我用了泰勒 · 考恩（Taylor Cowen）称为“每天自己组装经历”的办法。考恩是一位顶级博主，写了很多经济学方面的文章。我把它叫作我的“学习网”。这些信息放在一起，虽然看上去没有联系，但是我从中找到了合作伙伴，建立了联系，还对自己和世界有了很多“新发现”。

这些数据流代表真实的人，我读到的每个字、回应的每句话都在穿针引线，把新的社会资本带进我的网络世界。与此同时，我变得更加聪明，与大家联系得更加紧密了。

边缘社交的力量

曾经，所有重要信息就掌握在几个重要人物手里，其他人挤破了脑袋才能得到。与这些人建立了联系，你就能分享这些信息，而这些信息具有一定特权，就像有些信息能让你参与内部交易一样。

了解正确的对象十分重要，你要确保他们认识你，值得庆幸的是，这场游戏现在越来越公平了。信息贬值的速度很快，交易信息比储藏信息更有意义，有价值的信息源源不断地涌现，而且免费。学会了挖掘信息流的价值，你就对打开了那扇合适的门拥有了特权。

这就要求你学习怎样建设、经营社会关系地图上面偏远的疆域，就是由比较微弱的朋友（甚至还不是）关系构成的社交边缘，这些关系之中蕴含着大量创新和价值。

而今，你已经不再受时空限制。你可以在无边无际的虚拟世界里遨游。不借助任何东西，除了共同的兴趣爱好和好奇心，轻轻一“点击”你就能自由进出新德里的工程师训练基地，或者人们在智利山里徒步旅行时搭建的住所；不仅能立即介入某一个人的思想，而且还能吸引其朋友集体的注意。

检测这一项新优势的工具还很简陋，但是效果很明显：我们使用推特、Facebook和领英，它们有类似仪表盘的作用，清楚地显示着社交圈子的强弱指数。

你得到的信息能不能让你开怀大笑？为你鼓舞打气？带给你惊喜？让你增长见识？帮你提升身体健康状况？给你找工作？

这是可以的，也是应该的。现在你可以运用一群人的智慧，这远远超出了你能培育的实际朋友关系的范围；结论就是朋友圈的跨度和结构都很重要。

见一见新型社交达人

几年以前，我的名片盒子里就装着5000张名片，人们都觉得我是个疯子。现在这很平常，那些忽略浅交情隐藏的价值的人才是疯子。即便如此，我还不是最会或说最擅长利用社交媒体撬动边缘社交的大师。换句话说，我不是罗伯特·斯考伯（Robert Scoble）。

斯考伯代表一种新生的社交人才，他们是数字时代的原住民。他一度以微软公司内部的博客写手而闻名于科技界，为我们传播科技的福音。现在他在全球三大云计算中心之一的Rackspace公司联络与新兴公司相关的事情，基本上每天都与创业人士见面谈话，然后写成博客。根据《福布斯》排行榜，他是第六位最能“发挥社交媒体影响力的人”，不过最近他最出名的还是那幅戴着谷歌眼镜淋浴的照片。

或许你会感到好奇，但他可不是千禧年之后出生的，他已经48岁了。这说明能掌握边缘社交的并不只是那些很小就有Facebook账号，并在上面成长起来的人。

斯考伯是管理庞大边缘社交网的大师，他大约有4万个朋友，再加上他在推特网上的好友，会聚成了一股重要的核心技术流，其巨大的价值让人难以置信。这4万人都是他主动交往的人；加上被动交往的人，他的社交圈大约有40万人。

下面说说他的做法。我和他都参加了达沃斯每年举办一次的世界经济论坛。我参加这种大型活动的时候，把绝大部分注意力都集中于建立关系，结交那些我计划认识的朋友。每见到一张陌生的面孔，我都希望影响我们交流的障碍尽量少，于是我们最终都会把电子设备等东西收起来。我把所有能量都用于为我们再次见面（假设会）奠定坚实的基础。随后电话再次出场。“你知道吗，我有一个朋友……”

斯考伯关注的焦点完全不一样。他善于对现场进行观察和描述。迅速决定与谁交谈，找到有用的信息。如果他认为这个人值得交往就会把他加为推特好友（在达沃斯，当然都是值得交往的人），然后用访谈视频和评论的方式把重要的信息展示给所有粉丝和关注他的人看。

“我跟他们都没有深厚的交情。”他会告诉你。

他是社交傻瓜吗？其实不然。只不过他唯一的重心在于挖掘边缘社交的价值。斯考伯很受技术界青睐，他能左右很多事情，现在已经化身为人们嘴里经常提到的“好人”。他的推特被成千上万人关注。做着网络怪才梦寐以求的工作，他在全世界搜寻“能改变世界的新兴公司”。

然而，真正的价值并不在于有了新朋友或者新同事，而是蕴含在总体当中——边缘社交圈不断扩大，信息交换也不断增多。他在提供让人难以想象的价值，尽管他那广泛的社交圈与社会活动无关，也不是个人专属的。可是，它不仅价值巨大，而且可以实现双赢。没人被逼着关注他，但他的粉丝却成千上万，因为他总能提供很多重大消息，而这也就是大家关心的：技术。

有一年达沃斯年会，我正忙得不可开交，为了名单上我想见的人物像往常一样努力做着工作，而斯考伯却受到风险企业大亨的款待，因为他们想让他参与创建自己的新公司。他们需要他知道的信息，因为他精心管理着新兴公司和科技动向方面的信息流，时时刻刻都在这条信息长河中遨游。除此之外，他们还想让其他人知道自己掌握了他的信息。这是一出喜剧，还会产生巨大的回报。

因此，如果你认为斯考伯拥有的信息流只对那些没有社交资源的围观者，那些为了利用他之前提供的路径而跟着他的粗人才具有价值，那你就大错特错了。

你不用变成斯考伯，但能从他身上学到一些实用准则，告诉我们如何通过社交媒体建立并撬动边缘人际关系。

做矿井里的金丝雀

如果你小时候得过“天花”这种病，你就很清楚疾病在人们之间传播得多么迅速。多谢人际交往专家的研究，我们现在知道，思想就像疾病一样容易传染。“感染”你的思想越多，你越可能抓住引发未来重大发明的那一个关键想法。

为了确保患上“信息流感”，你就要给自己织一张稠密的人际网，并把自己放在网中央。这正是风险企业想与斯考伯交好的原因。哈佛医学院的教授尼古拉斯·克里斯塔基斯（Nicholas Christakis）称他为“资深长辈”，暗示他有近乎完美的人际网，可以保证他第一个得知下一个伟大新兴公司的动向或者流行的新科技发明的事。

我们生活在人际交往当中。有意识地塑造起来的关系网，决定了你得到的信息将具有哪方面的价值。把你的社交网变成培养皿，你就在中间成长。社交媒体让你能够在自己从事的行业里，织出一张紧密的人际关系大网，铺向四面八方，而所有通道最后都与你相连。

浅交的超能量不断增强

过去十年，我极有可能花了几十万甚至上百万美元请助手或者买数据，寻找处理边缘社交那些弱关系的办法。但是我是网络世界之外的人，现在互联网让每个愿意花心思的人都能高效捕捉到大量这类信息，并追踪和互动。这真的是一件相当神奇的事情。前面的章节提到了马克·格兰诺维特，让我们知道了浅交能带来莫大的好处。信息是流动的，并且带着发明创造，这是从没有过的事情。

再强调一遍，这根本不会否定深交的重要性。你需要你的朋友，我称他们为“救星”，这种忠诚专一的人际关系一如既往。但是在社交媒体当中，新型“大赢家”保持的人际关系不是250种，而是25000种。

那么你应该怎样管理自己的虚拟空间，成功地定位、锁定、联系、处理边缘社交关系呢？

把音量调大

要战胜你对规模的恐惧。不幸的是，人们对人际关系网有一种很常见的误解：结交社交圈边缘的朋友多少会影响真正的朋友关系。一派胡言！

事实是，网络上的人际关系很容易批量管理，而亲密的关系却总需要一对一单独地培养。大部分评论家把二者混淆起来，说什么“看吧，看看社交媒体都干了些什么；现在这些孩子有5000多个‘朋友’，但是没有真正的友谊”。

与此同时，这些“孩子”——那些做得对的，拒不承认这两个概念相互排斥——一方面拥有一小群很要好的朋友，他们的关系既稳固又密切；另一方面还有一大张多种多样的社交网，他们可以获得所需的资源、信息和人力，解决意料之外的需求。

扩大社交规模吧，但是要创造一套帮助你管理、过滤人际关系的结构，还要养成分辨信息和噪声的习惯。不要每个人都关注。斯考伯曾提到过，对于他关注的人，“我知道我关注他们的原因。我只关注那些很早开始转变的人、革新的人、经理董事，或者在科技行业有重大影响力的人。我既不会关注体育明星、电影明星，也不会关注政治家”。

我唯一的指导就是我的人际关系行动计划。你也应该如此。我总会把我的目标放在桌面或者手机屏幕的中心位置，指引我向这个方向发展人际关系网，告诉我应该怎样使用社交媒体。

技巧在于反复在人际关系行动计划最核心的那50人或150人与更大范围的朋友圈之间切换交流活动——前者是你想建立真正友谊的对象，而后者则会为你带来新想法和新信息。在现代技术的帮助下，你很容易做到，因此一旦社交计划的目标变了，你就可以从外围广大的社交圈当中吸收资源，转移核心社交圈的焦点，从而培养一个新的社交关系核心。你不断关注、拓展外围的大社交圈，同时把精力聚焦于核心社交圈。

我用问候朋友的做法处理边缘社交关系，也创建了动态分类和优先等级。各大社交平台都可以做到这一点，要么贴标签，要么设置名单。我在社交媒体里的“1”类朋友，都是行动计划里我想要立即建立交往关系的人，所以我会找机会与他们单独交流，无论是线上还是线下。“2”类和“3”类都属于边缘关系，我与他们的交流活动大部分都是通过推特、博客和消息邮件等方式完成的。我经常有规律地浏览“3”类朋友的信息，在这儿我可以得到最棒的想法和信息。

强调多样性

社交关系具有多样性，可以激发集体的智慧。这是密歇根大学的斯科特·E.佩奇教授（Scott E.Page）研究了20多年得出的结论。佩奇发现，如果一间屋子里全是一类人，比如说医生，而隔壁屋子里的人则来自不同领域，即使前者屋里的每位医生都绝顶聪明，后者表现的集体智慧都会比前者高。

“高智商一组的个体可能会更聪明，但在衡量集体智慧的时候，多样性比单个人的脑力更加重要。”作者史蒂文·柏林·约翰逊（Steven Berlin Johnson）在他的书《未来的美好》（*Future Perfect*）里也这样说过。

广泛搜罗人海结交新朋友不仅仅需要聪明，更深层地说，关乎成长。威廉·泰勒（William Taylor）是变革管理理念的权威，与别人合作创建了《快公司》杂志，他曾经写道："你之所见决定了你怎样改变。"

我们看待这个世界和自己在世界里的位置的时候，总会在某一刻感觉自己陷入了刻板僵化的生活。我们自己给自己解释工作的意义，领会公司的意义，感悟同事的价值——这些故事就成了我们的现实。我们自己让我们所知的东西限制了我们的想象，结果就是丧失想象力。你的工作可以是什么样子的？如果有新的发展方向，公司可能会发展到什么地步？如果你身边并不全都是20世纪八九十年代的年轻人，而有一些六七十年代的人，你怎么做出下一个重大决策？

你之所见决定了你怎样改变。就像在真实社会那样，我想为社交媒体世界补充一句：目光聚焦之处决定了你的见识。

因此，想办法让你的网络社交圈富有多样性吧。在网上很容易做到，几乎没人会阻碍这样的做法。人们的社交圈是有机地成长起来的，吸收了来自家庭、学校和工作等环境的养分，最终把信息反馈变成了社交媒体里的电视频道，除了重播再没有其他内容。

下面有一些有针对性的建议，可以帮助你扩大从人群里传来的有价值的声音。

迅速审查你收到的信息，不管你的“每日阅读”里有些什么东西。朋友在背景、职业、地理位置、年龄和种族方面有没有多样性？如果没有，就从边缘社交圈里选一些作为重要朋友。不断探索能够把你带出传统模式、让你结交新朋友的活动。看看前面，第21章“寻找压轴主宾帮忙”。

对推特和Facebook上的朋友认真仔细地分类：艺术家、企业家、技术专家、杂技演员等等。想想任何你感兴趣而平常常用的名单上又没有的人。每周都要安排相对固定的时间仔细查看名单。看看这些人与哪些事情有联系、分享了什么信息，然后扩充你的名单。

看看其他领域有哪些有趣的专业人士和领军人物，研究他们的博客、书籍和商业媒体，找到他们获得成功凭借的东西，然后有意识地思考怎样应用他们的思想来解决你所面对的问题。就像创意狂人说的那样，“借鉴并改变”。

线下活动是最好的网络过滤装置

大家都知道斯考伯是个技术怪咖，但是不要误认为他属于黏在办公椅上那一类人。他在扩大网络社交圈时，最重要的筛选工作却是通过现实世界完成的——他常常参加那些大型会议和行业聚会。他在实际生活中通过“一次与很多人交流一小时”来验证人们的信息。在聚会上，“我会直接找不认识的人交谈，因为这就是我建立社交关系网的方式”。

斯考伯不仅是推特专家，还擅长迅速发现人们会向他提供什么信息。“了解人们是什么人、为什么样的公司工作、对什么事情富有激情、在生活中扮演什么样的角色，这些信息为我创建了一个围绕他们的关系网，特点十分突出。”他如是说。

在面对面交流的过程中，我们能获得对方相当丰富的信息，比如他们长什么样儿，行为举止如何，说“西红柿”还是“番茄”，等等。不过，还不限于这些。在生活场景里，我们不能匿名或者编辑好了自己的信息才点击发送，现实更加真实，这足以让人信服，就像你遇见过的那些情况（可能）也这样。

最出色的线上社交在虚拟和现实来回切换，并且不会过多偏向任何一方。我们可以从经验中得出一个结论：线下活动可以用来建立最初的联系，而线上互动则可用于维持联络。

值得注意的是，即使是边缘社交大师，斯考伯在与密友保持联系这一方面也有自己的策略，并且是通过现实生活实现的。他和最要好的朋友每三周聚一次，喝啤酒聊天，以便赶上伙伴们的节奏。

拥抱小圈子里的名人

你听说过娜塔莉·莫利亚·尼诺（Nathalie Molia Nino）吗？大概没有吧。如果你是纽约城里的一名女企业家，就很可能知道她。曾经有一名纽约的读者寄给我一本由她的时事简讯构成的杂志，觉得我会感兴趣，我因此知道了她这个人。

娜塔莉就是小圈子里的一位名人，虽然在大范围熙熙攘攘的人群里面并不出名，但却在对她的事业极其重要的人群当中很有名气；她的使命就是帮助妇女开创自己的商业机构。作为TED巴纳德学院女性组织

（TEDx Barnard College Women）的创建者和管理者，娜塔莉的社交关系方便她找到资源办成事情，并且保持高效，而她自己就是这些社交活动的核心。

通过努力，她与许多大人物建立了合作关系，比如格洛丽亚·费尔特（Gloria Feldt），美国生育健康服务公司Planned Parenthood的CEO；芭芭拉·科克兰（Barbara Corcoran），真人秀节目《创智赢家》（*Shark Tank*）里的不动产大亨；基蒂·科尔贝特（Kitty Kolbert），巴纳德学院雅典娜领导力研究中心的负责人，生育健康服务组织诉凯西案（Planned Parenthood v.Casey）的律师——这个案件因为支持罗诉韦德案*的判决而闻名。这些女性的帮助可以让她的活动产生更大影响。

娜塔莉不是通过病毒似的视频赢得声誉的。尽管人们确实期望在她每天更新的Facebook照片里看见她的两只松狮狗在纽约城里转悠。她提供独一无二的服务，即把没有秩序的事情组织起来，在差别巨大的各个网络社群之外创建共同体。

猜一猜结果如何？她就在培养皿的中心位置，她特别擅长社交。

小圈子里的名人或者从本质上说，获得这个名声所做的工作，强化了你与人际关系行动计划目标人物的关系，同时保持了你与社交边缘的联系。通过创建自己的人际关系行动计划，你就有了新社交关系的示意图。你会介绍其中哪些人相互认识？当然，让这个圈子里的朋友走得更近不仅会让你受益，也会让所有人受益。

在这个基础之上发展吧，找到把各个圈子联系起来的办法，还有把圈子和其他可能从中受益的人联系起来的方法。想想电子邮箱里的收件人名单，领英里的群组，Facebook上的兴趣主页，有人发过言的晚宴、研讨会、互助小组，把它们按照需要从虚拟世界转换到真实社会，积累

---

* 罗诉韦德案经美国最高法院裁定，承认妇女拥有堕胎的权利，政府不得给予不当的限制性干预。

力量，拓展深度。

一起想办法创造价值。分享信息是很好的起点。找出你们的微型社交圈需要与哪些著名专家交流，把联系上他们作为你的工作。找到与他们相关的研究、新闻以及大事件，第一个分享出去。一起做些事情。

在互联网的帮助下，现在让人、资源和机会保持同步比以前容易多了。这是我们这个时代的计划。那么你的贡献又是什么呢？

找到答案，收获成果。

“小鱼”的价值

如果你很想获得成功，就不要把所有社交媒体都聚焦于吸引名人或者影响重大的人来支持自己。我知道你想在网上与大人物建立关系。但如果你把所有时间都用在这上面，试图用最有趣的推特信息来引起理查德·布兰森或者马克·库班（Mark Cuban）的注意，那你可就做错了。你被他们注意到的概率几乎为零，虽然我相信在很多情况下人们对任何人都很友善，但如果你的工具只有推特和Facebook，这就很困难了。领英创始人里德·霍夫曼（Reid Hoffman），每天会收到50封带有某种意图的邮件，发件人都想说服他给自己投资。你知道他投资过多少次吗？一次都没有，因为他还有另外50个人推荐给他的投资机会。

还要记住，社交边缘的重要人物与实际生活中的样子并不总是一致的。他们很渺小，散落在社交圈子外面。他们处于饥饿状态，工作热情很高，大集体的期望和文化也束缚不了他们。

因此，白手起家的时候，忘掉那些大人物吧。你的时间应该用来研究明天的大人物。不要把目光放在大家都在看的地方，别用大众化的筛选工具，包括正式证件、推特粉丝数、昂贵的网页设计等。与之相反，要去寻找伟大的想法、少见的智慧、新鲜的面孔，还要开放思维，接纳双向的社交关系。

建成联盟，很有可能5年或者10年之后，你们就都能更好地帮助对方了。即使他不会成为下一个肖恩·帕克（Sean Parker），你也会多一个真正聪明的朋友——对他投资总会得到很大回报。

驯服领英

“你全做错了，基思！”这就是我告诉里德·霍夫曼我如何使用领英之后，他回答我的话。

因为我是一个作家、演说家，陌生人在推特和Facebook上面找到了我，然后每天都关注我，但我却什么事情都没做。这不是领英应该有的表现，我要在这儿“收获”新的社交关系。

领英有一套封闭的社交圈，原因很简单：为了让这个社交工具发挥介绍大家相互认识的作用，人们的联系必须有意义。你自己验证每一条请求信息，如果有人对你说“你愿意介绍一下我吗？”你就能衡量要建立的连接关系会不会实现双赢。

这么多年来，我同意了所有的连接请求，很高兴我的联系人多得数不清。但是因为现在所有陌生人也在那儿，我总是面对一种尴尬的情况：我不认识的人请我把他们介绍给其他我不熟悉的人。这在现实生活中从来没发生过。

吸取我的教训吧，只连接足够熟悉的人，这样你才有信心把他们介绍给其他朋友。不需要检查他们的背景，但是他们不能只是随机出现的数据点。如果他们突然找你帮忙应急，你会很高兴帮助他们渡过难关，而如果你像他们那样做，也不会感到不舒服。

掌握了在领英上面介绍别人的艺术，你很快就能上升到“超级社交联系人”的地位。网站会追踪第一等、第二等和第三等关系。也就是说，领英让你有机会与成千上万个新朋友连接在一起，前提是你想好了要这么做。里德·霍夫曼在他的书《至关重要的关系》（*The Start-Up of You*）中提出了一条建议：每个月至少有一次质量很高的介绍。如果你能让介绍变得有价值，那么多多益善。

在领英上联系其他人时，你可以直接提及他们的相关信息，以此表明你认真读过他们的个人信息。在线约会网站OKCupid里面获得回应最多的邮件，都有类似这样的话，“‘你提到……’‘我注意到……’等，也就是那些表明这个人仔细阅读过其他人个人信息的语句。”雷德这样写道。

约会与商业活动一样，有针对性的联系往往总能战胜一般的诱惑。

对“喜欢”上瘾

如果你使用社交媒体难以实现既定目的，这也很常见。形象地说，Facebook是互联网的巧克力，让你说出自己的想法，然后不断吞咽“喜欢”，随后多巴胺需求量猛增。我们大脑接受奖励和感到愉悦的神经中枢就像圣诞树似的亮了起来。

人们倾向于谴责科技，认为科技让我们养成了不思考的习惯，但真相是，我们一直都是这样的。生活充满压力，有时候笑一笑就能解决问题（给你自己加上“选择”这一种“药物”）。社交媒体不过是又一种好吃的食物，现在供应已经远远过量了。

我喜欢偶尔整天不上网，远离各种联网设备，读读书，写写文章。一开始并不容易，虽然我的大脑对网络很感兴趣，适应过来的速度也比你想象的快得多。

就我留给社交媒体的时间而言，大部分不会产生更多价值，比如乘坐飞机、火车、汽车的时候。生活中的这些小片段也是我问候别人的时间。

社交媒体战略应该引进一项要求：留心。登录后，尤其是在工作日，你应该确保这段时间让你离实现目标更近一步。

理解机会

有一天我在洛杉矶开车时，停在了一个停车标志前。旁边一辆车的驾驶座上坐着一个女孩儿，正目不转睛地盯着苹果手机。看起来，比起注意道路标志和留意过往川流不息的车辆，手机里的内容更能吸引她的注意。

我们都坐在车里等一位行人过街。他似乎永远也到不了马路对面，为什么这么说呢？因为他与我旁边那位司机一样，都沉浸在了手机的世界里，那个世界才是他们最终要到达的目的地。我看见他的拇指来回滑动，脸庞几乎贴在手机屏幕上，完全忘掉了周边环境。终于手机打败了走路，看完了手机他才继续前行。

如今，人们的生活中到处都充斥着各种消息。消息散发着不可抗拒的磁力，引起了各种各样的社会问题。最显而易见的就是诞生了一批糟糕的司机和一群在宴会上表现更糟糕的宾客。

然而这就是现实，我们就生活其中。所以，如果你想让别人注意到你，无论是顾客、同事，或者朋友，你最好学会利用这种消息流与他们交流，而且要跟得上手指翻屏幕的速度。这是你提升自我价值最快的方式，因为你的信息正是他们一直苦苦寻找的。

分享重大信息，让他们大笑或者大叫。有很多办法让你出类拔萃，你应该找到你自己的方式，并且坚持下去。下一章就讲这方面的内容。

这一点是重中之重，因为当你面对下一个客户或者关系时，你可以确定一件事：他们的目光集中在他们获得的信息上面。

23 成为内容之王

无论借助多么强大的科技构建自己的社交圈，无论积累了多少信息，只要你得不到别人的信任，实现梦想的信念就会受挫。

为了在网上建立信用，为了超越你自己有限接触到的人，你需要找到一种方式，让你在网络世界里把自己的性情展现出来，做好了这一点，你就能与他们拉近距离、建立联系。这是能够实现的，而且必须实现。

克里斯·哈德菲尔德（Chris Hadfield）是一位加拿大宇航员，2013年他在国际空间站工作了一段时间，当时报纸头条几乎全是商业力量进军太空的新闻，比如理查德·布兰森的维珍银河号太空船（Virgin Galactic）。没人注意到他，直到哈德菲尔德开始用推特讲述他每天在空间站经历的生活。在其中一段很受欢迎的视频里，他似乎在太空里大喊大叫。他还发布了视频链接，可以播放自己在失重的状态下演奏英国著名摇滚乐手大卫·鲍伊（David Bowie）的歌曲*Ziggy Stardust*，这时候他似乎叫得更大声（也让地球上的人尖叫起来）。鲍伊甚至在推特上回复了一个击掌庆祝胜利的动作。与此同时，他身边还有5位宇航员，我说不出他们的名字了。

我们要讨论的是“内容”，它是在网上建立信任关系的重要载体。通过具体事情，人们会了解你是谁、是什么样的人、想要什么、能够提供什么、酷不酷等。文章、博客帖子、简介、状态更新等，每一点与你以及与你的名字相关联的东西汇总起来，就会形成别的东西。

互联网不再只传递当下的信息，比如疯狂的司机如何出事，哪家餐厅的美食最受欢迎。随着我们分享和更新信息、照片，我们给自己的网络生活和过去留下了线索。我们现在不仅能讲述正在发生的故事，还可以告诉别人我们到过哪里、分享过什么，以及将来可能发生什么。

那些在适当时间、通过适当方式、用最好的办法来管理这些信息的人，能够创造出范围最大、获益最多的社交圈，可以带来很多、很不错的机会，而且如果需求提升了，他们也已准备好推动自己的事业。

信任的计算方法

创造吸引别人阅读并能让你建立信任关系的内容，需要你吸收在真实生活中帮助你建立人际关系的核心价值观念，并就此与大家交流。这是我的计算公式：

包容度+脆弱性+责任心+公正度=信任

很多人都有一种误解，以为自己在网络传播的东西应该只突出他们多么完美、多么伶俐、执行力多强。他们认为人们对他们的信任决定于他们能否展现自己的诚意，或者能否晒一张衣着搭配合理的头像。

这些东西当然会有帮助，但是仅止于此。

一段时间以前，我去一家摄影棚录了许多教学视频。我做了发型、化了妆、用了灯光、穿了最好的西服，准备好了一切，除了头后面一排看上去很重要的书籍。我想让大家认为我是专家，对吗？可当我看视频的时候，我却发现化妆师努力要消灭一颗青春痘，竟然把我变成了真人秀《泽西海岸》（*Jersey Shore*）里的一个临时演员。我的肤色也成了橘色的！最终我们在我飞机上的办公室重新录制了视频，虽然灯光效果可能不是最好的，但是我很轻松自然（而且肤色也很正常）。这些视频棒极了。

我不是指皮肤橘色的人不值得信任，而是说：你自己越真实，人们越相信你传递的是真实的消息。边缘最好保持粗糙，不要打磨成光滑的平面。

因此，如果你曾经试着在网上把自己塑造成一个光鲜亮丽、人际关系发达的人，结果却要么绝望地举手投降，要么看上去像个骗子，那么你该放松下来，试试新的东西。

探索最本质的诚实

在金融领域探索“精神”问题的权威人士詹姆斯·阿尔图切尔（James Altucher），就把他粗糙的边缘关系转变成了信息丰富的“帝国”。阿尔图切尔并不完美、伶俐，人际关系也不够发达。实际上，他的成长史就是一部惊人的失败史。与其说他的穿着像华尔街的人，倒不如说更像占领华尔街的人——如果占领华尔街运动会雇用一个IT的话。除此之外，阿尔图切尔所说的话一定会让一些人感到厌烦，常常还都是有些身份地位的人。

这些看起来像是缺陷，但实际上帮助阿尔图切尔聚集了一个忠实的粉丝群，成千上万人都会阅读他的博客。他的大门对谁都敞开，无论是极其神秘的对冲基金经理史蒂文·科恩（Steven Cohen），还是美国电视节目《我为钱狂》（*Mad Money*）的主持人吉姆·克莱默（Jim Cramer）。他不但建立了深厚的友谊，也结交了竞争激烈的腹黑友*，同时还在多个领域重新塑造了自己的形象并探索了自己的事业，一次次赚到上亿资金，又一次次投资失败。

阿尔图切尔在最开始写的博客里展现了他金融分析的才华，由此名声大噪。他分享了很多股票、金融和经济方面的文章，但是博客的浏览量并不高。随后不到一年，他便开始尝试其他不同的东西。

“一开始我就很诚实，对自己的恐惧诚实，对关切诚实，对忧虑诚实，对过往的失败诚实——我以前经历过一些重大失败。博客浏览量可能上升了20000%，我一点没有夸张，仅仅因为诚实。每天都有人打电话为我提供机会。”

阿尔图切尔最受欢迎的文章有：《希望我的孩子是瘾君子》（谈论热情）、《亿万富翁的三个故事》（谈论金钱和幸福）、《瑜伽让我丢尽了脸》（谈论与练瑜伽的妻子参加瑜伽静修的经历），以及《怎样变成一位有影响力的失败者》（谈论被大学抛弃的事）。

你没必要采用“通过震慑迅速取得支配权”这一办法聚集信任自己的人。但是你确实需要找到一种自己的方式来承载你独一无二的东西，它们既真实又有价值，而且充满GVAC——这是我对包容度（Generosity）、脆弱性（Vulnerability）、责任心（Accountabity）和公正度（Candor）这些重要特征的简称。

很多人误认为，广泛宣传自己获得的成功是建立信任的唯一或最好的方法。阿尔图切尔说：“他们担心如果告诉别人，自己亏了一笔钱，或

---

* 腹黑友是指表面和气、背地里是敌人的关系。

者失去了妻子；又或者因为金融危机，曾于某一天痛哭流涕，人们因此便不再尊重他们，也不想再与他们继续合作了。”

他说，其实这些不全是真的，因为最终，你散发的人性之美会吸引人们认真听你说话。此外，你承认自己跟大家一样是普通人，这能促使大家相信与你相关的其他事情。

“人们大部分时候在竞争时都不诚实。这并不就意味着他们在撒谎。这只是说两者的界限较难把握。”阿尔图切尔说：“如果你超出了这些界限，对同事、竞争对手和潜在的顾客都真正做到了诚实，那么你一下子就在竞争中脱颖而出。于是大家都明白了，这才是真实的你。”

在类似的人类关系当中，恐惧催生了防范风险的措施，即人们避免把自己暴露出来：慷慨地付出、直率地表达看法、展现责任心、直接面对另一个人、为对方全力奉献自己，因此要承担被拒绝的风险。

在互联网上，好的东西面临着同样的风险，比如尴尬、拒绝等等，但也存在潜在的回报：联系、欢笑，甚至爱情。你面对的挑战就是大胆地面对这一切。

对于怎样让分享的内容具备有利于人际关系发展的特点，下面有一些意见。

包容度

网络世界里的包容度表现为愿意付出，还有接受。这也是一种慷慨的精神，愿意出现、倾听、分享自己最好的想法。大度总能让一个人从“冷漠”转变为“兴趣盎然”。

开始谈话前已加入其中

加里·维纳查克（Gray Vaynerchuck）凭借葡萄酒餐饮视频网WineLibrary.TV成为出名的社交媒体大师，当初决定通过推特推广自己家的酒店时，他并没有马上注册，然后像一些营销人员那样每天推送十条信息，炫耀他的夏敦埃酒多么好。相反，他不断搜寻围绕葡萄酒正在进行的聊天对话，然后加入其中。他会把自己对葡萄酒的热情分享给其他爱酒人士（比如我），在可以出现的地方提供了很多帮助，同时还了解到正在推特上谈论葡萄酒的人们关心哪方面的东西。就这样，他不断吸引粉丝，让人们满怀期待地点开他的视频链接。加里谦逊而活泼的个性在这些视频里一览无遗，“这个人在做他自己的事情，看他的视频真有意思”。

加里经营的公司价值好几百万美元，后来还出了几本畅销书。可他仍旧是他，尽管现在对社交媒体谈得比葡萄酒多一些。我希望他还在喝酒啊!

用有分量的语言说话

现在我们都在争夺一种稀缺的资源——大家的注意力。随着信息不断流过，我们只有一眨眼的工夫督促某人点击我们的而不是前后其他人的链接。清楚、高效地介绍自己以及存在什么关联，并且发挥出影响力，这才是扩大自己与他人的区别度、增加自己影响力以及引起别人注意的关键。

即使想法不错、产品很好，仍然远远不够。拿饮食类书籍《碳水化合物适度的饮食》（*The Moderate Carbohydrate Diet*）举个例子吧。你听说过这本书吗？大概没有。虽然书里很多观点很棒（至少在饮食类内如此），这本书出版时，反响比较沉闷。经过重新包装，以《迈阿密饮食法》（*The South Beach Diet*）再出版时，这本书成为一种文化现象的代表。

你传递到世界里的信息，需要使用有效的语言表达。告诉人们你是怎样解决他们同样面对的问题的。从读者的角度来思考，回应他们的需求，这就是大度，而人们也会因此阅读你的东西。

标题都是高音部分

再强调一遍，如果你认为你分享的东西对人们有价值（这应该是你分享内容的首要规则），包容度意味着仔细思考怎样清楚地体现信息包含的价值。否则，人们就会与之擦肩而过。

想想电子邮件。当你发送邮件的时候，你知道这对你多么重要。但是对另一端的收件人而言，这只是他们当天收到的诸多邮件之一，与其他邮件没有区别，除非主题栏你填写得非常合适。

丹尼尔·平克（Daniel Pink）在他的书《全新销售》（*To Sell Is Human*）里面告诉我们，最好的标题能满足人们两种需求：实用或者有趣。这些标题要么清楚地说明了用处（怎样写好邮件标题以吸引人们阅读），要么提出了一个让人好奇的问题，点开邮件就可以看到答案（你难以想象我用什么办法促使大家看我的邮件）。顺便提一句，一定要让邮件内容符合邮件主题。先抛出诱饵，然后调换内容，一点儿也不慷慨。

信息要有支撑

Facebook状态更新窗口以前的提示语是："现在在干什么？"，想起来总是很讨厌，真是催生冗余信息的利器啊！"我在遛狗""我在吃烤奶酪""我在看电视剧"等，都是社交媒体上面无用的垃圾。即使我们是朋友，这些东西也显得很无趣。丹尼尔·平克把这些叫作"我现在"信息，属于三种最低级的推特之一，其他两类还包括个人发的牢骚（"我老板就是个奇葩"）以及客气话（"世界你好"）。

这样的提示语会更好：你注意了什么东西？

这一点变化微妙地包含了一种实用性，一旦做好了，你会发现你的东西开始有人分享和评论。你发布的不是"在电影院"，而是"我在看威尔·法瑞尔（Will Ferrell）的新电影，真有意思。必看"！

现在你给大家呈现了一些有用的东西——价值判断。如果你还能提供一个链接，让感兴趣的人能够了解更多信息，那就更好了。分享一篇小品文、一段电影预告片、一篇评价餐馆的文章等，这些东西可以激发更多交流，而不会限于140个字符之内，不仅给他们带去了新东西，还会让他们行动起来。

Facebook现在的提示语变成了："你在想什么？"这让Facebook往前跨出了一大步，毫无疑问是调查数据推动的结果。

但我更喜欢我的提示语：你注意了什么东西？（继续吧，发布些新东西。）

条件允许就一起创造

“基思，我想写博客，但是不知道该写什么。”如果你认为创作过程开始于你自己、空白的屏幕和一大杯咖啡，事情在你这儿就变得麻烦了。最好的想法来自你对身边事物的观察，不断自问：“我怎样才能帮到人们？”然后迅速参与其中，同时你也在创作。

来看看流行播客“语法女孩儿”米尼翁·福加尔蒂（Mignon Fogarty），她曾经是我新闻消息的重要写作对象。米尼翁做过文字编辑，对语法错误很敏感；她的同事，与我们大部分人一样，从来没有学过基本的语法规则。她注意到这种需求并想办法满足它，于是她每周录三段音频发布到网上，很快发展出了粉丝提问的模式。2006年7月上线后几个月内，“语法女孩儿”的分享就成为iTune上面最受欢迎的教育资源。

邀请别人一起创作让别人有机会成为集体协作的一部分，你会惊讶这让人们多么满足。实际上，我认为众包平台能够成功，有一半原因就在这儿，比如Kickstarter众筹网。

最重要的是，一起创造更能保证最终的成果能引起观众的兴趣，毕竟他们也参与了创作过程！我今天刚刚收到一封邮件，发件人正在写一本教材，希望帮助作家销售自己的书籍。开始的时候，他问了自己的读者想得到什么样的帮助：写作、营销，还是销售？这当然需要调查，但是他的跟踪记录（通过长期坚持发布信息完成的）告诉我，他自己的投入真的会让这件事情变得很特别。“他要考虑我说的话然后决定写什么？当然要回答！当然要买！”

采用一起创作这种做法需要注意一点：坚持不懈是最重要的。你绝不能糟蹋人们付出的努力和热情。

脆弱性

敢于表现自己脆弱的一面是一件十分困难的事情。但是即使你因表现自己而出了丑，事情也很快就过去了。在网上表现自己脆弱的一面可能更加容易出丑。

但是不要因此却步，不妨这样想想：在市场竞争当中，你最不希望面对的情况就是被他人代替。而要想定义“不可代替”的含义，成就独特的你，唯一的办法就是冒险展现真实的自己。

1.试试穿戴异性的服装

探究自己脆弱性的方式很多，其中一种简单易行的办法就是混淆私人信息和职业信息。大部分人用Facebook联系朋友，用领英联系业务，而且不会把二者混在一起。但我没兴趣严格区分二者，即使这个办法对你很有用，你也可以把二者的信息混合起来。为什么家人和朋友不想知道你工作中发生的事？只要你让这些事情有趣，他们都愿意了解。自己的朋友是很好的资源，可以提供专业的建议和支持，甚至还有机会。

2.把轶闻和效用混合起来

你可以在自己的信息当中掺杂其他内容，同时仍然分享有用的东西。企业家佩内洛普·特伦克（Penelope Trunk）写的博客广受欢迎，他创作了《无耻的野心家》（*Brazen Careerist*）一书，常常在文章里说她的编辑不会让她把任何没有用处的东西发布给他们文章的核心读者群，即一群努力发展自己事业的人（当然，发布与编辑有关的内容并不是坏主意）。她可能会用500字来写丈夫农场上的猪或者自己怎样在家里教育孩子，但最终总会为你呈现出含金量高的东西，比如如何提升生产力或者怎样找到一份更好的工作。

3.把失败暴露在公众面前

坦诚谈论自己犯过的错，会让人们意识到你没有隐瞒任何东西。除此之外，如果我们能承认所有的失败，我们就会终止暗藏巨大危害的幻想：一次次不断重复就能得到最终的果实，实现巨大的成功。不对！巨大的成功需要经历一次又一次失败，需要雄心勃勃地不断去尝试，直到成功，直到取得最终的成果。所以鼓起勇气尽情地呈现你过去的失败吧，不论这样做是否有效，同时还要反思失败的原因以及下次改进的办法。用这种方法跟对方聊天，你会发现对方听得聚精会神。正因为你毫无保留地分享了你的经历，坦诚无疑，人们才会相信你。

4.照相做鬼脸

除非你是查尔斯・狄更斯，否则，向人们展示照片比散文更容易让他们明白你是什么样的人，以及你对什么感兴趣。浏览收到的信息，你很快就会发现含有照片的内容更容易吸引你的注意，也更容易打动你。

说到自己的照片，有点儿虚荣心没什么不好，这样可以帮助自己取舍照片。我住在洛杉矶时，同样不可避免，我也会这样做。但是不要虚荣过度而让自己变得毫无特点，那样你在展现给人们的所有照片里造型都一样，而且脸上全是为拍摄而做出的同一种表情。

想一想介绍你自己的照片需要达到什么样的效果，这是目前你在主页上最值得拥有的“不动产”。需不需要通过专业摄影制作头像？如果你的经济条件能够承受，那就请一位优秀摄影师为你拍照吧！如果不能，也别辛苦忙活了。领英上面最好的头像都是既清爽、传神，又充满活力和生活气息的照片。你可以请朋友帮你挑选照片，因为我们自己有时候需要他人的帮助才能挑出最棒的照片。

我认识一个人，他是一位很受大家尊敬的作家经纪人，同时还是一位出色的父亲。他工作尽心尽力，努力想扮演好这两种角色。有一段时间，如果访问他的领英主页，你会看见他的头像是一张他和儿子一起滑雪的照片。

当你一页一页地点击领英上的头像时，你会不经意间发现很多抛开工作、展现日常生活的照片，而这些照片的确会对你产生影响。拿我那位经纪人朋友来说，他的经历便赢得了人们对他职业能力的信任。

很明显，你接触的行业文化和工作文化影响了你的认知和行动范围。克雷格是一个很有趣的人，曾经经营过FG科技集团。他在领英上用来自我介绍的头像一直让人觉得很酷：戴着墨镜，弯腰坐在椅子里，一边弹吉他，一边吹口琴。现在他在联合国工作了！他很走运，因为技术怪咖很少见，而且他们似乎都很喜欢在非工作场合展现迥异的一面。

看看其他人的照片，研究一下如何才能穿着得体，然后就大胆使用时尚又独具特色的照片吧。

顺便说一句，克雷格可能有一点过于不同寻常，但应该是目前为止我们公司最受欢迎的员工。

责任心

“责任心”不只要求我们信守诺言，也要求我们督促他人也这样做，它还要求我们胆大无畏，面对批评或者恐惧仍然坚持初衷。没有责任心，大度、公正和脆弱对我们的影响很快就会消失。但对于你分享的东西，责任心到底意味着什么呢?

做自己的主编

前后一致更容易吸引读者注意。正是如此，你应该像一位编辑那样思考，怎样安排你在网络空间的前沿阵地。你可以制订一份编辑计划表，列出你要发表哪方面的内容，以及发表的时间——很快你就会发现，规划自己的精力更容易让自己具有责任心，促使自己按计划在社交媒体上与朋友保持联系。

此外，你还要试着创造自己的“特色”（我找不到更合适的词了），这个词的含义就是说你能够做其他人做不了的事。比如，有个名叫诺亚·斯凯林（Noah Scalin）的人，他开展了一项艺术计划，叫作“一天一个颅骨”（Skull-A-Day），还把所有照片传到了skulladay.blogpost.com上面。他这样持续做了整整一年。他在自己的博客里写道：“2007年6月4日这个项目开始时，我用一张橙色的纸做了一颗头颅，然后把照片放到了网上，注明‘我每天做一颗头颅，坚持一年’。2008年6月2日，我完成了第365颗头颅（第二年还额外做了一枚，因为那年是闰年）。”

斯凯林的行为要么让人感到奇怪，要么让人觉得他富有创造力。无论你怎样看待，这个“计划”最终诞生了两本出版物，吸引了一大群真正对此感兴趣的人。其中很多是他潜在的客户，十分关注他那些与社会相关的设计，他们还是他的咨询公司Another Limited Rebellion的客户。

还有一些更加完善的做法：每周、每月，或者每季度写几段文字记录新情况；把周五定为聚会时间，把自己喜欢的推特朋友约出来；或者每年选出一个“前十”榜单，按榜单安排社交活动，选哪些全凭你高兴。

让自己与时俱进

虚拟世界很适合我们去探索、实验，甚至是实现抱负。就像克里斯·布洛根（Chris Brogan）曾经对我说的那样，想想自己想做的工作，试着按照它们的招聘要求，而不是按照现在工作的要求完成领英上的自我简介。然而，因为人们在网络空间可以自由发挥想象力和创造力，所以形象和身份很容易失真，也就会出现混乱、迷惑和错误等状况。

如果2010年，你也是我发送热点消息的对象，那么有可能某天你一醒过来就会看见这样一行邮件主题："我在市场营销方面失败的经历能教给你的6件事"。当时我在网络上开展的一项实验正进行到一半——我创建了一个在线学习节目，叫作"人际关系硕士学院"，后来改名为"我的绿光"（现在这个节目的所有学习资料经过处理，都在手机App"Expert Habits"上面"复活"了，这让我兴奋得很）。

这对我而言是一个全新的领域，不仅拓展了我的品牌、塑造了新的商业模式，还为消费者研制了一款产品。在这之前，我要做的事情全都是咨询和说话。我们为这个项目不懈努力，而这款产品上线后开始出售时，我们感到还需要他人的帮助。

于是，我们请了两位在线信息营销方面很有威望的人来帮忙。他们设计的宣传活动涉及一系列邮件，不仅准备发送给他们自己的目标群体，还要发给我。

我的团队看过他们的邮件草稿后，发现虽然其中包括的信息很全面，效果几乎与基思本人单独见面一样，但是他们写的东西与基思粉丝阅读热点消息的习惯相去甚远。我从来没有向他们硬性推销过什么，除了偶尔宣传一下这本意外写成的书。他们提炼的热点消息都与包容度相关，通过提示相关信息和更新我的工作进度，再次把这些东西传递给买我书的读者或者关注我的人。

因此我们推迟了计划，要求他们做出改变。但是这些极其聪明的营销人士告诉我们，是我们自己没弄懂：这些邮件是经过精心设计和测试的，会给读者的心理带去我们想实现的影响。他们告诉我们，变动邮件将会减少销售量。

于是我们基本按照原样把邮件发送出去，因为我们当然不希望活动宣传失败。后来，我们收到一些抱怨和负面反馈，但是整件事情似乎就这样过去了。随后某一天，我正好在某个重大场合发言。活动结束后，两位粉丝找到我，分享了他们对这些邮件的感受（我能体会到他们的失望）。一位女士说，《谁在支持你》（*Who's Got Your Back*）这本书曾拯救了她的生活，她觉得必须单独来见我，并且了解清楚真相——是我展示给大家看怎样卸掉防备，让别人走进内心，还是像“疯狂的埃迪”*那样咄咄逼人用邮件“演戏”？

天啊！相信我，这一刻让我很难受。

最终，你要知道，这些计划，这些点点滴滴的积累，并没有与你分离。对世界而言，它就是你。你在实验，即探索自己性格当中特殊的某一面或者某种热情时，绝不应该与你想要展现的自己相差太远。

同样，当生活像曲线球滑出去的轨迹一样，让你发生改变，那么你便需要时不时主动重新整理网络记录。例如更新简介页面，或者给关注自己的人发送信息，以便让这二者与实际情况同步。

真正面临挑战的是你正直的品质。一旦你在公众场合表现自己，无论是在网络上还是真实生活中，尤其当你的身份是领导时，人们就开始在以前所知信息的基础上进一步了解“你”。你不得不对此负责任，当情况发生了变化——事情当然会变——一定要既温和、恭敬而又迅速地告知大家。

对于身份信息的责任，有几点需要考虑。

1.新业务、新渠道或者新顾问并不代表新价值

随着年龄越来越大，获得的成功越来越多，我现在完全相信，当我

* 疯狂的埃迪（Crazy Eddie），美国一家电子产品零售公司，因其独特的销售方式著称。除了传统的实体店销售，该公司还采用网络销售和电话销售多管齐下的销售模式。

们真正相信了我们推广的东西（产品、想法等），用我们自己感到自豪的方式展现自己时，我们就成功了。此外，维持真实最难的地方在于你要清楚自己是谁、关心什么，并且竭尽全力将其真实地展现出来。这当然需要大量自我反省，把这几个问题都想清楚，尤其还要注意我们不是一成不变的，随着时间的流逝，我们每个人都会发生变化。尽管如此，你不能因贪图方便或听从大众意见而影响你自己的行为；如果你不坚持反省自我的信念，那么你很可能被误导。

2.没有借口

我的摔跤教练布朗先生常说，世界上有两种人：找借口的人和解决问题的人。不要找借口，你要对任何带有你名字的东西负百分百的责任。

3.明确处理社交关系的规则，坚持到底

赛斯·高汀（Seth Godin）创造了一种营销模式，即得到顾客许可再营销。几年以前他告诉我，我对读者回馈不足，这会给我带来很大的损害。我真想采纳这条建议，这个观点也包含在他这段博文里："为了得到（向某人推销东西的）许可，你会许诺……你可以承诺给对方发送热点消息、与对方谈话交流，而且要坚持几年；你也可以承诺每天发送RSS摘要消息，每三分钟交流几句；你还可以承诺每天都向对方推销东西……但是承诺就是承诺，需要得到双方同意才能变动。你不能这样假设：只是因为你要竞选总统，或者到了一个季度的末尾，或者新产品上线了，你就有权中止协议。你不能！"

4.遇到麻烦的时候，请直言不讳

为什么这么多人在犯错之后情绪异常低落？不应如此，你应该勇敢承担责任，寻求帮助，然后一步一步纠正。

坦率

真实——不加任何修饰的事实——不仅十分罕见，而且相当珍贵。几乎在任何要督促人们去完成某些事情的领域，我们都要真实。比如领导、销售、市场营销，真实既是开始，又是结束，更是这些职位或工作的灵魂。我们只有实话实说，并且养成这样的习惯，才能做到真正的坦率；在情况紧急多变的时候，你的意见甚至会起到至关重要的作用。

1.说别人不说的话

公开、大方、坦率的交流就像射击一样振聋发聩，十分神奇。在编剧乔希·奥尔森（Josh Olson）看来，坦率具有原子弹爆炸般的效果。

奥尔森在报纸《乡村之声》（*Village Voice*）上面登过一篇文章，标题叫作“你手稿有#$%我是不会读的”（我去掉了中间那个脏话用语）。这篇文章骂骂咧咧，是他在某一个下午写的；当时他朋友的朋友请他读一个剧本提要，但因为他不喜欢，随后就寄走了。

他用几千个真实的词语辛辣地写出了好莱坞——这座不因坦率而闻名的小镇——其他人出于礼貌而普遍压抑的情感。感谢信涌进了奥尔森的邮箱。大家想见他，与他共事，读他写的其他东西。当然，他也遭到很多人批评。但最终，比起为他赢得奥斯卡最佳编剧提名的剧本，这篇文章让他见到了更多重要人物。

人们渴望真实。无论在什么地方，你都能发现总有人在撒谎，总有些机构在掩盖真相，总有些人没有按照事实描述事情。我们的文化缺少能够信任的东西。“所以许多人都是骗子：他们欺骗自己，欺骗朋友，欺骗情人、客户、同事，如果你属于那千分之一的诚实人，那么你就会与众不同。”阿尔图切尔写道：“当你脱颖而出之后，你会获得成功，你会变得富裕，你会收获幸福，你会保持健康。”

虽然对你而言，即使养成了诚实的习惯，身边也总会出现各种争论，但是对于阿尔图切尔或者奥尔森这样的人而言，每疏远一个人，他们就会吸引另外十个人。诚实的价值不只是让他们富有吸引力。他们对朋友保持一定透明度的做法确保了他们总能得到健康有益的反馈。

2.创造虚拟的即时情境

我曾经出席过一次相当沉闷的会议，当时一名女士因为航班延误而不得不在家庭办公室以视频会议的方式参加小组讨论。随后讨论问题的时候，大家的注意力不可避免地开始分散。我几乎都睡着了。

突然一声响，这位女士的猫跳上桌子，把脸凑到了摄像机面前。她没有打乱节奏，而是简单介绍了一下猫咪，把它从自己肩头扔了出去，然后继续讨论大公司的社交媒体这个话题。你能感觉到吧，人们都醒了过来，向前探出身子，迅速重新融入交流当中。最后人们都在听她讲。

一点儿小动作发挥作用的时间能持续很久。当然，在摄像头面前即兴发挥并保持轻松的能力可能不是自然形成的，所以需要创造机会加以练习。召开视频会议或者与家人、朋友一起网聊也是很好的尝试。

如果为了分享而去创造“坦诚的”信息，你可以选择与自己的精力相适应的媒介。詹姆斯·阿尔图切尔用的是推特问答，人们可以在那儿向他提出任何想问的问题，比如怎样为公司集资募股、怎样找到爱情。

我接受谷歌环聊采访时，身后并没有放置绿色的屏幕——那样看起来我就像是在摄影棚；我喜欢在我们公司办公区的中央会议室里谈话。这样员工也能聚集在这儿，而我则可以在情况允许时让他们参与讨论。

3.摸索，失败，调整，重复

最成功的企业家大步向前行进都要依靠实验、试错、机遇，还有，直白地说，巧合。阿尔图切尔在不断掩埋自我更新的种子。他把想法散播出去，然后看得到了哪些回馈、哪些人对此感兴趣、原因是什么。这些回应给他带来了新的社交关系和机会，他得以不断成长。

有时候，我们觉得应该宣扬的只是成功路上伟大的里程碑，比如那些郑重宣布的消息："我完成了一件极富创造力的事——准备好了吗？我要讲了！"社交工具的状态更新和博客方便你一路上记录点滴变化，让大家跟上你的旅程：什么时候你遇到了问题？什么时候获得了一点成功？你可以听取哪些建议？

因此，分享你的经历吧。从探索、失败，到调整、重复，每一个环节都要认真仔细，都要接受那些有心伴随你左右的前辈给予的指导。

24
创造机遇

有人曾说，机会是留给有准备的人的。
不过现在，机会却偏爱有人脉的人。

——约翰·佩里·巴洛

我们已经讨论了怎样利用边缘领域建立自己的人脉网，从目标、兴趣，以及职业角度考虑，大量储备可信任人脉，持续获取有效信息。

本章节要解决的问题似乎更难以捉摸：有些人对你很有帮助，虽然你还不知道，也要与他们建立起关系。

艾萨克·阿西莫夫（Isaac Asimov）曾说过："在科学领域，最振奋人心的并不是听到人喊'我发现了'，而是'有点儿意思'，因为它往往意味着新的发现将要诞生。"阿西莫夫是想告诉我们，意外往往是顿悟的最佳来源。就好比有些事情可以改变一生，我们却无法预料；有些信息根本谷歌不到，因为我们连输入什么都不知道。

我们给这些"神奇的时刻"取了个响亮的名字——"机遇"，它也渐渐成为在21世纪成功的决定性因素。

在过去的150年里，经济活动的形式是人朝钱跑，今天则正好相反。当今世界的技术日新月异，为了在此浪潮中屹立不倒，各企业不论大小，都在寻求新想法、新创意，因为创意或者创新型人才意味着技术改革与企业盈利。现如今，各大公司的主要挑战并非规模的扩大，而是学习能力的培养，以重新掌握经济发展的新规则。要想识别新鲜事物，并在此基础上发展创新，公司员工必须是专家能手。

如何变得“幸运”

远远地看着那些成功的创业者，听着他们难以置信却又幸运无比的创业故事：偶遇某公司总裁，或是跟某软件高手做朋友，创办了自己的“新星”公司，前途无量。这个时候，大部分人的反应会是：“开什么玩笑，为什么他们运气这么好？”

但是，当对他们更加了解之后你会发现，他们的好运气往往来自于同一点：创造机遇。

海蒂·罗伊森（Heidi Roizen），从一个吃力不讨好的公司简讯编辑成功转型为硅谷最有门道的风险投资家，就是这种“精心策划的好运气”的代表。她的机遇可以总结为几个关键点，而这几点都是互相关联的。

如今，罗伊森是人人羡慕的风险投资家，而她成功的主要原因有两点：她是个“科技通”，而且人脉相当广——你见过几个人能给比尔·盖茨打电话，让他帮个忙？

她花了很多心思建立自己的“社交网络”。在企业发展前期，她在各大贸易协会中积极活跃，经常参加慈善活动。

罗伊森很早就意识到，工作的投入受环境影响，而为了共同感兴趣的东西一起合作则是最好的工作关系。她开始积极建立自己的社交网络。

罗伊森23岁就当上了一家刚刚创办的软件公司CEO。她深知，自己的公司只是大海里的一条小鱼，要生存并壮大需要更强大的社会关系网络。

给她带来这一机遇的是她的弟弟。当时，她弟弟为苹果电脑编写了一个软件程序，不过因为没有商业背景，也就没办法卖出去。这个机会自然而然地落在了罗伊森头上。当时的罗伊森刚刚毕业，作为工商管理硕士，她并不想走大多数人会走的路：风险投资家、投资银行家、管理咨询师。

更过分的是，在转行科技与商业之前，罗伊森竟然是学英语的！她的学校也只是普通的当地大学。

研究生毕业后，罗伊森的第一份工作是在天腾电脑公司（Tandem Computers）编辑整理公司内部简讯。正是在这里，罗伊森对科技产生了兴趣，不过她当时的工作时间长且工资少，她也注意到开法拉利上班的只有工程师或是商科学生。因此她下定决心去读斯坦福的MBA。

罗伊森主要生活在帕罗阿图市，这里是硅谷商圈的发展地，也是她的人脉聚集地。这就给当时是CEO的她创造了得天独厚的发展条件。罗伊森的软件公司发展越来越好，最后被高价收购。对于自称为“一般学生”的她来讲，这个结果“还算不错”。

那么到底是什么促进了她的成功？罗伊森自己总结了以下四点：

· 为迎接各种机会而随时准备着。

· 社交范围广，为机会创造机会。

· 扎根于硅谷中心地带。

· 做好协会领导人，积极参与慈善活动，在这种情况下建立的人际关系往往最有成效，人与人互相信任，互相帮助，同时有大量的信息可以免费获取。

“自己创造机遇——你可以做到，也应该做到。”这是《拉动力》（*The Power of Pull*）一书的主题。该书由约翰·哈格尔（John Hagel）、约翰·西利·布朗（John Seely Brown）和朗·戴维森（Lang Davison）合作完成。这本书对我的人生计划产生了深刻的影响，本章中的一些观点也来源于此书。罗伊森的故事听起来就像是他们写的剧本一样。

该书描述了我们所处的新世界：全球化以及电子科技的发展带来了更多的创意、资本、人才、机会，也为我们提供了随时随地获取这些资源的途径。作者认为，融入新世界，抓住这些资源，是企业及个人提高生产力，进一步成长成熟的关键。

不过问题却是：在当今世界，变化之快超过了以往任何一个的时候，全球化带来了更大的挑战，科技更是日新月异，今天助你打败对手的撒手锏也许明天就会被淘汰。在这样的环境中，你获得的信息每分每秒都在贬值。所以，关键不是你知道什么，而是你能否在短时间内获取到真正有用的信息。

学会创造机遇，之后就会有源源不断的知识与机会。那么如何创造机遇？第一步就是不断地问自己：怎么才能与那些没有交集的聪明人创造交集，这样会不会给我带来好处？

跟“机遇”做邻居

如果你能充分利用社交网络，不遗余力建立自己的朋友圈，那么你的圈子就会越来越大。你会时不时收到好友申请，尽管你不认识他们，但你们有共同之处：相同的爱好、能力互补等等。

但是要想创造机遇，我们不能只关注虚拟网络生活，真实生活中的接触，你所处的地理位置同样重要。看一看硅谷就行了，那儿的房租高得吓人，但人们仍愿意住过去，就是为了更靠近自己的伙伴，生活在科技氛围内。

研究人员称这种人才聚集地为“十字钉”（Spikes）。尽管当下科技允许公司远程办公，这种人才聚集地仍是有增无减，因为大家觉得，在这种人才会聚的地方会给自己带来更多的机会。不然为什么洛杉矶的编剧们上街总要带着自己的剧本？说不定在买咖啡的时候斯皮尔伯格就在自己后面排队呢。

坐等机遇上门

偶遇还有另外一个好处：让你的圈子更加多元化。

作为创业者和作家，我可以经常外出旅行，而旅行给我带来的最大益处就是我可以接触到各个行业，来自地球各个角落的人。

但很多人并没有这样的机会。比方说，在洛杉矶，大家出行都开车，去的地方也就那几个（除了编剧们，他们总是待在咖啡店里）。所以说，除非你尽心建立并维护自己的圈子，否则你很容易陷入社交瓶颈，每天能见到的也就那么几个人。

然而生活在纽约的人情况却完全不同。他们每天都能遇到形形色色的人，互相交流，表达意见，丝毫不会扭捏，说急了骂两句也不会在意。

MIT最近一项调查显示，城市的生产力以及创新能力跟人口增长有关。科学家潘伟（Wei Pan）在接受《史密森学会会刊》（*Smithsonian*）采访时说："搬到大城市后，你能接触到更多不同的人，他们不一定是你的朋友，但他们可以给你带来不同的想法，提供各种机会；或者说通过他们，你可以认识到更多可以帮你的人。"

怀特（E.B.White）自己都不知道自己那句话说得有多对："如果想得到更多的好运，就来纽约闯一闯。"

如果你跟大部分人一样，不能马上搬到都市"不夜城"，那么最好的办法就是旅行。通过旅行来获得更新鲜的亲身体验，刷新自己的世界观。每次我从危地马拉回来，我的灵感总能源源不断。我跟村子里的孩子们一起生活，有时会跟当地的企业家、活动家或是官员讨论议事。有次我带回来15个创新的想法，一回来就扔给了手下员工，让他们找漏洞，最后留下一到两个切实可行的想法，并提出实行方案。

在另外一座城市或是另外一个国家生活的时间都可以看作对事业的投资。参加会议是创造机遇再好不过的途径：因为形形色色的人为了同样的兴趣聚集在一起，而且他们是带着同样的目标来的——创造机遇，结识新朋友，学习新东西。

创造磁场

一说到会议，你脑子里面会浮现出这么两类人：一种是参加完会议回来，滔滔不绝地讲述遇见了什么人，跟谁交了朋友，他们有多厉害，等等；而另外一种则会将揉皱的名片扔到桌上，抱怨时间都被浪费了。

住在人才聚集的地方还不够，你得会利用这些机会，小心牵引，理智策划。

有地理定位功能的社交软件有时也是创造机遇的好帮手。我就经常在公布自己的地理位置之后收到别人的见面邀请：“我就在你附近，见个面聊聊吧。”经常有人让我给刚起步的社交科技公司提供指导意见，像Foursquare和Here on Biz这样的网站更是能轻而易举地创造出这样的机遇。

去的地方也有讲究，比如酒吧、咖啡馆等。人们通常把这类地方看作“第三空间”，是除了家和公司之外的与人交流的地方。你得摆出一副“来聊天吧”的姿态，而不是低着头摆弄手机。

我们建立的磁场应该给以一种安全感，让身边的人觉得可以不按常理出牌。有些因素是创造机遇必备的，比如好奇、慷慨、热情、谦虚，要确保自己可以做到这几点，以便给自己创造机会（比如我之前说的晚餐），积累别人对自己的信任。

公司的文化基调一般都是CEO这些高级领导设定的。如果领导充满干劲儿，慷慨大方，那么手下的员工也往往如此（当然，如果领导整日颓靡，员工自然也不会投入工作）。同理，在主持宴会的时候，如果你想让观众相互信任，深入交流，你自己首先得表现出来，才能潜移默化地影响来宾，让他们抛开顾虑，开口畅谈。这个时候，机遇就已经在拐角等你了：交谈中的信息交流，新的对话形式与方向，甚至每天都见面的人也能从对方身上找到新机遇。

当然，要做到这一点，脸皮必须厚。要是实在做不到，那就先喝点儿酒壮壮胆。

热情是创造可能的强大引擎

本书中有一整章都是关于热情的——能让你与周围人快速打成一片的法宝。在第一版之后，热情在本书中的地位越来越重要。热情代表着精力与活力，有了热情就更容易与人交流，创建机遇网，最终在自己建立的圈子里发现价值连城的机会。

热情是行动的催化剂——你可以想到就去做，没有太多顾虑。不管是开始写博客，还是创建自己的公司，总有人会感兴趣，带着他们自己的主意加入进来——就像向外界发出的冲击波，带着更强大的力量回来。跟外界分享一些关于你的东西：网页上的内容、现场展示，或者是一本书。唯一能限制你的就是你的想象力。要能够吸引别人，以你们共享的兴趣为基础创建属于自己的独特圈子。

记住，主意没必要非得完美，重点是让别人参与进来——你永远不知道别人会有什么样的问题或者回答，而他们的想法往往能让你走得更远。

如果你是个缺乏激情的人，那么就得有新意。我认识一个高层管理顾问，她报名参加了为期八周的冰球课程，只是为了接触些新鲜东西，精神上放松一下。她在那里也交了很多朋友。

积极心态

约翰是最近一批实习生中的一个，来自马来西亚，很有上进心。他想找个能够帮他拿到签证的公司，不过却屡屡受挫。最后一个公司说“不”之后，约翰彻底泄气了，就等着暑假结束回家工作。

约翰决定好好利用在芝加哥的最后一个星期，于是决定跟一个朋友来一场说走就走的旅行。一天他在街上碰到了在芝加哥某顾问公司工作的老同学，老同学给他争取了一个面试。两周以后，约翰得到了梦寐以求的工作以及俯瞰密歇根湖的一个公寓。

踏上飞机的一刻就是约翰运气的开始。他摆脱了按部就班尽心安排的生活，终于柳暗花明又一村。

想做大事的人都需要个计划，正在看这本书的你也有自己的计划，这是好事，我也爱做计划。但是麻省理工学院媒体实验室主任伊藤穰一（Joichi Ito）说过：“如果你的整个人生都计划好了，那么严格来讲你不会有非常好运的时候，所以要给自己的计划留点儿空白。”

为机遇留出空间可不是一件轻而易举的事儿。想想谷歌这个与创新同步的公司是怎样做到在员工之间创造机遇最大化的。谷歌大楼是弯曲的长方形形状，公司房地产总监在接受《纽约时报》采访时说，设计初衷就是要“增加员工的偶遇碰撞”。屋顶咖啡厅给了员工一个可以离开办公桌休息交流的场所，同时，每个人办公桌的距离都是合理安排的，去任何一个人的办公桌不会超过2分30秒。

虽然你改变不了办公楼的设计，但你可以以机遇最大化为目标设计好自己的生活，当然前提是你知道怎么做。你需要在时间表上留出时间，去公园散散步，跟老同学喝杯咖啡，总之做些你平时不会做的事儿，积累些从未有过的经验，可能这些事儿当下看起来有些傻，也没有什么用，不过却是长期投入的一种。

要做到这一点，关键是得明白，所做的这些努力并非无用功，而是成功路上的助力车。我的朋友托尼·詹（Tony Tjan）和他的联合作者在《心态，智慧，胆量，运气》（*Heart，Smarts，Guts，and Luck*）一书中曾经对所谓的"幸运儿"做了调查，86%的人将他们的成功归功于"乐于接触新事物、新朋友"。

我希望看到现在，你已经决定开始建立新的"关系网"了。不过如果你想把每一个见面的人都列出来，那恐怕你理解错了。进入外面的世界，与人交流沟通，把你关注的中心转向他人，就好像关注自己一样。我曾听说有个新公司的CEO想要批量创造机遇，跟每一个见到的人都建立联系，这占到他工作内容的30%。

未来充满各种可能，自己并不能完全掌控，我们要接受并庆幸于这个事实，而不是试图完全掌控未来，生活的趣味正是来源于此。睁大你的眼睛，谦虚慷慨，多留意一些平时经常忽略的事情，不论它们是转瞬即逝，还是光怪陆离。

关键的一步：学习与行动

你已经进入边缘领域，各种主意源源不断，适合你的机遇也层出不穷，那么现在做些什么？——行动！没有行动，之前的一切都是空谈。

所以忙起来吧，建立起来的新关系，收集好的数据信息，都好好利用起来。建立起充满热情的圈子，为合作创造机会。把那些聪明人集合起来，大家一起学习做事。开展或加入一些项目，把你的人脉也加进去（一部分也行），把合适的人放在合适的位置，才能发展出有意思的对话，才能最终为实现你的以及他们的目标提供机会。

吉娜·卢登（Gina Rudan）是我的一个朋友，一个敏锐、爽朗的领导力教练。我第一次见到吉娜的时候，是她毕业一年后参加领导力训练结束的时候。领导力培训非常成功，她正在为新的目标筹划：写本书并出版。

我们的见面并非巧合。她列出了15个作家的名字，正是他们的书帮助她把想法变成现实，而我碰巧是这15位中的一个。我经常跟她联系，我们的关系也越来越近，于是在不久之后，我邀请她参加一个在纽约举办的为期两天的研讨会，她也因此碰上了自己的“好运气”。

研讨会期间，她也参加了“生命线”圈子（Lifeline Group）。这是一个大家互相支持的圈子。正是在这里，她跟我的联合作者、同事兼好友塔尔·雷兹（Tahl Raz）达成伙伴关系。说真的，没有比他俩合作更搭配的了。塔尔主要为她提供咨询顾问服务以及提供反馈，以帮助她尽早完成书的出版。整个研讨会气氛热烈，机遇无处不在，因为参与者都坚信只有慷慨大方、互相支持，才能建立良好的商务合作关系。他们带着这个目标去参加研讨会，认真投入，虚心倾听，收获自然不容小看。

吉娜一直致力于针对生活的方方面面创造各种机遇。她很聪明，知道要出版一本书没那么容易，这个过程中有很多问题她根本没办法解决，甚至连有什么问题她都有可能不知道。所以，她采取了自己给客户的意见：与值得学习的人精心建立关系。于是，通过各种作者、思想家，她与更多的人建立了联系，人际关系网也因此壮大。她在TED演讲时说：“有些人收集艺术品，而我收集人脉与关系。”而她也正是如此才能签约。她刚开始并不知道怎么才能出书，但是后来可以交谈的人越来越多，她用心经营跟每一个人的关系，直到慢慢看清“如何写出一本好书”和“如何才能把书出版”这两个问题的答案。

学习吉娜吧，多去参加研讨会等会议，这里有很多跟你价值观相似、志趣相投的人，他们都是支持你的原动力。进入天才的圈子里去。别老是想着“下一步做什么”而是“下一个跟谁见面”。最后，当你有能力的时候，不仅要感谢这些启蒙老师，还要让他们看到你的成功。

吉娜的书在2011年出版，出版商是西蒙与舒斯特出版公司。

第五部分　付出就有回报
TRADING UP AND GIVING BACK

25 做个有趣的人

在我印象中，做营销要简单得多。基本来讲，营销人员只需要设计好广告，通过某种媒体渠道展现给消费者，然后坐在椅子上等着就行了。

可惜的是，这样的日子早已一去不复返了。今天的世界早已大大不同，我们的沟通方式也发生了巨大改变。市场跟消费者的联系越来越紧密，消费者的权利也越来越大。他们可以从数不胜数的娱乐方式中找到自己喜欢的信息，运用各种方法把不想要的信息排除掉。而那些剩下的，也逃脱不了被嗤之以鼻的命运。在今天，想要将信息有效传达到消费者的耳朵里，并不是一件简单的事。而想要消费者建立对品牌的忠诚，更是难上加难。传统的广告以及传播方式，包括传统的思考模式早已满足不了我们的需求。从现在开始，营销官必须注重策略的制定，加强科技的运用，要有创意，但是同时把重心放在销售以及投资成本的回收上。而现在很少有人能做到，一些咨询公司也不例外。因此，可以说今天的营销官是孤独的，面对这么多的要求，他们更加容易崩溃。

我给你个更加细化的例子——每次给大学生演讲前或演讲后都会发生的事儿。总有学生鼓起勇气小心翼翼地来到我跟前，眼里带着对我这个“创新者”的崇拜，我每次也客气地跟他们交流。不过，每次这些大学生跟我说的都不尽相同：“你好，我是谁谁谁，你的演讲太棒了。”有时候我会反问他：“那你都学到了什么，这些又是怎么影响你和你的生活的？”而他们给我的回答基本都是：“噢，这个我还真不知道。”或者是：“我只是觉得你讲得很好，没想过我应该怎么做。”

嗯，很开心跟你交流，不过我得赶紧回家收衣服了。我不是故意嘲讽，不过跟没有东西可讲的人又有什么好说的。如果没人教你怎么脱颖而出，怎么让自己在关系网中与众不同，你自己又一头雾水，那你又能给你的公司，你的朋友带来什么价值？

那么做营销需要注意什么呢？很简单，变得有趣些！虽然读到现在，你学了不少东西，但是仍然得记住，你得让人觉得跟你交谈是件值得的事儿，甚至愿意花时间谈论你。事实上，每次跟新朋友见面，他们都在想同一个问题：“我会不会愿意花上一个小时，跟这个人一起吃顿午餐？”

咨询顾问将这一问题称为“飞机场问题”。咨询顾问这一行业因其冗长的面试流程而出名：复杂的事件分析、逻辑测试等等。但是顾问们通常用一个问题就能从实力相当的选手中选出最合适的一个。这个问题就是：“如果我被困在肯尼迪机场（很多顾问经常出差，很多时间都花在机场），我是否愿意跟这个人一起待几个小时？”

你有没有跟别人提起过你丰富的爵士乐收藏，或者你在象牙海岸的假期？又或者你对某些政治话题不同于一般的看法？每天花点儿时间看看世界正在发生的事儿。对于听到的趣闻或者手机上推送的消息多留点儿心，最好记下来，跟认识的人分享。最好订阅《纽约时报》或者《华尔街日报》。记住，老板们不是只雇用他们看得顺眼的人，最重要的是让他们觉得你可以把他们的公司变得更好。这就意味着你得放大自己的视野，清楚自己的独特才能，知道该说些什么能给人提供帮助和便利——通过这些来证明你对世界的兴趣以及投入。

如果没有可利用的主意会怎样呢？这么说吧，假如你要竞选总统，那么只有一个结果——输。

我在耶鲁上学的时候，大二那年参加新天空城市委员会竞选。他们想要一个能言善辩的候选人与一个相对来讲比较木讷的候选人PK。当时的我作为政会联盟的年轻主席，以及校园兄弟会Sigma Chi的创始人，也称得上小有名气。所以当他们给我这个机会，我没有考虑就接受了。至于我能提供些什么，以及为什么新天空城市委员会选我当代表，这些我一概不知。当时太过骄傲，已经顾不上思考了。

直到今天我都不愿意提及那场选举的失败。当时的我根本没有投入，甚至没有花时间去了解当地的一些事务。

而我的对手，乔尔·拉特纳（Joel Ratner），则深入当地群众，走上街头餐厅去了解他们。我没有参与其中，只希望靠着我的名气走到最后。

乔尔因为自己的想法变得越来越大胆，他的热情也感染了选民。而我当时只不过觉得参加选举是件很酷的事儿，毕竟我是被招募来的，不是自己申请主动要来，而且我一开始就跟他们说明我会把学业和其他领导事宜放在首位。

当然，我最后惨败，责任也完全在我。不过这段经历给我上了宝贵的一课：无论我代表哪个组织，无论将来从事什么行业，我一切努力的根源是热情与信仰，而不单单满足于一己私利。要想鼓动其他人，你自己必须先超越自己。勇敢地将自己展现出来还不够，引起别人的注意跟通过引起别人的注意来改变世界是两件不同的事儿。所以，恭喜乔尔，你做得很棒，赢得理所当然。

成为专家：建立独特观点

变得有趣并不只意味着能言善辩，当然能言善辩也很重要，除此之外，你看待事情的视角、观点同样的独树一帜。我真心希望，从现在开始你能迷上读报纸，深入了解每天正在发生的事情，可以随时随地跟别人讨论。不过，变得有趣跟变成专家可是两个不同的概念。前者要求你可以拿任何话题，包括政治、体育、旅行等作为开展对话的敲门砖。而想成为话题专家则需要专业知识的储备，得清楚什么是你知道但别人不知道的。这就是你的独特之处，这也是你吸引别人进入自己朋友圈的关键。

“大家都知道你”——这只不过证明你是个名人，但是“大家因为你的某些独特之处而记住你”则大大不同。后者代表着尊重。首先你自己要有信仰——像乔尔一样，这样别人才会信任你。

既然我已经得到了教训，就不会重蹈覆辙。我不想当一个万事通，我要当一个专家，有自己的独特观点。我第一份工作在帝国化学工业公司（Imperial Chemical Industries，ICI），我学会了全面质量管理的来龙去脉。之后在德勤公司，我学会了企业重建。在喜达屋，我投身于直销。之后，我又掌握了互动式营销。而现在，有了这些经验，我对营销的信心也更大，尽管营销市场不断变化，我的目标不变：让推广营销跟销售一样挣钱。

我从每一份工作以及每一个平台上都学到了很多专业的东西，这也是我与其他人不同的原因，我也因此能给周围的人以及所在的公司带来更多的益处。大家也因此更加信任我。你的内在可以是思想、主意、发展方向、技能——任何你熟练掌握的事。

不断学习，展示并推销自己——正是这种不间断的毅力让你脱颖而出。我在YaYa公司做CEO的时候，公司的董事都知道我在德勤公司通过企业重建增强了其市场认可，在喜达屋集团通过改变酒店管理产业自我推广的方式为其赢得了知名度。他们知道，对于一个新公司的新产品来讲，营销人员必须有捕捉信息的能力，并且要将信息推广到已经泛滥的市场上，引起大家的注意。而我就是他们想找的。我是“市场创造者”，我可以让人们都来关注YaYa公司的产品，不过首先他们得拿出可行且独特的产品创意及方案出来，否则就是一条死胡同。

我刚到YaYa公司的时候，首要目标就是要改变公司销售业绩不佳的情况，同时扩大市场影响，从而开发出属于自己的市场。我跟以前一样，一开始就完全投入于工作中。我开始疯狂阅读，每天晚上会花数小时翻阅不同的文章、分析报告、各类书籍，各种网站。我跟CEO、记者，以及擅长交互式广告营销、游戏开发、职业培训的专家顾问们都有过交谈。

有时候我也会沮丧，我得学习大量的东西才能真正拿出一个方案。不知道从哪里会突然冒出成堆的数字数据，没完没了的各类迥异信息。在某些情况下，比如我在全面质量管理以及企业重建的时候，你可以直接借鉴别人的观点，然后自己推广应用，把其变成自己的东西。但是，在YaYa公司则不同，我们必须从头开始，构想出真正属于自己的主意。这也就意味着我们必须收集每一份信息并整合，才能得到别人看不到的内容。

整合信息点对于长期处于商业创新前沿的人来讲并不新奇。记住马克·麦考马克（Mark McCormack）在他的书《哈佛学不到的经营策略》（*What They Don't Teach You at Harvard Business School*）中说过的一句话：“对于商业来讲，有时候创新只不过是把每个人都知道的信息点整合起来，串点成线而已。你不需要再发明一遍轮子，你只需要换个车厢。”

在开始阶段，越深入我就越沮丧。因为营销跟培训这两个行业与YaYa公司的媒介基础——互联网和网络游戏关联并不大。我对网上营销跟培训的了解越来越多，开始用其他媒介转换的例子做类比。我告诉营销官，市场从收音机转向电视机的时候，人们只不过是在电台主播面前放了个镜头，给其取名“广告”而已。而今天我们还在用已经过时的办法来应对互联网营销的相关问题。互联网意味着即时互动，各种想法甚至一个笑话都能瞬间传到地球的每个角落。但是营销官还在用公告板，甚至标贴来推销，只不过是以网络横幅的形式放在了网上（很多人今天还在这么做，尽管不停更新的状态和弹出式广告马上会完全替代网络横幅）。网络横幅的失败并不是个意外。培训界也是如此。你是愿意在一个轻松的环境中参加交互式培训，还是愿意跟以前一样，被公司强迫灌输？哪一种方法更有效呢？

再来看看游戏产业。下面的这些统计结果可谓惊人。1999年，游戏产业红利超过了电影产业红利。而且因为网络游戏的内容越来越迎合成年人以及女性的口味，其受众范围也越来越大。今天，网络游戏玩家的平均年龄是35岁，49%是女性。我还听说德国一家公司给某威士忌品牌开发了一个射击火鸡的游戏，下载量巨大，总理还评论说该游戏大大影响了国民的生产力。不过，大家都把游戏当作偶尔的消遣罢了。

既然现在信息也有了，我得串点成线，找出个“新车厢”来。这部分就有趣多了，我可以尽情思考，没有任何限制。我不会因为一个特定的问题绞尽脑汁，一遍遍撞墙；相反，我会问自己一个问题：“如果我有魔法药水，我希望把这些信息变成什么？”当然你也可以请别人帮忙。我就会问我的同事、下属，让他们发挥想象力，给出各种各样荒诞的答案。我们会凑到一起，各种夸张的答案都能接受。通过这种方式（可以称得上是魔法药水的功效），大家一起摆脱限制，放飞想象力，找到更好的解决方案。

这种“狂想”是很有效的。我们开始考虑，如果把游戏从娱乐活动这个禁锢中解放出来，应用到其他行业又会怎样？我们随即提出了各种假设，并一一给出回答。比如说，我们的定位是什么（娱乐、营销，还是服务），我们能提供什么产品（游戏、广告、培训、咨询，还是辅助科技），我们的顾客群又是谁（少年极客、成年人，还是世界500强公司）。我们开始构想如何让游戏这一受众越来越多的媒介跟互联网联系起来——越来越多的公司都在考虑这个问题：如何利用互联网跟客户沟通互动。

结果很是让人满意。我们意识到不仅可以卖游戏，或是卖广告给游戏网站，我们可以将互动式游戏跟广告结合，把游戏本身变成强大的宣传工具。当我们意识到人们把YaYa公司重新定义为营销公司而不是游戏开发公司时，我们同样明白了一点：YaYa公司的客户群并非终端用户，而是想要跟终端用户建立直接关系的公司。关注点的转换也让我们更多地把游戏看作是一种媒介而不单单是一种产品。游戏可以作为媒介传递各种想要传递的信息。可以用来进行员工培训、广告宣传、品牌推广、个人直销、收集客户喜好信息等。既然电视最后能取代收音机，那么游戏也会最终取代网络横幅。

就这样，YaYa公司的创新点出来了。我们开始宣传广告游戏和教育娱乐，把它们定义为信息新兴的沟通媒介；同时，也是市场推销的全新方式，前景大好，可用于新产品推广、知名游戏的进一步营销，以及与游戏融合的商业培训等。就在不久前，我还参加了游戏研讨会并发表了讲话。

一个大家都认可的主意不愁得不到关注。记者们总在搜寻各类新信息。直接跟他们联系比跟他们所在的杂志或报纸联系要方便得多，可以去公司的网站找到跟你领域相关的记者的信息，然后跟他合作。没人会阻止你跟他们联系。而且，每次我给他们留言之后他们总会联系我：

“嘿，我这里有些关于游戏产业对营销方式进行大改革的内部消息，我也一直在关注你的报道，我觉得你来报道跟踪这个消息比较合适。”

我这些年一直都是这么干的，跟我接触的记者们也非常赞同。有时候我给他们的消息甚至跟我以及我的公司没有关系，我只不过是想建立起信任关系，这样当我需要他们帮我推广的时候也更加方便。这也是我跟全国知名杂志的高层都认识的原因。很多与我一样的CEO跟媒体的关系就没那么好。他们觉得登上《华尔街日报》或者《福布斯》异常困难，总也找不到途径。但是我总能找到相关媒体，不论我在哪儿，不管我代表哪个公司。原因只有一个：我能经常给他们提供好的内容。

不过我也得到了很多帮助。在YaYa公司的新方案成形后，我把它拿到了KPE广告公司，他们帮我把YaYa公司和广告游戏推广到了市场。他们是发现我们的“伯乐”，之后大型娱乐公司也参与了进来。我找了所有我认为最有把握做成这件事的人：鲍比·科蒂克（Bobby Kotick），美国动视暴雪公司的CEO，跟尼尔森市场调查公司也有合作。有他的公司名气和自己做后台，我们对广告游戏的影响做了预估。我跟鲍比经常在电视上互掐，比如CNN、CNBC等。

“基思，你的秘诀到底是什么？贿赂他们，还是你有他们的把柄在手上？别卖关子了。”YaYa公司在福布斯主版面出现之后，一位CEO朋友跟我开玩笑。他的公司是YaYa公司的五倍大，成立也比YaYa公司早，他却连上自己公司内部简报都很困难。

我跟他说：“给你的公司准备一个可以报道的背景故事，所体现的观点及主意得是读者关心的。这是你的内容，接下来要跟别人分享。你有没有亲自跟记者通过电话，仔细认真地跟他们讲讲你正在做的事儿以及这些事儿的特殊之处？把这些全权交给公关公司肯定不行，记者一天接触的公关不下千人。再说，谁能比你更了解你的公司？你本身就是个专家。”

内容制造者是无法外包的

我们已经了解了内容是如何把一个公司推广出去的。那么你呢？你擅长什么？你在推销的又是什么？其实你完全可以采用YaYa公司的推广方式，让自己在朋友圈内脱颖而出。

独特的创新点是保证工作的法宝。

以前，只要你有手有脚，拿着一张MBA的证书就能大摇大摆地做个公司领导人。今天，MBA的证书只能算是个敲门砖。在当今美国的信息经济中，我们把竞争优势按照知识与创新来衡量。这就意味着，当今市场更看重创新能力以及专业知识，而不是单纯的竞争力和泛泛的知识面。如果你做的事儿任何人都能做，那他们总能找到出价更低的人来替代你。现在的很多工作机会不都跑去孟加拉和班加罗尔了吗？不过他们做不到的是将创新能力外包。如果你能不断提供新奇的点子，以及独特的思考方式来保证你的公司始终走在行业前沿，那他们肯定不会找人来替代你。

市场一直急需内容制造者。他们经常得到提升。他们的任务就是拿出让人耳目一新的点子。他们经常在各种会议上讲话，出现在各类杂志报纸上。公司，甚至行业内的人都知道他们的名字。他们是行业的名人，出名的原因就是他们在想法上似乎总能快人一步。

那么他们是怎么做到的？很简单：靠专业知识。

回顾我的职业生涯，我的成功秘诀很简单：我总能拿到商界最新奇的点子。我会投入其中，跟所有推广该想法的人近距离接触，阅读所有相关资料。之后就取其精华，广泛宣传该主意的巨大影响以及如何运用到我所在的行业中。这就是我能创造出的内容。而成为专家也挺简单：

我只不过做了其他专家都会做的事：传授经验，把经验变成文字，跟别人讨论。

我大学毕业后的第一份工作是在帝国化学工业公司。我说服面试官让我这个文科生加入管理培训项目，就当做个实验，看我能不能行。在培训项目中，只要是之前工作过的人，都会觉得自己比那些手里只有证书的毕业生高一等。

靠着我那点儿经验是没法在帝国化学工业公司脱颖而出的。不过在培训的前几个月，我发现整体质量管理非常流行，每隔几年总会风靡商界。

我在闲暇的时候读了所有的相关资料。于是在工作没几个月之后，我主动向领导“贡献”出我的专家意见，我给自己“创造”了一个组织行为研究领域的背景（所谓的背景只不过是我在大学修过的两门课而已）。结果，我成了公司里全面质量管理领域的领军人物。不过事实却是，我只有在公司里制定规章纪律的时候才感觉自己像个专家。我用我不多的经验做赌注，去做演讲，写文章，跟商界精英交流。又过了一段时间，我甚至说服帝国化学工业公司给我专门开辟一个职位——北美全面质量管理小组的头儿。

学习并成为这方面的专家，最好的办法就是你得去亲自传授这方面的知识——没有更好的逼迫自己的方法。我知道的很多优秀的CEO就算没有相关技能和经验，也不会轻易对机会说不。相反，他们会把这种情况看作机遇。他们会说：“这个我们能做。”然后再号召员工一起学习。他们大胆尝试新的东西，而且往往收效甚好。事实上，读完这本书后，你也可以给当地的社区大学写本书，内容就是人际关系的建立以及个人内涵的培养。准备的过程就是学习的过程，跟同学们的交流也会给你更多的想法。

总而言之，忘记你的工作头衔（最起码现在不要被限制住）。从今天开始，你要好好想想，你还需要什么专业的知识才能给你的朋友圈以及你的公司带来更大的价值。

那么怎么开始呢?

方法有简单的也有难做的，两个我都尝试过。简单的办法就是找到已经把信息点整合起来的专家，我在帝国化学工业公司和德勤就是这么做的。

当然，难做的是把信息点整合起来。这个过程没有任何指导可以参照。不过好消息是，创造内容并不是天才的特权，也并不需要天赋异禀。不过就算我觉得灵感不难获得，但它们也不是源源不断。相反，我也借助一些实用的指导、习惯，甚至技巧来获取灵感。

这里有几条助你成为专家的小贴士。

1.走到前沿，分析最新的发展趋势及机会

远见能让你和你的公司随时应对改变，而创新能给你利用改变的能力。今天创新已经比生产力更为重要，如果不向前走就肯定会后退。如果能早点儿适应改变，提前发现潮流发展方向，并积累相关知识，知道自己所在的行业前景如何，下一个发展方向又是什么，那么你就能成为行业内的明星。

找到那些始终处于行业前沿的人，用你所学到的人际关系发展方法跟他们建立起联系。吃顿午饭，订阅他们的博客（其实能读的相关资料都得知道）。每天都有上千的人在网上搜集过滤信息，分析后做出自己的预测。这些分析家能在第一时间发现下一步革新的动向。现在就上网浏览相关信息，那些精心编排的新闻推送的意义就在于此。订阅杂志，常买书，跟聪明的人交流。这样一来，你的知识在不知不觉中就增长了，因而能发现别人看不出来的信息点。

2.多问一些看起来很蠢的问题

如果你问的问题别人都没问过，那么你得到的答案自然也独树一帜。那么谁会鼓起勇气问这些看起来愚蠢的问题？答案很简单：所有致力于发展创新的人。iPod的诞生来源于这个问题："你觉得把你所有的歌都放在一个像随身听一样的小装置中——这个主意怎么样？""我们为什么不能马上看到拍的照片？"——于是立即成像就发展起来了。"人们喜欢吃汉堡和薯条，如果点完就能吃就太好了。"——以麦当劳为代表的速食工业随即诞生。

在商界，有时候简单的想法才能真正指出问题。从电影《飞越未来》（*Big*）就能看出来。电影中汤姆·汉克斯（Tom Hanks）扮演的小孩时空穿梭变成了大人。有一个场景很是尖锐：汤姆正在参加一个大型玩具公司的董事会，副总裁正在做一个新玩具的介绍，全是用各种数字、图表来证明新玩具的成功。但是汤姆的孩子心理却促使他站起来说："我不觉得这个有多好。"玩具是用来玩的，在这个过程中数字一点儿用都没有，不好玩就是不好玩。有时候数字也会说谎，各式各样的PPT展示让人眼花缭乱，大家都忘记了真正的问题是什么。

这么多年来，游戏产业的人都觉得自己身处娱乐行业。那么我想问："如果我们所处的是营销行业呢？"

3.认识自己和自己的才能

在帝国化学工业公司，我没有机会也不会与科技控们一决高下。我在发展自己长处的时候会巧妙地避开自己的短处。窍门就是别老是纠结于自己不会的东西，而是把精力放在发展自己的长处上，这样你的短处也没那么明显了。我建议你在自己的长处上和短处上花的时间应该是八二分。

4.学无止境

学得更多，得到更多。所有的内容制造者，或者能提出深刻问题及见解的人都会不停阅读，他们同样非常看重自我发展。因此，你的个人成长计划应该包括读书看报、听录制的课程、每年参加3～5场会议、选修1～2门课，并且跟你所处行业的精英们建立关系。

5.身体健康

有研究指出，在下午3左右，因为缺乏睡眠，很多公司的执行官的敏锐性会降到相当于70岁老人的水平。你觉得他们现在还能创新得起来吗？当然不会。虽然听起来很夸张，不过你确实得照顾好自己——身体、头脑、精神，始终保持在最佳状态。虽然我的行程很紧，但我从不会忘记锻炼（1周5次）。我每两个月尽量拿出五天休假（当然还会查收邮件，读读书）。我每个月进行一次精神放松，哪怕是在当地花一整天冥想。我每周也会做些跟宗教相关的事儿，最常做的是去教堂。正是这些给了我动力来执行疯狂的"每天24小时"计划。

6.做些从没做过的事儿

有人请管理专家彼得·德鲁克（Peter Drucker）给出一个能让人在商界混得更好的建议。他的回答是："去学小提琴。"不同的经历会给你不同的思考方式。看看你的孩子对什么感兴趣以及感兴趣的原因。逐步累积你的创新能力。学些偏门知识，去很少有人去的偏远地方看看。知道自己所处行业的知识，知道当地市场的行情还不够，要想保持竞争力，就得跳出舒适区，带着好奇心探索从未接触过的领域。

7.别泄气

我第一封写给帝国化学工业公司介绍全面质量管理的信一直没收到回信。甚至直到今天，我也经常被拒绝。如果你想变成创新型人才，想走在行业发展前沿，想脱颖而出，就得习惯一次次碰壁。更残酷的是，每次你快碰壁的时候总还会有人推你一把。这是你必须承担的风险。你得记住，无论多大困难，激情总能带你穿越一切阻碍。改变与挑战是不间断的，你必须坚持不懈，投入其中。把注意力放在未来的成果上，永远观察着行业最前沿正在发生的事情。

8.使用新科技

行业的创新过程急不来。你无须成为一个科技通，不过你得清楚科技会给你所在的行业带来什么影响，并且能利用科技为自己服务，雇一个科技控吧，或者培养一个也行。

9.找到一席之地

一些小公司之所以成功，是因为他们能精准地找到适合自己的市场，从而能进行主导。个人也能这么做。想想你公司的哪几块业绩不好，然后选择别人关注最少的那个。

我以前有个学生在一个新成立的公司工作，工作主要做宠物的周边产品。他工作不久之后，就发现很多新公司需要解决的一个大问题就是高额的邮寄费用。对于新公司来讲，这并不是一个值得注意的问题，不过，当时这个学生的级别也不高，也轮不到他去处理那些分量更重的问题。

他自己开始了调查，给联合包裹服务公司，联邦快递公司里负责小企业业务的人都打了电话。几个星期之后，他给公司CEO递上了一份详细清单，上面是如何降低公司邮寄费用的建议。CEO很高兴。该学生对邮政的了解最终使他成为公司奋发有为的新进员工。而现在他处理的也都是些高级别的问题了。

10.跟着钱走

如果没有相应的回报，那么创新一点儿价值也没有。工作的底线就是能挣更多的钱。销售和资金流动是每一个公司的血液。在商界，不管你的主意多好，如果没人买单，那它就是毫无价值的。

真正让我们感动，让我们行动的是人的情感。所以，在讲述你自己的故事的时候，加入自己的情感，让怀疑你的人明白，一切都有可能：弱者能成为黑马，巨人有跌倒的时候。

当今的经济社会更加看重情感，而不是数字，因此会讲故事的人胜算更大。迈克尔·哈特斯利（Michael Hattersley）在《哈佛商业评论》（*Harvard Business Review*）中写道：“我们经常犯这样的错误：认为商业就是严密理性的分析，过不了几年，电脑就能做得比人更好。大家经常在会议室或者公司走廊上听到这样的话：‘这些数字代表什么’‘直接跟我说现在的情况就行’‘我们得根据手头的资料做个最适合的决定’。事实是，成功的管理离不开讲故事的能力。”

所以，别再痴迷于工作要点和PPT了。知道了自己的能力与独特之处，下一步就是用简单易懂的方式把你细细地讲述给别人，从而激励你的朋友，为你的事业成功加油助力。

26
创建个人品牌

不论你多大，身兼何职，也不考虑我们所处的商业社会，我们每个人都必须知道品牌推广的价值。我们就是自己的CEO。身处今日的商业社会，我们的首要任务就是要做好自己个人品牌的营销官。

——汤姆·彼得斯

作为一个专业的营销官，我很清楚地知道：洞察力能够推动现实的发展，而从某种意义上讲，我们每个人都是一个品牌。我知道我的每一个选择——穿衣、说话方式、爱好等都融合到了一起，塑造成了现在这个我。

个人形象和身份对于当今的市场经济秩序尤为重要。在现如今数据海洋不断扩张，但却千篇一律，人们被各种信息淹没的情况下，要想保证竞争力，就必须以个人形象为基准，以个人内涵为特点，建立起自己的个人品牌。

你的内涵由你的专业知识和人性决定。专业和人性决定又称为GVAC，包括包容度、脆弱性、责任心、公正度，是你个人品牌的指路灯，把你所有的努力聚合起来，为一个统一且强大的事业服务。

一个好的个人品牌在人际关系网中会呈现以下三个特色：首先，他们说话可信，魅力独特，值得信任；其次，他们提供充分可靠的信息；

第三，他们给你和你的事业带来更多的朋友与机会，尽管外面的世界早已杂乱无章。慢慢地，你就会发现交朋友越来越容易，在职场里也越来越能说得上话了。

如果我拿出一个对号图案，你脑子里第一时间想到的是什么？如果不是耐克，那我就有点儿诧异了。耐克的“对号标志”已经在消费者市场上存在两年了，耐克公司更是把产品植入了所有的体育盛事中，因此我们现在只要看到那个简单的对号标志就能想到耐克。

厉害吧？

在关系网中，你的个人品牌也能达到同样的效果，从而累积自己的价值。你要有目标，有内涵，并且要向外界推广。你的个人品牌体现出你能做什么，为什么你是独一无二的，同时给了别人一个联系你的理由。

推广大师，商界明星顾问汤姆·彼得斯（Tom Peters）经常会用一些比较大的字眼来鼓动大家：“创造你的耐克‘对号’。”他想在你的小隔间里开出一条麦迪逊大道，用迈克尔·乔丹（Michael Jordan）和奥普拉·温弗瑞（Oprah Winfrey）的成功做模板，把公司里忙碌的比尔·朗曼都变成比尔·盖茨。

我们怎么从推销产品说到推销自己了呢？

彼得斯认为我们生活在一个“翻天覆地”的时代，过去的一切传统、规则都没有了意义。新旧经济、电影业、大型公司或者大型的个人公司已经没有明确的界定。

这就是彼得斯说的“白领改革”。各种改变都聚合到了一起，包括商业流程的简化、科技代替人的工作、外国公司外包业务，以及自我创业的兴起——现在这个时代几乎每个人都想为自己代言。这些加在一起，就是彼得斯所说的“白领改革”了。彼得斯预言，在未来的10～15年里，超过90%的白领工作将不复存在，最起码也会跟现在大不相同。他说：“你必须把你的工作、你的公寓、你的部门都整合到一起，他们都隶属于

‘你’这个公司，你必须拿出让人惊叹的东西来，才能有立足之地。”

对于个人品牌的推广，每个人只有两个选择：要么脱颖而出，要么自生自灭。

“我早就烦死了听别人说‘我也想这么做，但他们不允许’。”彼得斯以他一如既往的反常规姿态训诫道：“做你自己的CEO，自己崛起，不管后果如何，想要换工作，现在永远是最容易的时候。”就是这样！

没有比听到别人说自己已经没有希望了，也不关心怎么从同事中脱颖而出更让我气愤的。我记得有个非常聪明的年轻人叫凯文，他在普华永道咨询公司上班。他在跟我的交谈中说他不喜欢现在的工作，觉得以后的发展也不能如他所愿。他只不过是公司里的一个无名小卒，没有其他选择，必须待在那里。

“错了！你有选择，只不过自己没有创造出来。你必须开始自己控制自己的商业，把自己从默默无闻变成小有成就。”

之后我给了他一些如何做到这些的建议，他却说：“在大型的咨询公司，这些根本做不到。”我简直要气炸了，估计他也快崩溃了。

“凯文，你就是在自欺欺人。我到德勤公司的第一天——这个咨询公司够大了吧，就自己承担起了别人都不愿意做的项目，甚至自己发起了别人想都没想过的项目。我把我的主意用电子邮件发给我的领导，有时候是我领导的领导，而且我每天都这么做。最坏又能怎样？被解雇而已，反正这个工作我也不喜欢。或者，我可以自己给自己创造一个喜欢的工作，不管在哪个公司，只要我自己能开心就是了。”

法拉奇绿讯营销咨询顾问公司为很多职业学校以及公司的新进员工提供培训。我们一遍又一遍地提醒他们：“你的事业只属于你自己，只有你自己能控制管理。”在我的每一份工作期间，我都会不遗余力地自我推广。革新者、思想家、营销家，或者是知道怎么把事做好的人。当我还是帝国化工集团的一个管理培训生时，我就给公司的CEO发了很多邮件，上面列的是我对公司的建议。他不回我又怎么样，我一直不停地发就是了。

很多人觉得自己无法改变别人对自己的看法，不论是生活中还是职场上，这种想法简直荒谬。只要通过适当的努力，你完全可以打破头顶的天花板，让大家对你刮目相看。

彼得斯讲了一个空姐的故事。航空公司的空姐建议给客人的马提尼酒中放一个橄榄而不是两个。就是这么个小小的建议，公司每年能省4万多美金。空姐的个人品牌马上就被推广出去了，说不定今天她已经成了副总裁。

小说家米兰·昆德拉（Milan Kundera）说过："调情代表着你答应上床，只不过不完全保证罢了。"而一个成功的品牌则答应且保证每一次都能给你前所未有的体验。比如说某些人发的邮件你每次必读，比如说有的员工总能拿到好的项目。

要想建立自己的品牌，你得知道自己能做什么才能不断增加自己的价值，并把它作为自己的重点。我向你保证，不论你现在的工作是什么，你能带来的东西都不止于此。你做事的速度能不能再快些？效率能不能提高？如果可以，为什么不把提升效率的办法记录下来，把它拿给你的老板？你有没有在闲暇时间发起过自己的项目？有没有想过怎么才能给公司省钱？

如果你想的只是减小风险，按照别人的需求做事，只做你的分内事，那么你就无法建立起自己的品牌。只会点头说"是"的人不会在这个领域找到一席之地。只有有勇气让自己的工作变得特殊的人才有能力建立并推广自己的个人品牌。

只有投入学习，不断成长，培养新的技能，你才能找到有意义的工作，才能学有所成。如果你想让别人在组织边界内重新定义你及你的工作，首先你得自己重新定义自己，别被固定的要求限制住。每年更新自己的简历。利用好朋友圈的资源，积极寻找灵感，把每一个项目做好。按彼得斯的话说，每件事都要追求让人耳目一新的效果。

现在市面上有很多成功学的书，教导你如何让自己变得与众不同。但是在这些书里，与众不同靠的是直觉而非培养。其实关键点就几个：重新审视环境，找到自己的价值，竭力塑造好自己的形象，利用好每一件事来推广自己的个人品牌。

那么，怎么才能塑造出自己的优秀形象？怎么才能变成公司以及朋友圈的对号标志？做到下面这几点，没准儿你就是下一个奥普拉·温弗瑞。

建构自己的个人品牌信息

品牌就是别人听到或看到你的名字的时候脑子里会想的东西。最好的个人品牌，就像最有趣的人，传递的信息最为与众不同。

你的个人品牌信息来自你的内涵，你独特的价值，你的自我发展。你得知道你的名字意味着什么。这也意味着你要发现自己的独特之处，以及怎样才能把它融入工作——比思维模式的培养更加复杂。

你希望别人在听到或者看到你的名字时想的是什么？你能提供什么样的服务或产品？融合你的能力与激情，然后找到一个可以最大化发挥它们作用的地方，市场上，或是公司里。

你的个人信息是你目标以及内涵的衍生物。坐下来好好想想，你想成为什么样的人，写下你九十天、一年、三年的目标，然后以此为标准建构自己的个人品牌。

你的个人信息中应该包含你想让别人用来形容你的词。把它们写下来是第一步。问问你最信任的朋友，他们会用哪几个词形容你，包括好的方面和不好的方面。同时问一下到目前为止，你展现出的技能及长处是什么。

当我竭尽全力想成为世界500强的CEO时，我的个人信息就是这样写的：基思·法拉奇是一个创新型且注重底线的营销官和CEO。他开创了很多个“第一次”，在每一个工作过的岗位都是如此。他的热情像一束光，走到哪儿都能被照亮。

品牌打包

很多人的第一印象来自视觉，而不是听觉，不是你跟他们交谈的时候说了什么话。说实话，对于每个行业的每个人来说，形象都很重要。所以好好想想，你的形象是什么，传达的信息又是什么？

关键是你要站出来！所以形象很重要，不管你喜不喜欢，衣服、信纸上的信头、发型、名片、办公室布局、谈话方式都是人们经常注意的点。个人品牌的设计极其重要。买些新衣服吧。看看你自己的形象到底是什么，问问别人他们眼中的你是怎么样的，你又想让他们怎么看你。

现在的人们很幸运，可以随心选择自己的发型、妆容、衣服，即使是最保守的职业也不用穿古板的制服。不过底线还是有的：当你跟别人交流时，你的形象得为你加分。马基雅弗利（Machiavelli）说过：“你展现出的样子就是别人看到的样子，很少有人能看到你真正的样子。”

我年轻的时候也戴过蝴蝶领结。我当时觉得戴着它能让别人记住我，果然成真了。我不止一次听别人跟我说：“你就是去年戴着蝴蝶领结在会议上讲话的那个。”久而久之，我慢慢地摆脱了那个形象，人们再也不会把蝴蝶领结跟现在这个走在创新前沿的人联系到一起了。

我们已经讨论过如何“美化”你的社交资料，为什么不干脆建立一个个人网站？网站是个人品牌推广最便宜，效果也最好的工具。同时，也让你更清楚地知道你是谁。一个好看的个人网站可以跟那些高大上的公司官网起到同样的效果。而且现在又有免费的网站制作工具，比如wix.com和about.me，你不用专门去找网站制作团队了。

听起来微不足道，事实上影响巨大。记住：小小的改变就能引起大大的不同。

推广你的个人品牌

自己给自己做公关，这点我会在下一章详细说明。别人都不想接的项目，你来做。在做好工作而且累积价值之后再要求加薪。参加会议小组。给在线出版物写文章，给公司写新闻稿。给公司老总发邮件，列上你的创意。给自己的品牌设计“宣传册”。

世界就是你的舞台，你的演出就是你所传达的信息，你演绎的章节就是你的个人品牌。用心感受，精彩演绎。

27
推广你的个人品牌

现在你已经有“内容”了，这是构建个人品牌的开端。你正在朝更好的方向发展，说真的。这就是你一步一步成为公司和朋友圈中决定性人物的一环。不过你要做的还没完。如果大家都不知道你的价值，你和你的公司就不能完全获利。事实上，你必须扩大自己的影响面，提高自己的认识度，只有这样你才能跨越公司，成为行业的领军人物。

知名度是很重要的一个因素。当然我不是让你站在大街上举个牌子，上面写着“让我上电视”。其实想想，这样也未尝不可……OK，我们先收一收。我这里有些高级别的建议，能让你更容易地的提高自己的知名度，不用站在大街上让别人拍照……当然我有过很多这样的经历，不过现在已经知道怎么正确推广自己了。

知名度对你的工作很重要，对于扩大社交网更重要，这一点你很清楚。看看自我推广专家唐纳德·特朗普（Donald Trump）你就知道了。你还知道哪些房地产大亨？说不出来？我也一样不知道。那为什么大家都知道唐纳德是房地产界的交易高手？也许因为他在无数的文章和电视采访中把这个名字说了上万遍，现在又有了一个同名的收视率颇高的电视节目。他还写了本书，就叫《从20万到30亿》（*The Art of the Deal*）。

但是他的自我推广并不完全是靠骄傲（到底几成我也不太清楚），也有商业因素在里面。他哗众取宠的个人品牌现在也有了自己的价值。利用自己的名字构建出的个人品牌更值钱，使用费也更高。如果唐纳德公司破产，银行们会扔下其他的房地产大亨，全力支持特朗普，不仅因为他们知道特朗普的能力，更因为他们知道唐纳德这个名字本身就是一个吸金神器，能很快帮他摆脱困境。没错，特朗普是个天才研发商，不过天才并不只有他一个，那么区别在哪儿？他懂得自我推广。

事实是，那些能走出自己小隔间的人都极具价值。他们找工作更容易，升职更快，关系网也越来越大，他们甚至不需要花太多心思。

我觉得我已经能听到不满的声音了。你可能在想："我很内向，不喜欢谈论自己，谦虚不也是美德的一种吗？"嗯，只能这么说，如果你要隐藏自己的成就，那么没人能发现它们。如果你自己都不推广自己，没人能帮你推广。

不管你喜不喜欢，你的成功不仅建立在你的工作成果上，也建立在别人是否知道你的工作成果上。幸运的是，你有很多媒介可以选择。

那么，我们就来看看怎么推广"你"这个品牌。

策略一：打破泡沫

你会经常听到人们把社交媒体称为"虚拟的鸡尾酒会"。我同意，但要增加的一点是：如果说社交媒体诗歌酒会，那么现在就是警察进来驱散人群的时候了，因为酒会已经变成了聚众闹事了。

在这时候，想要露面并成功入场是困难的。你也有另外一个问题，这个问题被作家依莱·帕里泽（Eli Pariser）称为“过滤气泡”：社交和搜索平台使用负责而不完美的算法来过滤信息，试图让使用者只看到他们感兴趣的信息。

如果你想打破一个人周围的无形“泡沫”并抓住他们的注意力，你需要创建能共享的内容，最好能够再次共享，然后得到更多的共享。

网站moveon.org的前任执行董事帕里瑟决定做一些与过滤气泡有关的事。首先他写了一本与此有关的书，然后他和恶搞网站Onion的前任总编辑一起创建了Upworthy.com，一个“本土的、有使命感的媒体”，“启动时就打算让那些值得深挖的新闻（如左倾政治新闻）病毒性传播，像一些人跳到床上然后跌出窗外的视频”。

从表面上看，这是不可能实现的——一些人在社交网站上避免政治内容，就像在感恩节晚餐上躲避政治话题一样。但是一年之后，Upworthy.com的点击量却能和《人物》（*People*）、《德拉吉报道》（*The Drudge Report*）相媲美。Upworthy.com不仅成功地打入了受众市场，也进入了主流媒体，比如《雷切尔·玛多秀》（*Rachel Maddow Show*）的标注和《纽约时报》的大规模报道。

Upworthy.com似乎把不可能变成了可能。现在，让我们总结一下能帮你把不可能变为可能的法则。

1.寻找视觉冲击

大部分早期的网络名人是写博客出身。当时，个性和观点是赢得点击量的不二法则。而现在，博客仍然是传递思想、建立信任与忠诚的好方法。但是长文字博客并不是吸引新访客的最佳形式。在信息共享网站Reddit上，90%首页上的链接（点击量最多的链接）是照片、信息图、动态gif和幻灯片——这些内容更容易吸引人们的注意，也更容易传播。

2.关注即分享

根据Moz.com的网上营销专家分析，分享的帖子会在很短的时间内产生情感上的共鸣。当提到各种情感并研究什么反应引起分享行为时，这些专家就像因纽特人了解雪一样。他们以沃顿商学院的教授乔纳·伯格的成果为基础——这位教授在《纽约时报》网站上进行了一项细致的研究，内容与通过电子邮件传播的链接有关，并根据研究成果写了一本书：《传染性：事情为什么会流行起来》（*Contagious：Why Things Catch On*）。乔纳·伯格和Moz.Com的专家小组得到了相似的结论：从整体上来看，积极情绪比消极情绪更易传播，大多数人喜欢被“唤醒”。积极情感包括——敬畏、欢乐、欣喜。当然也有一些消极情绪，如愤怒，能激怒我们的事儿往往容易得到关注。总而言之，关注即分享，所以丢弃那些不成熟的帖子，发布一些有意义的东西。

3.管理，而非创造

Upworthy.com的创始人认为，得到病毒性传播的内容最好的方法是“打捞”，而非“创造”——他们搜寻那些在社交网站中已经得到很多关注的链接内容。他们用极具吸引力的标题和易于共享的页面模板来重新包装这些内容，这就像是把打火机油滴到在闪烁的火光上。这个规则同样适用于你。就像我之前提到的加里·维纳查克，他留心注意进行中的谈话，他们的语言特点，他们在谈论什么。把你感知到的融入你的内容当中去。也许采用了他们的语言风格后，你的帖子会像麦当劳在东京一样脱颖而出。

策略二：控制媒体

你每天在报纸、杂志、电视和网站上总能看到或听到很多关于知名CEO和大公司的报道。这不是因为他们比你我更应该得到媒体的关注，而是因为这是精心策划的公关策略。大公司有公关部为他们塑造和管理形象（当然并不是每次都成功）。

小公司和个人只能通过自己来塑造和管理形象。但是通过勇气和适当的策略，接近媒体并没有你想象中那样困难。关于报道，其实记者做的调查工作比你想象中少。记者从找到他们的人那里得到新闻的主要内容，并不是自己通过其他途径搜寻。像从事其他职业的人一样，记者也会“从众”。也就是说，你被报道一次，其余记者也会向你发出邀请。你引发了一个话题后，他们会在谷歌上搜索，会发现你已经是一个被引消息来源，进而他们会再次找到你并提到你。

一篇新闻报道将创造知名度，转而会让其他记者知道你，给你带来更多的报道和知名度。记者的截稿日期使得杂志和报纸的工作建立在可能性上，而不是完美之上。

关键是把自己品牌的曝光看作公关活动。你打算怎样传递信息？怎样才能确保信息传递的方式正合你意？当然，你的关系网是一个很好的开始。你所遇到的、进行谈话的每一个人都知道你在做什么、为什么做以及如何为他们做这些。但为什么不将同样的信息撒向遍布全国的成千上万的关系网？

我前面说了，当我成为YaYa公司的执行总裁时，这个公司几乎没有任何收入，也没有得到明确认可的市场。虽然我们有富有远见的创始人——杰里米·米尔肯（Jeremy Milken）和赛斯·格尔森（Seth Gerson）——但我们需要市场。

然而，有一个公司的产品和我们类似。我把他们的产品称为“大男孩软件”（Big Boy）。他们创建了一个软件工具，帮助促进高端游戏的开发。这个公司也在试图寻找他们的商业模式并进一步扩大利润。我们两家公司在抢先成为我们所开拓的新市场的知名品牌。

在我们发现了广告游戏的市场后，“大男孩软件”看到了YaYa公司是如何快速（并产生利润）向大品牌销售广告游戏的。他们随即加入进来，并把自己定位为YaYa公司的竞争对手。他们与我们公司的主要区别是他们的营销方式，当然他们的方式更花钱。不过他们已经筹集了大量资本，这就让我们的资源黯然失色。虽然我们不能通过比较公司的细节来确定哪一个更好（当然我有一定的偏见），但事实是，他们有大量的资源，而我们没有。

所以，YaYa公司是如何成为市场领导者的？

答案是我们创造了“热点”，或者说是“轰动”。这是种强大而普遍的现象，能决定个人、公司、电影等的未来。制造轰动效应是每个人都试图掌握的。正是草根、口碑的力量把低成本的电影变成票房数百万美元的大片。甚至在网络聊天室、健身房和大街上都能感受它的力量，这一切是媒体对内幕的渴望激起的。热点是王牌的营销方式。

这里有一个关于热点如何起作用的例子。还记得Napster软件吗？这是个在小孩宿舍诞生的巧妙的软件创意，它允许网络用户连接并共享MP3音乐文件。6个月后，这个硅谷初创企业破坏了全国各地宽带的服务器，当然也招致法律诉讼。不过，即使这个公司倒闭后，这个名字的热度也足以卖到5000万美元。

广告或奥普拉亲自的授权认可都与其无关，Napster软件就是很酷而已。作为一个热点的产物，它的出名也在意料之中。

过去几年，作为营销人员，我一直在想如何创造热点。一个方法是创造“催化时刻”。看足球比赛时，你有没有注意到赛场上的形势会突然逆转？这种逆转开始于一个出色的发挥，加上紧随着的更多的关键球。热点也如此。它需要一种特定的情况，一个关键时刻，一个内幕消息，一次疯狂的泄密——来让人们窃窃私语。遗憾的是，YaYa公司没有经验也没有资金来实施这样的战略。

另一个方法是利用媒体的力量。通过报道吸引人的新闻，使品牌热度上升。竞选明尼苏达州州长的杰西·温图拉（Jesse Ventura）就是一个极好的例子，很明显两个主要竞争对手花钱更多，温图拉通过说服媒体对一些跟自己相关的事情加以报道获得了极有价值的曝光率，包括他如何创造性地使用广告甚至美国大兵——你没看错，就是那个玩偶。同样地，我也寻找能在新闻媒体创造热点的具有吸引力的新闻。

这就意味着从现在开始你得关注些"影响力人物"了。营销专家把能引燃品牌热度的人称为影响力人物。他们是人群中的一小部分，很早就使用新型产品并将"产品病毒"传染给每一个人。他们也可能是名人或专家，他们的话就是真理。找到这些人并将你的品牌呈现在他们面前十分必要。

我之前曾提到KPE机构，他们正是我要找的。作为一个处在前沿的交互式营销和技术咨询公司，KPE在早期表现出了对我们正在开发的新领域的兴趣。在《财富》杂志评出的1000家以发现最新趋势而著名的公司中，KPE得到了社会的认可。幸运的是，他们的策略主管是马特·林格尔（Matt Ringel），我以前在非营利性组织保护美国珍宝的运动中，基于我们共同的利益认识了他，这个运动致力于保护具有历史意义的东西和地方。

我接触了马特，并向他提议写一篇文章来介绍这个领域，让其进入市场。我知道，一份公正地介绍我们公司及技术的白皮书（咨询公司公布的当前热点话题的研究资料）比任何方式都更有宣传力，也会得到更多信任。我与马特及他的得力助手简·陈（Jane Chen），一起为这个白皮书努力了数个星期，我给他们YaYa公司的例子，让客户与他们交流，并向他们介绍我们从经验中得到的方法和见解。在此之前，我去找了那些对该领域有兴趣并想跟马特就我们所做的事情进一步交流的分析师。

我给KPE创造了一个站到研究前沿，并在这一领域占据领导位置的机会。结果呢，仅凭我给KPE的那部分信息，我就敢说YaYa公司会成为典型例子。许多伟大的东西来源于这个白皮书，包括这一领域的新名字，我们称之为“广告游戏”。感谢简·陈的创造力，这个名字本身就是一个热点。

从这次经历中，我们学到的一点是：公关活动必须是真实的。在通常情况下，你将必须从小事开始。你将被迫把注意力集中于当地的报纸、高中和大学通讯或行业期刊上，或者仅是一些咨询公司网站上列出的白皮书。关键是点燃火焰。

白皮书完成后，由于KPE公关宣传（不像我们，KPE负担得起），广告游戏得到了惊人的关注，我们马上成为该行业的领导者。顺便说一句，我随后把马特和简招聘进了YaYa公司（我想把广告游戏的创始者纳入我的组织）。

不到一年，我们公司就出现在了《品牌周刊》的封面，《华尔街日报》的市场部分，《纽约日报》的技术部分，《福布斯》的专题栏目上。这样的例子不胜枚举。我一直积极参加各种专家小组活动（通常我都是免费参加而“大男孩”则主要掏钱买票）。尽管钱肯定能替代优秀的公关，但想用钱来抵消另一个公司在《福布斯》或《纽约时报》上建立的信誉却是困难的。

另一方面，竞争并没有得到太多的新闻舆论，也没传递多少让人耳目一新的东西。还得说回你的“内容”上。一旦你拥有它，你就可以开始塑造，同时吸引别人的注意。你需要传递一种紧迫感，并且保证信息的及时。记者可能会不断询问：“为什么这个现在很重要？”如果你不能充分回答，你的文章就会被搁到一旁。

在YaYa公司的案例中，我强调了游戏产业是娱乐产业中增长最快的部分，并且令人惊讶的是，除了纯粹的娱乐和休闲之外，没人看到这个快速发展的产业还能做什么。你能做的往往更多。我为《华尔街日报》每周专栏“经理人”写了一篇文章。编辑喜欢我的文章，但是还是没有发布，因为他要发表其他更应景的文章。于是我开始重新写每周文章的简介，尽量跟正在发生的事情扯上关系。终于，这次没等太久，我的文章最终得到了发表。

当你创造了热点并继续发展时，你就会想让记者来报道。有一个错误的观念是你必须“操作”媒体。但是总有些公关人员好像不知道“不”是什么意思，总是不厌其烦地缠着记者。与此同时，记者早就厌烦了那些缺乏实质性内容的文章。媒体和其他产业一样，记者们有自己的工作要做。如果你能帮助他们把工作做好，他们也会感谢你。

在你能给出他们想要报道的故事之前，必须与媒体记者建立联系。给他们发信息，和他们喝咖啡，定期打电话给他们以保持联系，给他们你所在行业的内幕消息。塑造自己温和而又自愿分享信息的形象，并主动接受纸媒、广播和电视的采访。永远不要说“无可奉告”。

举个例子。我记得，当我成为新成立的德勤企业再造工程的负责人，是我第一次和《财富》杂志的优秀记者汤姆·斯图尔特（Tom Stewart）坐在一起。我的公关公司分别介绍了汤姆和我，我已经准备好给他留下深刻印象了。来之前。我读了他最近五年内写的所有文章。我玩笑般地嘲笑他几年前在其他文章中所做出的模糊预测，并跟他仔细探讨了最近的专栏（当然精心准备过了）。我想尽可能地发挥自己的用处，让他能够接触到最新潮流、创意以及我手头上的关系。我对其他主流报纸和杂志的记者也是这么做的。

汤姆和我在思想上进行了碰撞。汤姆的活力和求知欲是有感染性的。我想我也为他提供了一些东西，因为他很高兴，还请我吃了一顿又一顿的饭。

这不仅仅是相互欣赏。我之前做了大量的准备才能看起来像个专家。就算我遇到不了解的事情，我也能向他介绍了解这个事情的人。如果你一直道歉：“好吧，我不是专家。”人们会相信你，并想知道为什么你在浪费他们的时间。

我从来没有向汤姆询问过特定的事情。我们一年会见几次面，我也试着尽可能地使自己对他有帮助。当然，我记得我第一次在他的专栏中看到我的一个创意，这个想法是我们共同讨论过的，但是专栏中引用的是一个竞争对手公司而不是德勤。我十分生气，我的本能是立即打电话跟他说明我的不满。但是，我控制住了，只是邀请他共进午餐。

这种事太耗时间吗？如果你觉得这件事对你的公司有好处，或者说你喜欢跟人交往互动，那么答案就是不。当我在德勤工作时，电视上代表的就是德勤。我出现在《福布斯》里，获益的是我的公司。

随着时间的推移，与记者们建立联系所投入的时间都会有回报，正如我和汤姆一样，不管是在生活还是工作上。最终，德勤的名字开始越来越频繁地出现在《财富》上，因为听我们的故事的人有能力再跟别人讲一遍。我从来没有要求汤姆写过文章，但在吃午饭时提到我们的创意也没有什么害处。之后，汤姆成为《哈佛商业评论》的主编。

然而，记住你不能强硬对待或施压于一个好记者。任何这种尝试都会结束你们的关系。最好的记者也是最有道德的。

在穿越媒体界时，请注意地雷的存在。有时候，媒体想要报道的事情与你认为他们应该报道的事情是截然不同的。

我就是通过惨痛的教训才学到了这一点。一天我接到了知名记者哈尔·兰卡斯特（Hal Lancaster）的电话，他是《华尔街日报》职业管理专栏的记者。这件事发生在1996年11月19日，周四。我知道确切的日期，因为我还特意把这篇报道裱了起来。

当凯斯特打电话给我时，我欣喜若狂。他是一家知名报纸的知名记者，向我询问我正在做的事情。我是德勤的一个相对年轻的后辈。我的兴奋使我处于最佳状态。凯斯特说他正在写一篇关于不断变化的工作性质的文章。他提出一个假说，企业重建运动的结束主要对那些再造项目的领导者以及被这些项目影响的人产生影响。

我没有更仔细地听他的观点，而是试图向他说明我对这个事情真正内容的看法。简直是大错误！如果一个记者打电话给你，向你阐述他的文章和角度，你一定要支持他的观点。一个记者听你把话说完后说："天哪，你是正确的！我全是错的。"这种情况是非常罕见的。罕见是指永远不可能出现。那时，我想我会纠正凯斯特，然而，最终他纠正了我的观点。

我花了很多时间向凯斯特解释，作为德勤的一个普通合伙人，我是如何致力于德勤的再造项目的。但是既然这一潮流即将结束，我正打算把它转变为一个更加独特的营销项目。"我将改变咨询公司的传统营销方式。"

他却给我浇了冷水。他问我："你在企业重建过程中有没有过被取代的感觉？"当然，我承认有一些变化，但肯定没有大的影响。他想听我说我感到漫无目标。但我的新工作让我非常兴奋。我认为这是一个巨大的进步。

文章发表的那天，我跑到报摊买了一份报纸。"降级并不意味着职业生涯的结束"这一标题十分醒目，是个人都能看到。在折痕的正上方是用大号加粗字体印刷的我的名字："法拉奇先生说改变是困难的，但他把这个新任务当作机遇来接受。"

他暗示我被降了级。

我受到了猛烈打击，也被我的老板帕特·罗康托嘲笑了一把。"我听说你被降级了？还没人通知你？很好，我们的人力支出又能减少了，就从你的薪水开始。"

千万小心！如果一个记者说："我正在写一篇关于失业人员的文章……"无论你说什么，他都会把你写进这篇失业人员的文章里。

既然你已经稍微了解了现在的形势，你就该找到自己的热点了。我这里有一个品牌公关策略的行动计划。

你是你自己最佳的公关代表

你必须管理好自己的“媒体”。公关公司是促进者，起到杠杆作用。多年来我一直有自己的代表。最好的可能是战略伙伴，但最终媒体总是想和真正的老板，也就是你本人，而不是公关代表，直接交流。大多数最好的关于我的报道都是直接和我个人联络采访的。是的，公关公司能帮你联系，但在你职业生涯的早期你并不需要他们，而且很可能你也负担不起公关公司的费用。

谁能比你更可信、更有激情地讲述你自己的故事呢？现在开始，向你所在行业的记者打电话，与他们共进午餐。如果你的行业发生了新的事情，发一份新闻稿。在新闻稿背后不存在秘密。两三个段落就能讲述完你的故事，简单得很。

记住，媒体人纯粹是为了好玩。他们往往既聪明又有趣，他们通过紧跟这个世界所发生的任何事情来获得报酬。你需要他们，他们也需要你。他们可能不会在你需要的时间报道你想报道的事，但要相信，总有一天，他们会报道的。

了解媒体界

据说，最让记者和编剧恼火的是，总有人在不了解他们的核心以及观众特点的基础上，拿来一堆毫无用处的信息。记住，媒体是生意，媒体公司想要收视率和发行量。唯一的方法是为特定的受众群体服务。

“听着，我是这个杂志的忠实读者。”当提到一些最近我很喜欢的文章时，我会这么告诉编辑们：“我有一个新闻要告诉你，我知道你的读者一定很感兴趣，因为我已经考虑了很长时间。”这也不是件简单的事儿。在打电话给记者之前，我会花时间读他们的文章，找出他们的覆盖范围以及他们喜欢什么类型的报道。

研究角度

俗话说，世上本没有新故事，只有从新的角度讲述老故事。为了使你的观点看起来新颖而原始，你需要找到一个创新的侧重点。你的侧重点是什么？就是任何能让你现在就能马上行动的点子。假设你开了一家宠物商店。在跟一个为企业家服务的杂志沟通时，你就得把自己的商店宣传为最近流行的零售商店创业潮的例子。给出你自己的分析以及杂志读者所能学到的东西。向当地报纸推销很简单。你为什么转行？你的朋友圈中正在流行什么？同时，不要忘记催化时刻。或许你有的是别人不知道的稀有动物，或许你打算把小狗送给孤儿。这对于当地或社区报纸都是有报道价值的事情，能起到宣传作用。

考虑小的媒体公司

你是比尔·盖茨吗？不是。你已经发明治疗普通感冒的良药了吗？没有。好吧，《纽约时报》可能暂时不会来找你。那先试试当地的媒体吧。从你所在区域内可能对你的公司感兴趣的报纸和杂志开始。尝试大学报纸、社区报纸或者从收件箱中发现的行业免费数字新闻稿。在这个过程中你会开始热衷并学会如何与记者打交道。

让记者感到幸福

记者们忙碌、没有耐心，压力爆棚，且颇有成就。以他们的节奏工作，他们给你打电话，你就得方便接听。永远不要推掉任何一个采访，试图帮他们建立需要的联系，以便得到优秀的报道。

掌握“精句”的艺术

告诉我为什么我需要在10秒钟甚至更短的时间之内介绍你？如果你需要10秒以上，电视制作人会认为你无法有效地传达你的观点，尤其是给没有耐心的观众，而记者们会直接挂断你的电话。

学会简明扼要——无论是书面上还是电话中。在媒体行业，简明扼要是十分宝贵的。看现代精句的进化历程：大约三十年前，总统候选人平均有42秒来播放简短片段。现在，这个时间大概在7秒以内。如果总统都只有区区几秒，你觉得你能得到多长时间？想好谈话的要点。在你的报道中摘选出三条最有趣的要点，并将这三点以快速、丰富，而又朗朗上口的形式展现出来。

不要讨人厌

恰当营销自己与讨人厌的区别十分微妙。如果我的一个观点遭到拒绝，我会问问我还需要做些什么才能发表。在编辑的眼中，有些东西永远都不对，但是你能通过提出更多的问题，进行深层次的挖掘或者重新定位你的报道。有进取心是值得肯定的，但要适可而止。

将所有东西记录下来

小心点，你所说的话有可能会伤害你自己，尽管没有引用你的名字或者你的话是不宜公开的，记者也会用你说过的话来歪曲报道的侧重点。我并不提倡守口如瓶，公司宣传总监就靠这个挣工资，我也不知道在新闻界有谁喜欢他们。记住，并不是所有的报道都是正面的，即使他们正确地拼写了你的名字。

宣传消息内容，而不是传递消息的人

曾经有一段时间，我不知道名声和恶名的区别。伙伴们请注意，这有很大的区别！在我职业生涯的早期，我过多地关注如何得到注意力。是的，我打造了一个品牌，但当我回顾的时候，这并不是我想为自己打造的品牌。你在宣传、促销及品牌上的所有付出都必须为你的目标助力才行；如果你的努力只是用来自我膨胀，那么你很可能会得到一个并不想要的“名声”，而且它还可能跟你一辈子。我很幸运，回首过去，我只是浪费了很多时间而已。

把记者当作你关系网或朋友圈中的成员

在任何采访中，当你见到新闻界的成员时，你的主要目标是使对面的人喜欢你。记者是人（在大多数情况下是），你对他辛勤工作的同情会有很大帮助。即使我认为他的文章对我并不公正，我仍然对他的努力工作表示感谢。无论出版社规模大小，我都会寄一封简短的感谢邮件。从他们的职业本质上来说，记者天生是构建关系网络的人。再加上媒体界并不是那么大，你会明白你为什么想要记者们站在你这一边。

自抬身价

将你的报道与著名的人联系起来——政治家、名人或知名商人——担当实际的侧重点。底线是：媒体想要在他们的报道中出现大家都认识的面孔。如果你的报道能给记者提供原本接触不到的人，他们将会做出一些让步。或者，即使你不真正了解这个名人，你也可以把他与自己的报道联系起来。让这个记者来追星。给记者找名人的利益，你已经做了你的工作。

做好市场营销

一旦你倾尽全力辛苦工作而写出一篇优秀的报道，就不再需要谦虚。将这篇文章传播出去，通过社交媒体共享它，发给你的校友杂志，更新你的课堂讲义，通过这篇文章获得更多的媒体报道。我会在电子邮件中附上最近关于我的一篇报道，并在主题中写上：这是法拉奇再次不谦虚的自我推销尝试。大多数人会感到很有趣，这也让你得到每个人的注意。

提升个人形象的方法不受限制

有成千上万种方法能使你的专业得到认可。尝试兼职，看你是否有时间承担一个相对自由的项目，这个项目将能让你接触到全新的一群人。或者在你的公司承担一个额外的项目，这个项目能展示你的新技能。在你的公司上一堂课或者开展一个培训，报名参加小组讨论会。最重要的是，记住你的朋友、同事、客户圈子是宣传你所从事事情的最强大的工具。他们对你的评价最终会决定你的品牌价值。

28 接近权威

不思考则罢，一旦开始思考，就要从大处着眼。

——唐纳德·特朗普

纽特·金里奇（Newt Gingrich）是著名的共和党政客，他嘴里讨论的永远是政事。他因讲狮子和田鼠的故事而出名，狮子可以在任何时刻用他的捕猎技能轻松地抓到一只田鼠，但当一天结束时，无论他逮到了多少田鼠，他都会挨饿。

这个故事的寓意是：有时，无论有多大风险，要付出多少努力，都值得花时间去抓羚羊。那么，你只是与“田鼠”有联系吗？如果是，那么开始注意接触那些能改变你和其他人生活的重要的人。这些人能给你和你的关系网增光添彩。

刻意追捧有权力和名誉的人是让人诟病的。我们从小就被教导说这种行为是虚荣和肤浅的。我们认为这是通过廉价易得的方法获得成功。因此，我们并没有按自己的冲动行事，而是抑制它们。我们购买名人杂志如《人物》、《美国周刊》（*Us Weekly*），或者商业杂志《财富》，在远处小心谨慎地观察着这个我们显然渴望了解更多的世界。

我认为，更直接地追求这个世界没有任何不对。想受到我们生活中强大的人的影响并没有错，这反而是个很大的帮助。再说一次，无论你的目标或任务是什么，你一个人都很难独自完成。我们需要他人的帮助。

为什么我们要进入有突出成就的人的生活？如果我们用他人的成果来衡量自己的成绩，就可以发现，与越优秀的人交往，志向就越大。

按传统观念衡量，有声誉的人，他们的品质和技能往往让我们敬佩。许多人的成就是通过风险、激情、专注、辛勤工作和积极的态度得来的，而且他们也克服了种种困难。

当然，对不同的人来说，名誉意味着不同的东西。我认为，名誉是特定人群中大部分人的认同。换句话说，名誉跟环境有很大关系。在大学里，终身教授和知名院长得到了社会认同。在一个中西部的小镇里，名人可能是当地政客、成功的商人或者直言不讳的长期居民。这些人在他们居住的团体中有相当大的影响力。这也是越来越多的名人为大品牌代言的原因。他们能扩大产品知名度，给公司创造一个良好形象，在向消费者推销产品的过程中也发挥了巨大的作用。自己群体中的本土名人也能为你的品牌推广提供一臂之力。这就是社会科学家所说的“权力协会”——这是在接触有影响力人物时得到的权力。这种现象到处都有。例如，可以从内部交往中得到权力，包括与个人助理的交往、与在公司级别不高但权力很大的看门人的关系（因为他们能够接近总裁）等。

外部交往也能提升组织内外的个人形象，如有权势的政治家、有影响力的新闻记者、大众媒体名人等。因此，一些聪明的初创公司会把已经得到认可的商业名人纳入董事会，这些名人能提高公司的可信度。当然，得到有影响力的名人或记者的好感就意味着更多对你和你公司的有利报道，或者对你前所未有的媒体关注。

名誉带来更多名誉。事实是这样的，如果在我努力接触到的人中，一些人的名字在我的名片盒中一直沉寂，那就没有什么效果。残酷的是：成功的人往往知道如何在地位高的人身边使他们感觉良好。另外，这些人能施加一些小魔法。无论是真实的还是想象的，这些人有某种特性，暂且称为人格魅力，他们能放大一个时刻，使平淡无奇的晚宴变得十分华丽。

问题是，当我们因为要见到“名人”而无比兴奋时，他们往往并不是那么想见我们。那么我们应该如何接近他们呢？

这个问题并没有简单的答案。如果你能以真诚的方式和良好的意愿来追随这些人，你就不会被耍。如果你被自己的目标激励了，也花费时间和精力将所有指望你的人串联到一起，那么总有一天，你日益增长的影响力会给你带来跟“名人”面对面交流的机会，他们往往能给你带来更多的新奇创意。仅仅凭借我在这本书中提供的建议，你就能逐渐接近权威。

当你终于做到的时候，记住以下几点，这些是我数年的经验总结出来的。

我意识到名人对关系网的影响，我也肯定不会因为要见到他们而害羞，过多的紧张和崇拜能扼杀掉你为接触他们所做的一切努力，别忘了，他们也是人。

几年前，在白宫记者晚宴结束后，我去俄罗斯大使馆旧址参加《名利场》杂志举办的聚会。我排队拿鸡尾酒时，发觉我旁边的人看上去十分面熟。起初，我以为他是一个政治家，于是我就把他当成了一个幕后工作的政客，比如说总统的重要顾问。

我也算猜对了。这个人是理查德·希夫（Richard Schiff），《白宫风云》（*The West Wing*）中扮演总统的外交顾问，总统由马丁·辛（Martin Sheen）出演。没有剧情背景，我很难认出来电视明星。

我装作不认识他，简单地向他介绍了自己。他迟疑了一下——名人在与不认识的人谈话时都会有的反应，随即礼貌地打了招呼，但没有介绍自己。

“你是……？”我问。当时他立即意识到我并不认识他，他打开了心扉。最终我们交换了电子邮件并保持联系。

我认为，信任是与有权势和名誉的人交往的基本元素——相信你很谨慎，相信你在接触他们的背后并没有不明动机，相信你会把他们当作普通人交往，并且基本上相信你是一个值得交往的同行。见面的开头几分钟就是检测一个人是否符合他在这些方面要求的试金石。

关于名人，讽刺的是，他们内心往往很脆弱。他们身上的某些因素驱使他们想要成名，想象一下成为公众人物后每天收到成千上万人的关注！然而，虽然世界的很大一部分是向名人敞开大门的，却总有一部分将他们拒之门外。他们失去了隐私。而且因为生活中充满了阿谀奉承，他们每天都在努力保持私人和公共角色间的平衡。他们经常担心自己无法将公共形象与自己真正的样子区分开。他们经常感到困惑，不能充分认识他们到底是谁。

为了向名人表明你对他们本身感兴趣，而不是公众对他们的看法，远离他们的名誉和焦点，相反，要集中在他们的兴趣上。你得让他们知道你尊重他们的工作，但不要说个没完。不要跟他们说些他们经常面临的问题。

遗憾的是，当我们与特殊的人谈话时，我们总会有不合适的举动。你只需要用眼观察，用心倾听，找出他们的兴趣点。

多年前，我曾观看过当时佛蒙特州州长霍华德·迪恩（Howard Dean）的演讲。那是一个“文艺复兴周末”，人们都在笑话这个不为人知的小州州长，他竟然想成为总统！下一次我观看他演讲是在一个非营利人权组织中。现在，他确实在竞选总统，虽然没有人把他当回事。

被迪恩和他的信息所吸引，我接触到了他的一位竞选工作人员（在竞选时，他是竞选助手和州警察）。我告诉这个助手我是对政治很感兴趣的耶鲁校友，我很想能见到竞选把握很大的总统候选人。我和这个助手的交谈很愉快，我也和迪恩以及其他人进行了简短的交流。

两周后，迪恩又一次出现在了加州吉尔基金的年度会议上，准备做一个我几周前听过的演讲。这将是我第三次观看他基本相同的演讲。同时，对于如何让他的演讲更有号召力，我已经有了一些想法。他的助手注意到我，并问我是否能和这个州长谈一小会儿。我们在舞台附近找到了他，他正在做上台前的准备。我告诉他我之前已经在许多场合看到了他的演讲，我也已经和他的助手谈论过，我有一些建议能让他的演讲更有影响力。我建议他在这里强调几点，在那里淡化几点，并且缩短长度。是的，我在冒险，但又能怎么样？并且我是非常真诚地提出建议。我关注他对人权的看法，并且想让他把这些观点更有影响力地传播出去。

我坐在观众席中时，听到了他在演讲中采纳了我一个又一个的建议。天哪！佛特蒙州州长现在已经是一个成熟的总统候选人（尽管还有很长的路要走）正在采纳我的建议。在他的演讲结束后，我告诉他他的演讲是多么令人印象深刻，我想尽力把他介绍给吉尔基金中有权势的人（如慷慨的投资人）。

几个月后，我在导演罗伯·莱纳（Rob Reiner）家里举办的筹资晚宴上再次见到这个州长，他不再是一个默默无闻的候选人，而是一个受到欢迎的特立独行的人，他定下了整个民主党提名的基调。有人为我们俩介绍彼此："州长，你认识法拉奇吗？"迪恩州长回答："我当然认识，他在早期给了我很多建议，十分受用。"那时，我真的觉得我发挥了作用。

记住，有名望和权势的人首先也是人：他们骄傲、悲观，没有安全感，同时充满希望。无论能力如何，如果你能帮助他们实现目标，他们会感激你。是的，你需要一个在合适的场所和合适的时间，但是美妙的周末聚会和邀请别人参加会议并不是唯一的方法。

美国有各种各样的协会。如果你想直接见到有权势的人，去注册会员吧。跟他们谈论些他们感兴趣的事儿，你会非常诧异他们其实是那么的平易近人。在寻找地位正在上升或是已经上升的人的过程中，我还发现了下面几个地方收效更佳。

青年总裁组织

青年总裁组织（Young President' s Organizatior，YPO）是为44岁以下的执行经理成立的，在美国各地都有区域分会。如果你正在或者想经营生意，有许多商业组织能帮你见到未来的公司领导——青年总裁组织、青年创业者理事会（Young Entrepreneur Counil，YEC）和企业家协会（Entrepreneur' s Organization，EO）是最好的组织之一。在各种各样的职业类型中，都存在着相似的职业组织。平面设计师、律师、计算机程序员和清洁工——像其他职业一样——有一个团体或组织为他们的利益服务。人多力量大，当你加入了这样一个组织，并且成为活动中的核心人物，其他权威人士会主动和你打交道。

政治募捐者

我曾经作为共和党人竞选政府机构成员，现在我不再公开讨论我的政治立场。为什么？首先，因为我就人和事投票，而不是党派。我也访问了两个党派中都发挥作用的人。在家乡，我每年试图做3～7次募捐者，支持我认为会在各州起到积极作用的地方和全国性政党。政治把资金、热情和权力连接了起来，在政治中，你今天帮助的一个默默无名的人，明天可能是一个重要的政治角色，并会给你帮助。参加当地的活动，成为某议题的直率拥护者，大胆发言；如果这能点燃你的激情，这肯定也能点燃其余人的激情，那么就去找他们，跟他们一起工作！

会议

当你作为发言人，讲些自己独特的内容时，你暂时凭借一己之力变成了名人。与人们主动接触你相比，构建关系网并不简单。有成千上万的会议满足不同的爱好。我前面说了，如果你有一项专长或喜好，你就能找到与你有共同爱好的知名人士，并参加这些人可能会出席的会议。我对领导力的灵性和人权充满激情；我积极参与了几个组织，每年在几次会议上发言几次。在这个过程中，我遇到了无数的知名人士。

非营利性机构董事会

找到四五个对你十分重要的事情并在当地获得支持，以此为开端。成功的非营利性机构把一些知名人士纳入他们的董事会，帮助他们宣传。最终，你的目标是成为董事会的一员并坐在这些人的旁边。但要确保你关心并确实想从事这个事业。

运动（尤其是高尔夫）

运动健身是遇到名人的好办法。球场、体育馆或跑道，都是公平竞争的环境，名望没有什么作用，真正起作用的是你拥有的技能和你建立的友情。体育运动的一些特性能让人们放松警惕。也许这种竞争以某种方式触碰到了我们的心灵，把我们带到了那个在大街上玩球的更加单纯的孩童时代。或许是地点的作用——远离办公室，在高尔夫场上。

噢，高尔夫。如果我不告诉你美国商业精英最喜欢的运动就是高尔夫，那就对你太不公平了。我近距离和私下都观察到，很多知名总裁和高管都十分迫切想加入私人高尔夫俱乐部，他们有的还申请了很多年。为什么这些有权势的人都愿意打一局或两局高尔夫？当然，这是社交，建立友情，与那些对他们的公司和职业都非常重要的人建立友情。

规则是严厉的。试图利用俱乐部的关系或者会员资格的情况是不能出现的。在一些俱乐部，如此明显地在课堂上暗示未来的生意往来是违反规定的；在另外一些俱乐部，你可以光明正大地这样做。你得自己发现这些规则。但是，狂热的高尔夫球手会承认，高尔夫带来了无数的机会。不论在哪儿，俱乐部的酒吧间，酒桌上，最终他们都会与彼此合作。高尔夫球手也承认，与一个人一起打球的经历很能说明问题。这归根结底还是信任的问题：一个总裁能判断出未来的合作伙伴是否谨慎，是否会遵守规则，是否能处理好压力，是否能相处愉快。这既是一个认识新朋友的机会，也是判断这些新朋友是否值得交往的机会。

因为高尔夫的用处已经得到了证明，一个人能通过许多途径享受到它各个层次的额外好处。几乎所有的行业协会都定期举办高尔夫球户外活动和比赛。慈善机构、会议和其他组织也这么做，希望能吸引到优秀的人。即使你不是会员，也能参加这些活动。

尽管我做了一定年数的球童，我在高中时也是高尔夫球队的一员并赢得过一些比赛，我现在并不打高尔夫。对我来说，时间成本太大。四个多小时太艰难了。现在我只在婚礼或某个大型活动，与朋友打一局。我的体育锻炼主要是参加巴里的训练营，或者是在纽约的耶鲁壁球俱乐部打壁球，或者是围绕中央公园或好莱坞山跑步。无论是高尔夫球、网球、保龄球还是训练营，目的都是一样的——加入一个联盟、一个俱乐部或者参与一次活动，你一定会遇到一些充满激情的新朋友。

网络

现在，许多企业家和政治家不再像之前那样难以接触。他们中的大多数人已经开始使用社交媒体来与他们的粉丝、顾客和追随者建立更加即时的联系。如果你足够聪明，你就会利用好这一点。我能上网访问推特，看看理查德·布兰森正在做什么，我也很高兴我能这么做。

但是，和在一个拥挤的会议中心大声喊自己的偶像相比，在社交媒体上追踪他们并不一定能使你与他建立更亲近的个人关系。此外，在大多数情况下，想要真正得到知名人士的注意，需要别人把你介绍给他。但是同时，加入他们在网上的谈话能够更加近距离地感受他们的魅力，更能鼓舞自己实现目标，还能在此过程中学到东西。当然，继续浏览他们的动态也是侦查工作的一部分——收集各种线索，直到你能清楚地知道如何把他们所需要的东西提供给他们。

同时，谁知道呢，也许他们会回复你在推特上机智的评论，也许你会收到一封直邮信件，会跟他们来次击掌，又或者你会在一次会议中“偶然间”进入有他在的电梯，并借此机会交换名片。

想办法和比你有更高成就、更有智慧的人相处是没错的。一旦你能与有名望和权势的人交往，千万不要觉得自己配不上或是感觉自己像个骗子。记住，你天生就是明星，有自己的成就，并能与世界分享自己大把的精彩。

29
建起组织，朋友自会来

你可以称它为一个宗派，一个网络，一个部落，一个家庭。不管你称它什么，不管你是谁，你都需要这么一个存在。

——简·霍华德

作为一个年轻人，我倒是很能理解格劳乔·马克思（Groucho Marx）。和这个知名喜剧演员一样，我也没兴趣加入任何一个愿意接纳我为会员的俱乐部。

这当然不是因为我的狂妄自大：那时我就清楚聚会的重要性和它可能带来的种种好处。你也不会从我嘴里听到什么嘟囔诉苦，抱怨时间不够之类的话。这样的借口会毁了我，有什么比结识一伙志趣相投的人才更为重要呢？当然，我也不是那种羞于在一大群人面前露脸的人。

这仅仅是因为，当时的我太年轻，人脉又不广，那些看似值得加入的俱乐部都不对我这样的人开放。

这些俱乐部和会议很有影响力，在挑选会员方面都极为严格，但它们的存在意义重大：人们都渴望与志趣相投的人相聚在一起，并希望在团体中有一定影响力，这样才能为自己创造一个有利的人际交往环境，方便日后做生意。有时人们也许担心，社会媒体会扼杀掉会议业务，他们不禁会问："如果他们只需在网上就能完成交易，他们还有什么理由多此一举来参加会议呢？"然而事实恰恰相反！如今的人们比以往任何时候都更加注重集体活动，我们通过参加会议和聚会等活动来定义自己的团体，这让我们明白，在这个由虚拟网络建立起的关系网中，我们应该将哪些人当作真正的朋友、商业伙伴和心腹知己。

大公司的CEO们都明白一个道理，要成大事就少不了与人合作。不论是做出公共决策，还是与某上市公司达成交易，你都需要他人的帮助。合作伙伴的人脉越广，影响力越大，资源越丰富，你所能取得的成就也就越卓越。

这也就是达沃斯世界经济论坛和文艺复兴周末这样的世界性峰会对成员设置超高门槛的原因。我们曾经遇到过这样的例子，一些默默无闻的政治家在复兴周末上结识了一些人，后来依靠这些人的帮助成了国内知名人物。而在达沃斯论坛上，喝一杯瑞士咖啡的工夫，人们就制定好了国际政策，达成了几笔价值十亿美元的交易。当然，我们中的大多数人都不可能受邀参加达沃斯论坛。事实上，我们不能受邀参加的会议和俱乐部不在少数，至少我们起初是被这些聚会拒之门外的。

也就是说，至少你明天不可能出席达沃斯论坛这样的大亨会议。不过这也没什么大不了。我们每个人的心中都有一个创业梦——倘若你在这个山头无用武之地，没有理由不自己建一个。

20年前，我的建筑师朋友理查德·沃尔曼（Richard Wurman）就曾设想，技术、娱乐和设计的结合将撼动整个经济。他经常这样说，"我经常乘坐飞机，在这个过程中，我发现那些谈话有趣的人都从事这三种领域的职业。当讨论到自己热衷的领域时，他们总会提到另外两个领域。"因此，为了将这些领域的人聚集在一起，他于1984年创立了TED会议，邀请自己的朋友演讲，当时只有很少的人出席会议。

TED大会每年都以同一句话开场："欢迎来到这个晚会，来到这个我梦寐许久而不得的盛宴。”后来发展成最优质的大会——介于娱乐性宴会与研究生研讨班之间的一场思想盛宴。年复一年，来参加大会的各界人士越来越多，其中包括科学家、作家、演员、CEO和大学教授。在TED大会上，即便是音乐家兼制作人昆西·琼斯（Quincy Jones）与新闻集团执行总裁鲁伯特·默多克（Rupert Murdoch）交谈，或是导演奥利弗·斯通（Oliver Stone）与甲骨文软件公司创始人兼CEO拉里·埃里森（Larry J.Ellison）吵了一架，人们都不会感到奇怪。

TED大会从一个赔钱聚会，发展成为后来的独家演讲会议，每年纯利润几乎可达300万美元。而理查德之前并没有付费邀请演讲者，最初身边也只有几个助手帮忙组织会议。2001年，他以1400万美元的价格卖掉TED，如今他又致力于规划其他全新会议形式，比如他的“WWW大会”便是要将那些有意思的人们聚集在一起，就他们所关注的问题交流。

我刚取得MBA学位时，也曾试着做类似的事情。那时我在德勤公司找到了一份工作，之后就搬到了芝加哥。初到芝加哥，我一个人也不认识，所以我做的第一件事就是让我的朋友为我介绍他们在芝加哥的好友。待我见到朋友介绍的人之后，便向他们询问我可以加入当地的哪些会所，让我能够更加融入当地生活。我知道，这样做无疑会对我新公司日后的业务有所助益。

但是当时我还太年轻，没人拿我当一回事儿，也不够格加入交响乐团或乡村俱乐部这样的传统会所。尽管我频频收到青少年俱乐部发来的邀请，但这些俱乐部基本上只能算是社交群。而我希望加入的俱乐部更像是一次活动，而我的加入可以为这次活动带来一些改变。我可不愿意在那些少男少女的恋爱会所上举办品酒会。

在这种时候，除了MBA的筹码以外，你有必要想清楚什么是你的“USP”，即独特的销售主张（Unique Selling Proposition）。你独有的个人筹码是什么？答案可以是你的专业技术、兴趣爱好，甚至是你对某项特定事业的兴趣或热情，这些都可以为你日后建立组织和俱乐部奠定基础。

所有俱乐部都是基于共同利益而建。人们相聚在一起或是因为相似的工作、人生观和兴趣爱好，或是因为亲密的邻里关系，又或者仅仅只是因为大家同属一个种族、同信一种宗教或同处一个时代。而将他们捆绑在一起的则是他们共有的特点。也就是说，他们需要一个结伴而出的理由。

你可以凭着自己独特的销售主张，比别人多向前迈进一步。也就是说，你可以先建起自己的组织，然后邀请那些你想见的人加入其中。招募会员并不困难，就像大多数俱乐部一样，你可以先邀请朋友加入组织，而你的朋友又会邀请他们的朋友加入。时间久了，这些人又会带来更有趣更具魅力的新人。

虽然面对面的聚会建立起的关系最为牢靠，但也许你并不住在城市或小镇上，身边也没有多少与你有着相同职业兴趣的人。那样的话，你不妨转向网络，借助现有的网上好友，在领英和Facebook上建个组织，每个月发起一次谷歌环聊。然后对成员进行民意调查，了解这个组织对成员彼此之间的帮助有多大，比如内部各成员可以共享信息，互相推荐客户，并且还能在应对挑战的过程中互相学习。如果你的组织进一步发展起来，你就可以找一个方便点的城市，每年举行一次线下聚会，让你的组织得到进一步发展。预订一层酒店，预约一位演讲者，然后再理一下发，你就可以去参加聚会了。

这是一个非常成功的商业模式，即使那些蓬勃发展的企业也是在这个模式基础上发展而来。想想那些成功的互联网站，它们起初都会先聚集一群有着共同主张的人，那些人或许有着相同的政治立场，或是都对园艺感兴趣，或是同为女人（比如iVillage网站）。然后基于内部成员对团队的归属感，建立起可盈利的公司。又比如飞行常客奖励计划或本地一家杂货店会对忠实客户打折。总之，因一项共同的事业或兴趣聚集起一群志同道合的伙伴，然后建立一个组织，这本身就是一个极为有趣的主张。

而当初我的销售主张则来源于我对全面质量管理的兴趣，这在当时还是一个极为流行的商业概念。正如我之前所述，这个主张为我的事业奠定了基础，使我在毕业后的第一份工作中就能脱颖而出。并且在后来与商学院教授共事的过程中，它也起了不小的作用。

那时，政府在全国范围内发起了一个名为“波多里奇国家质量计划”（Baldrige National Quality Program）的项目，奖励那些在质量管理方面表现卓越的企业。当时受到这个项目的启发，我想我也可以在伊利诺伊州设立一个类似的非营利组织。由于已经有了这样一个联邦项目，因此我想要找到同样对这个项目感兴趣的伙伴并不难，因为那时有很多质量管理机构的评审和其他工作成员住在芝加哥，而且还有不少咨询顾问和大公司员工在从事与全面质量管理相关的工作。

为了吸引其他潜在成员的加入，我首先需要做的便是赢得全面质量管理有关部门或专家的支持。我先是邀请了芝加哥第一银行的全面质量管理主管爱莱塔·贝尔泰特（Aleta Belletete）加入，和我一起创建这个组织。之后她又找来了她的老板，在当时很有影响力的一位CEO，迪克·托马斯（Dick Thomas）。他首先祝我们取得成功，然后表示自己会支持我们实施这项计划。有了迪克的帮助，州长吉姆·埃德加（Jim Edgar）也欢喜地派遣副州长加入我们的董事会。这三个人的加入为我们这个新兴公司带来了足够的可信度。不久我们这个组织便吸引了一大群人，其中包括美国石油公司（Amoco）和拉什长老会医院（Rush Presbyterian Hospital）的全面质量管理负责人，他们随后也邀请了各自公司的CEO加入我们。出乎意料的是，由于我是这个组织的发起人，所以我成了这个组织的主席！当然，我们接下来还要为公司的创立、运营和融资奔走，但我们已经完成了最艰难的部分，成为一个可靠的机构。此后，我们所有人便卷起袖子，着眼于那些同样重要的细节工作了。

于是就有了我后来创建的林肯商业卓越奖（Lincoln Award for

Business Excellence）。这个非营利组织一直运营到今天，对伊利诺伊州当地企业的发展起了不小的推动作用。目前，这个组织拥有成千上万名志愿者，庞大的董事会阵容以及全日制员工。此外，在成立这个组织的两年里，我和芝加哥境内的所有知名CEO建立起了密切的关系。

经过此事，我明白了一个道理：即便是哈佛大学的MBA学位或达沃斯论坛的邀请函，也替代不了自己创立的事业。如果你找不到一个组织加入并让自己有所作为，那你就要清楚地认识到，目前的自己有哪些个人筹码，比如专业技术、人际关系、兴趣爱好或个人经验。然后集结起各方面的人才，自己创建一个组织。

以前的俱乐部是富有白人的专有场所，他们在这里结识那些与他们类似的人，但那样的时代已经过去。如今，任何形式的俱乐部都可以存在。即使地毯商人办个俱乐部，也没有什么要紧，他们可以每周聚在一起，抱怨各自工作中遇到的磨难考验；女性共和党员也可以围坐一桌，发泄对民主党派立场的不满；喜欢美酒的人也可以建起俱乐部，每月聚在一起品品酒，听听那些穿梭在人群之中的酒商大谈自家酒坊，然后再每年策划一次美国葡萄酒之都那帕之旅。总之，无论你想讨论什么，无论你是谁，这都不重要。

只要这个聚会集结了一群志趣相投的人，且大家都可以在特定的场所（即使只是虚拟场所）相会，那你就可以获得独处时所没有的好处。有了这样一个集体身份，你和伙伴的关系也会得到强化。在生意场上，人们通常会以一个特定的项目或交易来清晰地定义自己的社交圈子，待项目或交易完成之后，双方的来往也就断绝了。可是在俱乐部（尤其是你自己建立的俱乐部）发展而来的人际关系却可以持续数年之久。

著名社交案例

本杰明·富兰克林：不能加入俱乐部？那就自己建一个

人们于1966年首次将“社交网络”这个商业术语收录进英语词汇。但早在两个世纪以前的费城，年少的本杰明·富兰克林（Benjamin Franklin）就曾运用过这门社会科学，成为了当时很有影响力的大人物，那时的美国还只是一个雏形。在成为受人尊崇的爱国者、政治家和发明家之前，他还是一位成功的商人，并且从之前的一名契约学徒一跃成为当时的印刷业大亨。

如果你愿意的话，不妨将日历翻回到1723年，当时17岁的富兰克林既不富有，也没有什么成就。他曾在哥哥詹姆士的印刷店里学过手艺，后来因为在纽约找不到工作，无奈之下搬到费城。那时的富兰克林怀揣着满腔的创业激情，虽然在这个新城市人生地不熟，但他却急切地想要创立属于自己的印刷店，也就是在这个时候，富兰克林开始展现出他的社交能力。

7个月后，他在费城的一个印刷店找到一份工作，并结识了宾夕法尼亚州州长威廉·基思（William Keith）。基思鼓动富兰克林前往伦敦购置印刷设备，创立自己的印刷店。他甚至还承诺为富兰克林提供推荐信和信用证，因为需要有推荐信和信任证，富兰克林才能购置到印刷机和相关设备。

但到了伦敦之后，富兰克林才知道基思并没有为他准备相关的文件证明。富兰克林在伦敦工作了两年，才攒足回美国的路费。在这次回美国的越洋旅程中，他再一次展示了他的社交能力，他认识了同船的乘客托马斯·德纳姆（Thomas Denham）。

回到费城之后，富兰克林便在德纳姆的店中当了伙计。

不久之后，富兰克林拾回老本行，回到他之前待过的那家印刷店继续工作。为了提高学识和促进自我发展，他组织了一群朋友，成立了一个星期五“共读会”，他在自己的《富兰克林自传》（*The Autobiography*）中这样写道：

“我起草制定了俱乐部章程，要求每个成员必须依序提出一个或几个问题供大家讨论，问题可以涉及道德、政治或自然哲学（即物理）。另外每三个月要就此内容撰写一篇文章，在会上当众宣读。”

“共读会”的成员都是一些年轻人，他们的声望或成就有限，还不足以进入费城那些专为商界精英服务的俱乐部。和当时的富兰克林一样，他们只是普通商人。但毋庸置疑的是，他们都喜欢这样的俱乐部。实际上，除了教育我们要勤勉、节俭和谨慎之外，富兰克林的自传还告诉我们，每个人至少都要加入一个社会团体。他认为一个志同道合、奋发向上的团体对彼此的成功带来的影响不可估量，团队协作可以完成个人不可能完成的事。

现在翻过日历，向前回溯到1731年。这个时候，富兰克林已经赚到足够多的钱，成立了自己的印刷店，买下了当时收益不佳的报社《宾夕法尼亚州公报》（*The Pennsylvania Gazette*）。凭着新颖的内容和图片（多数文章都是富兰克林本人撰写或摘录），以及大胆的发行气魄，富兰克林使公报转亏为盈，成为当时殖民地区发行量最大的报纸。富兰克林也因报业的成功一跃成为18世纪的传媒大亨。待获得名望与财富之后，他又积极投身于公共项目的建设，他创建的第一个公共项目便是费城图书馆公司（Library Company of Philadelphia），这是北美地区第一个收费的流动图书馆，而且现在仍然存在。

这次图书馆活动是富兰克林在费城发起的第一个公共项目，富兰克林正是从这次活动中深切理解到善于结交也是黄金美德。对于他所遭遇的阻碍，他这样说道：

“我很快认识到，当你想出了一个有用的项目，而且这个项目可能会使你的名望稍稍高出你身边的人，而你又需要这些人的帮助来完成这个项目，那你最好不要宣布自己就是这个项目的发起者。因此我尽可能地隐藏自己，声称这个项目是朋友的计划，我受他们委托去拜访那些大家公认的‘爱读书者’，并邀请他们加入。如此一来，我的项目就进展得比较顺利，之后遇到类似情况，我都是采取类似方法。”

他之后当真遇到过类似情况。1731年，富兰克林发起的“共读会”为他的图书馆引来了第一批订阅者，在此基础上他成功创立了图书馆，之后又于1735年改革了费城的巡夜制度；1736年成立了费城的第一家消防公司；1749年创立了费城的第一所大学，即两年后的宾夕法尼亚大学；1751年利用公共基金和私人投资，成立了费城乃至殖民地的第一所医院；1751年创立第一家火灾保险公司；1747年组建了宾夕法尼亚州第一个志愿民兵组织；1756年又发起项目，鼓动人们铺设道路，安装路灯和清扫街道。所有的项目都离不开富兰克林的人际关系，那些与富兰克林有个人和职业往来的朋友对项目的实施帮助不少，而随着项目的开展，他的社交网又得到进一步拓展，他的好名声也传扬开来。

富兰克林逝世于1790年4月，那时美国第一任总统乔治·

华盛顿（George Washington）才执政差不多一年。当时有两万余人出席他的葬礼。

和很多事情一样，在建立关系网方面，我们也循着富兰克林开辟的道路行进。同时，从开始以“共读会”的名义集结一群年轻商人，到最后协同当时的几位重要人物起草并签署了《独立宣言》和《美国宪法》，我们从他身上认识到为人谦逊的重要和团队协作的力量。

30
切勿自恃

在下面要讲述的社交技巧中，我试着把我在与人交往时学会的经验教训全都教给大家。这样我就不得不提到之前发生在我身上的尴尬事儿，那大概是我在人际交往方面学到的最重要一课，如果我不把它讲出来，那就是我的失职了。

这个故事极富警戒意义，它告诉我们“有所不为”以及“如何不为”的道理。

从本质上讲，寻求强大的人际网并不是一件坏事。你与那些有权势的人接触越多，你就会觉得自己能力越强。如此一来，你的人际关系网就会得到进一步的拓展，因为认识了一个有权势的人，你就有机会认识下一个，然后一个接一个形成自己的社交网。这种搭便车体验真是有趣而刺激，对人际关系网的拓展至关重要。

但是，千万不要让这点虚荣心影响到你的行动，也不能因此自恃或滋生优越感。你需要时刻警醒，不要一成为社交好手，就忘了自己起初的定位和价值观。

人的一生中总会有失败的时候。如果曾经马上就能得到回复的电话，如今却连一个回应也没有，你要如何应付呢？

那时我还在读大学二年级，和同学一起去竞选纽黑文的市议员，而小孩子竞选公职的消息无疑会引起人们极大的兴趣，因此不久就有一位《纽约时报》的记者写文章报道这件事。但那时我还不知道，这样一篇时报文章会给我一个惨痛而意义非凡的教训。因为我为此激怒了威廉·巴克利，这位著名的耶鲁校友曾创办过保守派杂志《国家评论》（*National Review*），还出版过几十本图书。

我当时是作为一名共和党人去参加竞选。共和党那时需要一名候选人，而且耶鲁的共和党人并不占多数，他们反对那些坐豪车的开明派，认为他们就像一群从匹兹堡来的“钢铁小子”，既虚伪又没头脑。不管怎样，那时的我还是一个初出茅庐的小伙子，对政治的敏感度不高。那时学校有一个名为“托利党人”的校园组织吸引了我，我很喜欢这个温和的保守派组织，而且这个组织的领导人和其他成员许诺的东西也很合我的意。

但我这次并不打算谈论与政治有关的东西，傲慢和自负才是我要讲的重点。

那时我还没有意识到，低微的出身应该是力量的源泉，而我却把它当作软弱的借口。内心的不安定促使我做出了一些追悔莫及的事情。那个时候，我的领导模式缺乏包容性，在事业蒸蒸日上的同时，一心成名的野心也使我疏远了不少人。我为自己取得的成就沾沾自喜，却忽略了那些帮助我达成这些成就的朋友。我父亲可能会用两句话评价我的行为：有傲慢之态，无谦逊之姿。

我一直传递着这样的信息：即使我曾经在俱乐部里为人当过球童，但如今我和他们一样优秀。

不出预料，我落选了。但不少人都看到了《纽约时报》的那篇文章，于是有人认为，在耶鲁当个保守党人也是一件不错的事。落选的几周后，我收到一份邮件，上面简要地写着：

“我很高兴耶鲁大学至少还有你这样一位保守党人，有时间出来见个面，威廉·巴克利。”

威廉·巴克利居然抽时间给我写信！我太震惊了。这让我一下就成了我们那个小圈子的名人。

当然，这位大人物既然邀请了我，我自然以个人名义接受了他的邀请。很快我就和巴克利先生约定好了见面的时间。他郑重邀请我去他家做客，甚至还让我带几个朋友一起去。

几个月之后，我和三个同学来到康尼狄克州火车站，巴克利先生竟然亲自到那里来迎接我们，他上身穿着一件皱巴巴的尖领带扣衬衫，搭配着一条旧的卡其裤。然后开车载我们来到家里，我们见到了他的妻子，当时她正在园子里修建花木。那真是光辉的一天。我们一起喝了几杯酒，谈论了一下政治，巴克利先生还为我们弹奏了大键琴，之后我们便坐下来享用了一顿漫长的午餐。后来，我们又受邀在镶嵌了马赛克地砖的泳池里享受了一个罗马浴。

我当然不可能放过这样一个好机会，因为巴克利先生并不是唯一不满母校政治环境的耶鲁校友，其他保守派校友也对此表示不满，甚至不少人已经不再赞助耶鲁。我想一定会有一个两全的法子，既能帮助到母校，又能使这些校友受益。

于是我建议，也许我们可以成立一个基金会，这样就能让那些不再赞助学校的保守派校友，可以直接将钱捐给那些代表保守派价值观的大学生组织。如此一来，耶鲁会因得到赞助而受益不少，那些保守派校友也会因为自己有能力帮助母校而心情愉悦，学生也会因为社团形式更为多样、资金更为充足而欣喜不已。还有什么法子比这个更好的呢?

我极力向巴克利先生宣传我的计划，而且当时我认为他也非常赞同我的建议。巴克利先生对我说，几年前他曾成立基金会，赞助一个学生刊物社，但这个组织却没有真正运营起来。他说当时的基金会还剩下一些钱，并表示乐意用那笔钱来支持我的想法。至少，我当时听到的是这样。那时我已经兴奋得不知所措，竟忘了谨慎地确认一番，生怕把事情搞砸了。人们常说："事未成，不妄动。"而我那时却以为万事已成。

人们有没有在那句话后面加上，你最好要十分确定双方都了解正在进行的交易，且事后都记得有这一回事。

回到学校后，我毫不遮掩我的兴奋之情，逢人便说自己要成立一个新组织了。你看，我那时是不是很了不起？我开始寻找对我的计划感兴趣并愿意投资的其他校友。我给他们打电话，每逢周末就去纽约，向他们宣传威廉·巴克利和我正在筹建的这个基金会。

我对他们说："威廉·巴克利向这个基金会投了一些钱，你要不要也投资一点呢？"于是他们都提供了资助。所以每次从纽约回来，我都乐得找不着北，那些有名的大人物都愿意为我（注意是"我"，而不是"我们"）提供资助，这不禁让我有点沾沾自喜。

我不厌其烦地讲述我的纽约之旅，而我那可怜的同学不得不忍受着听我汇报最近动态。但名望来得突然，去得匆忙。不久我刚刚积聚起来的名望就如昙花一现，消失无影。

事有凑巧，一天巴克利先生在电梯里遇见了一个有名的耶鲁校友，这位校友之前已经承诺说会为我提供赞助。他说道："比尔，你在耶鲁资助成立的那个基金会，我也出了一点力。"巴克利先生却反问道："什么基金会？"

事实证明，巴克利先生已经忘了我们的谈话。或者说，他当时告诉我的是一回事，而我听到的却是另一回事。也许他当时仅仅是有重新创办刊物的想法。但这些在那时都无关紧要。巴克利先生只记得自己提起过那个没有运营起来的刊物社，而且隐约提到要在耶鲁重办这个刊物。

他告诉那位赞助者，自己并没有与人合办这个耶鲁保守派基金会，至少他是这样认为的。事情发展到这个地步，结局可想而知。

那些承诺赞助我的耶鲁校友都撤回了他们的资金，因为已经没有基金会来存储这些资金了。巴克利先生也没有回我的电话。最重要的是，当我向当天和我一起在巴克利先生家做客的朋友求救，让他们为我辩护我之前说过的话并非妄言时，他们都不愿意站出来帮助我，这令我非常震惊。于是在那些大人物的眼中，我的名声彻底毁了。相较于之前在朋友面前的沾沾自喜，如今的我窘迫至极。更糟的是，耶鲁大学学报的同学闻得风声，为我绘制了一幅插画，嘲笑我之前被那些大人物砸晕了头，如今名声不再，斗志全无。不过这一切都是我咎由自取。

现在回头想想，我对这次经历充满感激，因为我从中学到一些宝贵的教训。一方面我不得不开始改变我的领导风格，并不是说把事情完成就行了，而是要让身边的人都能有一种参与感，让他们觉得他们不仅参与了过程，而且也是领导阶层的一部分。我认识到，如果组织里的成员对这个组织正在讨论的事情毫不知情，那他们所投身的事业便算不上是一份真正的事业。另一方面，我也明白了这个世界究竟有多小，那些大人物的圈子更是如此。

最重要的是，我认识到傲慢是一种病，它会让你忘记真正的朋友，忘记这些朋友有多么重要。即使用意有多么好，太过傲慢也会招致他人的愤怒，会让他们有一种冲动，想要将你打回原形。所以你要记住，在你向成功的巅峰攀爬时，一定要保持谦逊的态度，帮助那些与你并肩和爬在你前面的人。你有可能会结识到更有权势或更知名的大人物，但绝对不要因此忽略你最宝贵的人际网，忘记那些你在各个领域已经结识到的朋友。所以自那以后，我每隔一段时间就会回顾过去，联系那些自我孩童时起就对我很重要的人。我去拜访我早年的导师，并告诉他们，他们对我多么重要，我今天的成功离不开他们当年的帮助。

31

寻师求徒，双向互动

指导就是再学习。

——H.J.布朗

伟大的音乐家明白这个道理，职业运动员和世界级的公共演说家也同样明白，几乎每个行业的成功人士都知道，如果没有一个优秀的指导老师，他们不可能做到最好。现在这个道理同样适用于商业领域：在这样一个节奏快、流动性强的动态环境下，不少组织由跨职能小组组成，实行扁平化管理，所有组织都必须迅速应对变化，而“指导”正是发挥个人最大潜力的有效策略。

很多公司都有正式的培训项目，他们认为这是一个高明的管理方式，既可以让受训人员发表自己的想法，又可以让他们从他人处学到经验。就我们的法拉奇绿讯营销咨询顾问公司而言，我们与很多公司一起工作，创建了许多这样的正式培训项目，希望以此帮助员工建立起能够成就他们日后事业的人际关系，这样就能减少员工的流失，也能强化与各个公司的对外关系，最终实现公司收益的提高。1997年，位于新墨西哥州的一个英特尔芯片制造厂，开发了一个比较成功的培训项目。

人们过去一直认为，“指导”不过是资深高管对上进新人的单向培训过程，而负责该项目的人员却希望突破这种传统观念。对那些在英特尔公司工作的人而言，组织范围内的指导意味着创建一个更具包容性的学习网络，不以职称或资历的高低，而是以员工各自所需的特定技能来开展培训工作。公司通过内部网站和电子邮件打破部门间的障碍，建立起指导者与被指导者的伙伴关系，使他们能够互相学习对方的宝贵技能，进而在工作上有更加优秀的表现。在这种体制下，英特尔公司得以迅速将最佳的实践模式在全球各个分公司广泛传播，同时培养了一批业内最优秀的员工。

可喜的是，商业界后来逐渐领悟了“指导”的真正含义：“指导”其实是一个不断给予与接受的双向过程，在这个过程中，师父与徒弟的角色不断互换，个人既是知识的传播者又是知识的接受者。而那些热衷社交的人一直期盼能够得到这样一个指导机会。

就实现信息、技术、智慧和人脉共享而言，历史上没有哪种方式能与“指导”相媲美。年轻技工会在工匠手下当学徒，学习手艺；年轻的艺术家只有在年长的导师身边工作几年，才能发展出个人风格；新上任的牧师在成为一位虔诚的智者之前，都会向年长的牧师学习十年或更长时间。因此，当这些人开始自己的事业时，他们已经在各自的工作领域积累了足够的知识与人脉，来帮助他们取得事业上的成功。

我们向那些比我们懂得更多的人学习，通过对他们生活的研究，我们能够开阔自己的眼界。当我还是一个孩子时，我就意识到，我并没有其他孩子那样的条件，可以有机会加入夏令营或辅导班，接触到新事物和新朋友。很快我就认识到，我这一生要想取得成功，就必须有坚定的信念、勇于探索的勇气和坚强独立的个性。同时我也学会依靠那些我身边可以利用的人脉，比如我的父亲，以及他身边那些专业能力较强的好友。

我的父母指导我去观察身边那些成功人士的工作、交谈和生活方式。他们对我说，我可以通过观察别人的生活，来找到自己的生活方式。虽然我的父亲尽其所能地栽培我，将他所知道的一切尽数教给我，但他本人却希望我的知识绝不局限于此。和大多数父亲一样，他希望自己的儿子比他更加优秀。他给了我走出去的信心，消除了我心中的傲慢和不安，让我可以与他身边那些值得尊敬的人来往。

而他在教育子女方面所秉承的价值观，大概是受了戴蒙·鲁尼恩（Damon Runyon）的影响。戴蒙是我父亲很喜欢的一位作家，他是一个坚强的人，在六年级辍学，后来凭着自己的奋斗取得成功。他的故事讲述的多是在逆境中顽强奋斗的人物，引起了父亲情感上的共鸣。他最喜欢戴蒙说的那句“试着常与钱打交道，时间久了，钱就会来找你”。因此我毫不意外父亲那时的想法，他希望我去接触那些比他更富有、更有学识以及更有能力的人。

我记得在我还不到十岁时，他就曾鼓励我沿着尘土飞扬的道路骑车去找我们的邻居一起出去逛逛。到了我上小学的时候，我又接触到当地的律师乔治·洛夫，他也是父亲的朋友。父亲还经常带我去拜访沃尔特·塞林，他是一个股票经纪人。我坐在沃尔特旁边，一股脑儿地问他很多问题，想要了解他的工作和那些与他共事的人。每次我从预科学校回家，父亲就会与我一起在我们的“小圈子”里走动，拜访那些相熟的朋友。我们去拜访那些父亲认为可以让我学到东西的人，比如托德和朱莉·瑞帕斯基（Julie Repasky），他们在当地建了一座水泥厂，我父亲曾在那里工作过。还有我曾经的老师丰塔内拉姐妹，她们曾教过我拉丁文和数学。对于我们这个工薪家庭而言，镇上的这些人算得上是有名的大人物。他们都是受过良好教育的专业人士，我可以从他们身上学到很多知识。

事实上，就我父亲看来，每个人都不乏一技之长。每周五，他在当地的一家餐馆和朋友相聚时，都会把我带在身边。他希望我能够与那些年纪更大、更加老练的人自在相处，不要害怕向他们寻求帮助或提出问题。每次我和父亲一起出现在星期五聚会上时，他的朋友都会说：“皮特和小皮特来了。”

现在回想那些时光，我心中充满了感激和感慨。在我以往生命中的每一个转折点，直至此时此刻，我一直都在试着接触那些开拓者、公司老板和与我有着不同经历的人。

在某种程度上，父亲与戴蒙已经明白了与人交往的秘诀，理解程度或许比他们自己想象的更加深刻。研究者现在证实了这个道理，他们认为，你所接触的人对你未来道路的选择至关重要。哈佛大学的大卫·麦克莱兰博士（Dr.David McClelland）对成功人士的品格与个性进行了一番研究，他发现，你对身边“智囊团”的选择，会成为决定你今后成功与否的关键因素。换句话说，如果你和人脉广的人来往，你也会广结人脉；如果你和成功人士打交道，你自己也更有可能取得成功。

下面我想通过自己早年的一次经历来阐明“指导”对我的重要性。故事要追溯到我在商业学校的第二年，时值夏末，当时我在德勤会计师事务所实习，那时德勤为旗下所有公司的实习生举办了一个夏末鸡尾酒会。

在酒杯的碰撞声和人们的礼貌交谈声中，我注意到不少同事和公司高管都聚在角落里，围着一位身材高大、声音粗犷的白发男人，他当时正在对他们说着什么。其他的实习生都待在各自舒适的小圈子里，与他们的老板们保持着距离，而我则径直走向那些公司高管聚集的角落。事实上，对我而言，这与我骑车下坡去拜访邻居没有分别。

我朝着这次的行动目标走去，径直来到那个男人面前，做了自我介绍，然后单刀直入地询问了他的身份。

“我是这个公司的CEO。”他被我的唐突惊到了，认为我应该早就知道他的身份，他身边的人都调侃地笑了起来。

他身高一米八三，前胸宽阔，而且非常爽朗直率，是那种不容易被人忽视的人。

“的确，我想我本应该早知道的。”我回道。

“嗯，你确实应该早知道。”他开玩笑地说道，和那些身居高位的人一样，他欣赏我的直率和胆识。他自我介绍说他叫帕特·罗康托。

“罗康托，”我说，“这名字不错，这是一个犹太名，对吧？”

他笑了笑，然后我就和他用双方都懂的一点意大利语聊了起来。我们聊得很投机，很快就谈到了各自的家庭与相似的成长背景。他的父亲也是第一代意大利裔美国人，灌输给他许多我的父亲用来教育我的价值观。实际上，我早就知道帕特，不过只听过他的大名。我曾听别人提起过他严肃认真的工作作风——为人严厉，做事不知疲倦，但也是一个热心肠的人。当时我就拿定主意要进一步了解他，认为那会是一个不错的主意。

于是在鸡尾酒会上，我主动接近他，后来发现彼此有许多的相似点，这无疑使我们更加尊重对方。后来我了解到，在那次长谈后不久，他就对我进行了跟进，并对我本人及我的这次夏季实习有了一个全面了解。那天晚上，我一直和帕特及公司的其他高管待在一起，直到次日凌晨才散会。我并没有故作姿态、掩饰自我，也没有自我吹嘘、不懂装懂。许多人认为在与那些比我们地位更高的人接触时，那些都是必不可少的小窍门，但事实上，那只会让你看起来像个蠢货。

我记得我父母告诉过我，在那种场合最好少开口，你说得越少，才有可能听到越多。在我很小的时候，我就习惯夸夸其谈，因此他们总是用这句话警醒我。父亲对我说，那是你向别人学习的一种方法，观察周围人的细微差别，这会帮助你日后与他们发展更为密切的关系。想让对方知道你对他感兴趣，最好的方法就是把自己当作对方的学员。对方自然会注意到你对他的尊敬，并且会因你的专注而欣喜。即便如此，少言也并非拘谨不言。我问了许多问题，并基于我在实习期间的见闻提出建议，又与这家公司的领导们一起讨论对他们意义重大的事情，就如何让公司取得成功出谋划策。

“指导”是一项经过深思熟虑的活动，人们需要放下傲慢的姿态，抑制对他人成功的嫉恨，然后等待机会的降临，再有意识地努力创建有利的人际关系。在那次酒会上，其他实习生注视着帕特和公司其他高管，既畏怯，又厌烦（我和他们有什么共同语言呢？），因此他们固守在自己的圈子。他们认为自己的头衔与那些大人物的身份相差甚远，感到自己被隔离在外，但正是因为他们有这样的想法，他们才真的被隔离在外。

我从学校毕业之后，取得了自己的MBA学位，然后和大多数毕业生一样，面试了几家公司。最后我在德勤公司与他们的竞争对手麦肯锡公司之间犹豫不定，麦肯锡公司在当时算得上是所有咨询公司的金指标。对于我的大多数同龄人而言，选哪家公司自然不言而喻。

但在我进入麦肯锡公司最后一轮面试之前的一个下午，我接到一个电话。我拿起电话，听到一个熟悉的粗犷声音："现在接受我们的聘请，你今晚就可以来纽约与我和我的合伙人共进晚餐。”我还没来得及回答，他就继续说道：“我是帕特·罗康托，我想知道你是否会来德勤工作。”

我不自在地对他说，我还没有决定要去哪家公司。但那时我心里有了一个主意，或许会帮我早下决定。“您听我说，我现在还在犹豫中，”我对他说道，“但如果我有幸与你和你的几个合伙人共进晚餐，那应该会帮助我做出下一步的打算，并且也能让我对你们公司的前景有一个更加清晰的认识。”

“你只有接受了我们公司的聘请，我才会让你与我共进午餐。”他回应道。帕特又在开玩笑，但正因为他另类的招聘方式，我更喜欢他了。然后他说了一句话之后，就挂掉了我的电话。“好，那你准备好来纽约吧，不用担心，我们会在明早将你送回芝加哥，不会耽搁你的面试。”对了，他又怎么知道我明早有面试呢？

所以后来我就与帕特和他的几个合伙人在曼哈顿的格雷弗恩酒店同桌进餐，那是他们非常喜欢的一家意大利餐馆。席间，我们一起痛饮，大开玩笑。我们喝了好几瓶美味的红酒，之后又饮了几杯科尼亚克白兰地。临近饭局结束，帕特开始游说我，并且对我进行了一番激烈的指责，让我相当震惊。

“你以为你是谁呀？你以为麦肯锡会对你基思·法拉奇上心？”我还没来得及回答，他又继续说道：“你以为麦肯锡的CEO知道你是谁？你以为每个公司的高管都会在星期天和你吃晚饭？在那里，你不过又是另一个会捣弄数据的MBA，谁又记得你呢？但我们关心你，我们想要你成功。最重要的是，我们相信你会为我们公司带来改变。”

我要加入吗？帕特等待着我的回答。

噢，他的游说如此有说服力，而那时我的直觉告诉我他是对的。我知道他说的有道理，但我既然来参加了这次饭局，就打算要为自己说点话。

“这样吧，我们来做笔交易。”我说：“如果我到你公司来，我只有一个要求，那就是我在德勤的这段时间，每年就要和你吃三顿晚饭，地点还是这家餐厅。你同意我就留下。”

他看着我的眼睛，然后大笑起来，说道：“基思，太棒了！德勤欢迎你！”

顺便说一下，我那时还要求过他给我涨工资。他摇摇头笑了起来。但毕竟问一下工资也不会有什么坏处，最坏的结果也不过是不同意。所以在那个餐厅坐了三个小时之后，这个人就说服我做了一个改变人生的职业决定，没有对职位和工资做任何说明，甚至丝毫没有提及他希望我为公司带来怎样的改变。

老实说，刚开始我对我的决定还是有所怀疑，不知道自己这一步走得对不对。在咨询界，那时的德勤还是一个不怎么起眼的小公司，声名远不及麦肯锡。

但这一步我走对了，甚至可以说，这是我一生中最正确的决定。首先，在德勤公司，我承担了更多的责任，学到了更多关于咨询的知识，我在接下来这8年学到的知识，比很多人20年学到的东西还要多。其次，由于我有机会接触到公司的大股东，这让我能够为公司带来改变。再者，最重要的是，我意识到，找到一个有才华、经验丰富的导师，让他愿意为你投入时间与精力，把你培养成一个有作为的专业人士，远比你纯粹基于个人工资和公司名气做出的职业决定更加重要。

此外，在我那个年龄，金钱并不那么重要。常言道，二十几岁学知识，三十几岁赚大钱。而且我真的学到了很多，每年帕特都会和我共进晚餐不下三次，还是在格雷弗恩酒店，也就是说之前的那一家意大利餐厅。在德勤任职的这段时间，我在这位CEO面前有了一定的话语权，他总是向他的那些伙伴询问我的事。我在那里任职时，他一直关注着我。

最后，当然，我选择与帕特和德勤其他杰出人物一起工作，并与他们私交甚密，这也让我明白与大人物接触的重要性，他们都可以成为我最好的导师。虽然与帕特和他的得力助手鲍勃·科尔克（Bob Kirk）一起工作并不容易，但我还是从他们身上学到了一些深刻的教训。比如，要时刻集中精力；光有大胆的想法还不够，而需要将想法付诸实践；细节与理论一样重要；要以人为先，记住是所有人，而不限于比你地位高的人。我觉得有好几次帕特都应该将我开除，但他却投入时间与精力来指导我成为一个高级管理人员——更重要的是，让我成为一个独当一面的领导者——他想要我日后成为对公司、对他这个导师有利的人。

而我与帕特的师徒关系之所以得以维系，是因为两个重要的原因，其实所有师徒关系能够成功维系都离不开它们。其一，他为我提供指导，是因为我之前承诺会为他带来回报。我坚持不懈地努力着，运用他教给我的知识来让他本人和他所在的公司更加成功。其二，我们创设了一个没有功利掺杂的情境。帕特喜欢我，愿意投入时间与精力帮助我发展，从情感上来讲，他关心我，这是师徒关系得以维系的关键。成功的指导关系需要惠及双方，需要双方投入对等的感情。你不能一味要求别人在你身上投资，要想对方为你投入时间和精力，首要前提是互惠互利，你可以用你的辛勤工作和忠诚来回报对方。而在你们的指导关系达成之后，你就要把你的导师塑造成一位教练，如此一来，你的成功或多或少也代表了他的成功。我非常感激帕特，如果没有他，我不会有今天的成就。我还要感谢很多人，我的父母，科士奇学校的杰克·皮金，鲍勃·威尔逊叔叔（Bob Wilson），还有之前我在书中提到过的许多人，当然我也要感谢那些我没有提到却与我十分亲近的人。

要想得到别人的指导，最好的方法就是先不求回报地帮助别人。如果你需要学到某人的知识，那你就想办法证明你对他有用。想一想他需要什么，而你又能够怎么帮助他。如果你不能为他提供具体的帮助，那你也许可以为他的福利会、公司或社团贡献一分力量。你必须做好准备，对你的导师有所回报，并且一开始就要让他们知道这一点。帕特在答应每年与我共进三次晚餐之前，就已经知道，我会对他的公司有所贡献。如此我才能很早就取得他的信任，并在之后不久就与他成为朋友。

但是，如果你暂时没有机会提供帮助，那你就要行事谨慎，要清楚地认识到自己的要求是否过分，不能给对方带来不必要的负担。几乎每天，我都会收到一些有抱负的年轻人发来的邮件，他们非常直接地提出自己的要求，"我想要一份工作"或者是"我认为你能帮到我，做我的老师吧"。这些年轻人对"指导"这个双向过程有误解，这让我感到十分担忧。他们想要我帮助他们，但他们甚至没有为我提供相应的帮助，最起码他们应该试着让我对他们另眼相看，告诉我他们有什么过人之处，我们又有什么共同点，或者可以让我感受到他们的感激、兴奋和激情。

问题在于，这些人以前从未有过导师，他们对这种师徒关系的缔结方式认识有限。一些人认为自己要寻找的导师必是某个大人物，他可以随时为自己解答所有疑难。但我的父亲却告诉我，身边之人皆可为师，并不是只有你的上司，或是你的同事才可以成为你的导师。“指导”这项活动并无等级可言，也不受职业和组织的局限。

CEO可以向管理者学习，反之亦然。一些聪明的公司发现了这个道理，并且已经开展了相关项目，将那些新来的员工视为公司的导师。工作一个月后，他们会让那些新来的员工记下他们对公司的印象，因为他们认为新人拥有一个全新的眼光，可以看出公司由来已久的问题，并提出其他人想不到的改进建议。

实际上，我自己的那些年轻学员往往会教给我很多东西，在他们的帮助下，我得以不断提升我的技能，以全新的眼光重新看待这个世界。

但是，你在不断结交他人、拓展自己的同时，要确保自己还能回过头来，帮助其他人。我总是会花点时间来帮助那些年轻人，他们中的多数人都在我手下工作过，或是在公司当过实习生，或是成为正式员工，比如保罗·卢索（Paul Lussow）、查德·霍奇（Chad Hodge）、哈尼·阿比扎伊德（Hani Abisaid）、安迪·博恩（Andy Bohn）、布林达·查加尼（Brinda Chugani）、安娜·蒙盖特（Anna Mongayt）、约翰·勒克斯（John Lux）和詹森·安妮斯（Jason Annis），不一而足。

这些人起初并不理解这种“无偿”的指导行为，他们不好意思地问道：“我要拿什么回报你为我做的这一切呢？”我对他们说，他们现在就是在回报我。我真正期望得到的无非是他们真诚的感激，然后看到他们将我教给他们的知识运用起来。

我后来也看到了他们的成就：布林达在德勤不断得到晋升；哈尼成了我一桩业务的合伙人，从我这里“结业”之后，他又加入我之前帮助建立的一个新公司，成为好莱坞一位成功的年轻作家；安迪成了好莱坞演员；而保罗就读了沃顿商学院，这些都让我喜不自胜。更令我欣喜的是，他们在取得事业上的成功之后，也开始成为他人的导师。

“指导”是一个很强大的过程，尊重这个过程并为它投入时间对你的发展至关重要，在这点上再怎么强调也不为过。作为回报，你会收获另一方的忠诚、热情、信任与感情——而这些东西的价值足以抵消你的付出，甚至远远超过你当初为他们所提供的建议。

如果你对“指导”予以重视，并且为它投入一定的时间与精力，你很快就会发现自己置身于一个学习网络之中，这与英特尔公司之前的那个培训项目并无区别。如此一来，你所收获的信息量会远远超乎你的想象，他人也会对你抱有更大的善意，因为在一群有才华的人面前，你既是导师又是学员，在教授知识的同时，也学到了更多东西。

著名社交案例

埃莉诺·罗斯福：交往应该推进你的原则，而不是一味妥协

如果我们将“交往”这个词宽松地定义为友谊与使命的融合，那前第一夫人埃莉诺·罗斯福（Eleanor Roosevelt，1884～1962）便可跻身20世纪对这个原则的首批践行者之列。在她的自传中，她写道：“通过工作将大家聚集在一起……是结交朋友与维持友谊的一个好方法。”通过国际劳动妇女大会和妇女国际和平自由联盟这样的组织，罗斯福夫人结交到一群朋友——也不免树立了几个敌人——推动了我们这个时代一些伟大社会事业的发展。

这位第一夫人并不畏怯利用她的人际网来处理一些棘手的社会问题。比如她曾为争取妇女在工作中的权利而斗争，帮助她们加入工会，并要求妇女的最低生活工资能有所保障。如今这些举措似乎是再自然不过的事，但在20世纪20年代晚期到30年代早期这段时间，美国正值经济大萧条，不少美国人都指责这些女工剥夺了男人“养家糊口”的权利。

罗斯福夫人认为，捍卫自己的信仰，既是民主之美的体现，也是民主国家人民的责任，与此同时，她以自己的经历证明，这并不妨碍你赢得他人的信任与钦慕。她也用行动证明了，有时你需要站起来反对的正是你的朋友。

1936年，歌剧演唱家玛丽安·安德森（Marian Anderson）成为在白宫表演的第一位黑人，而这次表演在很大程度上要归功于这位第一夫人。就当时而言，能在宾夕法尼亚大街1600号

（美国白宫所在地）表演是一件极不寻常的事。安德森是美国当时票房排名第三的演唱家，她在音乐上取得了巨大的成功，但这并不能使她免于受到普遍存在于白人群体中的种族歧视。每逢外出，她只能待在专为黑人准备的等候厅、酒店和火车车厢。在南部，报纸上很少称她为“安德森女士”，而多以“演员安德森”或“歌手安德森”相称。

1939年，安德森的经纪人和哈佛大学准备为她在华盛顿的宪法大厅安排一场音乐会，但宪法大厅当时为“美国革命女儿会”组织所拥有，这个组织驳回了他们在这里演出的请求。而作为这个组织的一员，罗斯福夫人当即便退出这个组织以示抗议。她在给“美国革命女儿会”的信中这样写道：“对于组织拒绝一位伟大艺术家在宪法大厅表演的行为，我表示强烈反对……你们本有机会引领社会向开明迈进，但在我看来，你们现在已经放弃了这个机会。”

后来在同年的复活节那天（4月9日），罗斯福夫人安排安德森在林肯纪念馆前的阶梯上表演，当时有7.5万人前来现场观看。

的确，重视团体的意见很重要，但那并不意味着你要牺牲自己的原则。

尽管在我们今天看来，埃莉诺·罗斯福的民权主张似乎谈不上激进，但那些主张却远远超前于她的时代。1953年才有了布朗诉教育委员会（Brown v.Board of Education）一案。这个案件是对“隔离但平等”原则的抗议，而埃莉诺早在几十年前便提出了民权主张。

不论是为一项社会事业而奔走，劝诫人们宽容对待黑人教堂或犹太礼拜堂，还是作为联合国代表，签署通过了富有争议的《世界人权宣言》（Universal Declaration of Human Rights），她的每一次行动都会使她失去一些朋友，有时人们还会对她恶毒攻击，指责她逆潮流行事。

但这位了不起的女性仍旧坚持了下来，并影响了社会的发展进程。而她为我们留下的遗产值得我们每个人为之感恩，我们可以从她身上学到什么呢？事实上，广结人脉远远不够，我们还必须警醒自己，时刻谨记自己的初衷。我们努力把大家聚在一起，在某种程度上，是为了让世界变得更美好。

当然，你要想推进自己的原则，那就必然会有所牺牲。但你绝不能以牺牲自己的价值观念为代价，来表现你结交他人的决心。事实上，如果你能够明智选择自己的社交对象，那他们一定会与你并肩作战，帮助你完成你所坚信的事业。

32
所谓“平衡”不过是无稽之谈

“工作生活两不误”的想法完全不合实际。

以传统的标准来看，我的日程安排算不上“工作生活两不误”。看一下我典型的一天：星期一，我4点起床，从洛杉矶打电话给我在纽约的团队，然后再花几个小时在电话上，为我朋友的竞选组织募捐活动。随后，7点乘飞机去俄勒冈州的波特兰会见一些新客户（其间，两部手机一直嗡嗡作响，我一边摆弄着黑莓手机忙着发邮件，一边还要顾着浏览笔记本电脑上面的电子表格）。见过客户之后，我又搭车去西雅图，同时利用在车上的这段时间，一一回复电话，安排好今晚、明天乃至一周之后的会议。我还得联系我的助手，让他帮忙发请帖，邀请大家在一月后来参加我举办的盛大晚会。到了西雅图之后，我按照早先约定，与比尔·盖茨CEO会议的组织者共进晚餐，之后我还要与几个亲密好友出去喝酒。然后就到了明天，新的一天又以4点起床时的电话拉开序幕。

欢迎进入我朋友笑称的“法拉奇时间”，在这一段时间内，我的电话一直保持接通状态，频繁接到打来的电话。

见到我这份日程表，你也许会提出很多非常重要的问题：这算是生活吗？这样的安排可以实现工作与生活的平衡吗？你一定要秉承着“法拉奇时间”这样的工作理念，才能够取得成功吗？

答案是：对，这是生活，虽然这只能算是我的生活；当然，你可以学习工作两不误，那就是你自己的生活；当然不需要，谢天谢地，你完全不用像我这样做。

于我而言最好的是，以人际关系驱动的工作并不能算是一种工作，那不过是一种生活方式。几年前，我就开始意识到，社交实际上是认识世界的一种方式。当我这样想并照这样的想法行事时，那我将职业与个人生活分裂开来也就没有任何意义。我意识到，成功来源于你身边的人的帮助，以及你与他们接触的方式。不管他们是你的家人、同事还是朋友，真正的社交意味着你要给每一份关系都带来同等的价值。如此，我不再需要区分我的职业快乐与生活幸福——它们都是我的一部分，它们就是我的生活。

我逐渐明白，生活的关键就在于其中的人际关系，意识到这点之后，我就发现我根本没有必要将工作与家庭或朋友区别开来。就像我最近所做的那样，我可以在一个商业会议上度过我的生日，周边全是我那些热情、出色的朋友；我也可以在洛杉矶或纽约的家中与同样亲密的朋友一起庆祝。

人们一直有一种错误的认识，认为“平衡”就是一个等式，等式的两边分别是工作与生活，你可以从生活这方抽出几小时给另一边的工作。我们经常看到或听到关于这种所谓“平衡”的言论，但实际上，我们应该舍弃这种看法，如此一来，我们为达到这种完美状态所遭受的压力也会随之消失。

“平衡”不能买卖，也不需要通过工作与生活的互补来实现。它是一种心态，正如我们的遗传密码一样，与众不同且独一无二。如果你觉得快乐，那你就找到了平衡。我古怪的日程计划对我很有用，可也许它只对我适用，并不是所有人都能适应将工作与个人生活合二为一的行事方式。重要的是，你要明白，社交并不仅是你实现目标的工具，更是一种生活方式。当你“失衡”时，你自己会知道，因为你会变得匆忙、愤怒，并对自己不满意；当你达到“平衡”状态时，你则会欣喜、热情，并满怀感激之意。

不要急着自创属于你的“法拉奇时间”。实际上，与人交往就像吃一个庞然大物一样：一次一小口，慢慢来。

最后，我们都会有自己的生活，而你所结交的人便是这种生活的全部含义。

越与人交往，越有“平衡”感

如果你认同所谓“平衡”的那个谬论，就像我之前提到的那样，把人生看作是一个等式，那对于下面的这些问题：“我这么‘善于社交’，为什么我并没有多快乐？”或者是，“我做事这么‘有条理’，为什么我会觉得驾驭不住呢？”你的答案会是，“简化”“分割”或“削减”你的生活，只留下最必要的一部分。

如此一来，我们为了节省时间，就会在办公桌上吃午饭，并且也会尽量避免与同事、陌生人或其他“小人物”在饮水机旁闲谈。同时，我们还会不断压缩我们日程表上的待办项目，只留下最重要的部分。

人们告诉我：“如果你做事更有条理，能够在工作与家庭之间取得平衡，并只与你生命中的重要人物来往，那你就会自我感觉更加良好。”但这完全是一种误导。他们应该这样说才对：“我会让我的生活里满是我爱的人。”就我看来，问题不在于你从事什么工作，而在于你与谁一起工作。

如果你讨厌你的工作，你就不可能热爱你的生活；并且，多数时候人们讨厌工作，是因为讨厌与他们共事的人。而社交则会让你有更多机会结识他人，那些人则可以为你带来新鲜刺激的工作体验。

我认为当今社会所存在的问题，并不在于我们遇到的人太多，而在于我们所结识的人不够。威尔·米勒博士（Dr.Will Miller）和格伦·斯帕克思博士（Dr.Glenn Sparks）在他们的《冰箱权利：创建关系与修复关系》（*Refrigerator Rights: Creating Connections and Restoring Relationships*）一书中争论说，在移动网络蓬勃发展的今天，推崇个人主义的美国人只关注网上的那些娱乐消遣，却忽视了人际交往，因此，实际上，我们每个人都过着相对孤立的生活。

有多少人能够走进我们家，打开冰箱随便找点东西喝呢？实际上，这样的人并不多。人们需要与一些人保持这种“冰箱权利的关系”，这是一种舒适、随意和亲密的关系。有了这层关系，我们才能够随意进入对方厨房，不询问对方意见就在冰箱里四处翻找。正是这样的亲密关系让我们能够自我调节，收获快乐，并取得成功。

美国个人主义的盛行其实是人际交往的一大障碍。人们从工作压力和职工满意度的比较研究中发现，相较于那些在集体主义文化中工作的人而言，个人主义文化中的人们一般会遭受到更大的工作压力。尽管我们的生活水平比较高，但财富与特权并不能带给我们情感上的富有。相反，正如这些研究所表现的那样，只有对团队的归属感才能让我们感到幸福。

当我们渐渐感到孤独时，我们就会从心理自助书籍中寻求答案。但我认为，我们需要的不是“自助”，而是“他助”。如果认同这一点，当然我希望得到你的认同，那我在这本书里所教授的东西便是所有“失衡”的良药。常言道，鱼与熊掌不可兼得，但难得的是，社交却能让我们兼有两者，得以“工作生活两不误”，有利于自己的同时也服务了他人。

奥斯卡·王尔德（Oscar Wilder）曾经说过，做你所爱的事，就会觉得生活无一天不是假期。如果你的生活里满是你在意和在意你的人，那何必要自寻烦恼，考虑所谓的“平衡”问题呢？

33 欢迎进入社交时代

纵览历史，当今社会是最适合人际交往的时代。社会的活力，尤其是经济的活力逐渐以相互依赖和互相关联的程度来定义。也就是说，物与人以及人与人的联系越紧密，我们对社会的依赖程度就会越高。

美国前总统胡佛在1928年竞选时提出的“彻底个人主义”统治了19世纪和20世纪的大部分时间，但团队精神和联盟意识将统治21世纪。在数字化时代的今天，互联网打破了地域限制，将全世界数以百万计的人与电脑联结起来，因此人们没有理由独自生活和工作。我们再次意识到，成功并不依赖于先进科技和风险投资，而是取决于你认识的人以及你与这些人的相处方式。同时，我们也重新发现，在工作中与他人友好相处是获取赢利的关键。

其中的道理在1986年的一项研究中得到有力阐释。当时的哈佛校长德里克·博克（Derek Bok）委托开展这次研究，他想要知道有没有一种方法，可以预测孩子在大学里的成败。那些成绩斐然的大学生究竟有什么不同？为了解决这个问题，便有了这项历经数年的大规模研究。

人们对其中的一个发现尤为惊奇：我们一贯用以衡量大学生成就的度量标准，其实并不能算是对大学生成功的最佳预测，不论是当时还是现在，道理都是如此。在校平时成绩、入学考试分数或者诸如此类的考试都不能作为预测大学生成功的标准；相反，创建或加入学习小组的能力才是预测大学生成功与否的关键。

研究发现，相较于那些独自学习的孩子而言，组队学习的孩子学习更专注，课下准备也更充分，学习效果自然更加显著。即使他们一周只合作一次，其学习效率也远甚于独自学习的孩子，甚至还会在学习中获得更多乐趣。这个变量最为有力地阐释了大学生的成功，是预测大学生成功的最佳标准。

如今，大学生成功的关键也就是职场成功的关键。人际关系与合作行动是学习的最佳方式，学会在合适的场合与合适的人说合适的话，建立起自己的社交圈。

人脉基础在当今社会占有最重要的地位，科技的发展突破了时空的局限，让我们有更多机会结识他人，也给了我们终身学习的机会。

革命开始于意想不到的地方

生活离不开工作，工作也离不开生活，这两者都是我们的一部分。未来学家约翰·奈斯比特（John Naisbitt）曾说过："21世纪最振奋人心的突破不是因科技而起，而是由人们对'人类'这个概念的拓展引起的。"

一个互联合作的新时代正在成形。我们现在已经具备了在这个大环境中发展自我的技能和知识，能够在这个大环境下茁壮成长。但我们的目的是什么？我们将如何发展自我？这样一种真正的互联生活又究竟意味着什么？

当然，如果就收入和晋升而言，我们中的很多人都会被贴上成功的标签，一些人会提到他们新近获得的名声或他们积累的非凡技术，另一部分人则会炫耀他们举办过的盛大晚宴或他们结交到的大人物。

但这样的成功会不会让人觉得太空虚？没有一个充满爱的家庭，也没有一群值得信赖的朋友，围绕在你身边会不会只有同事和客户？

我们所有人迟早都会以某种方式问自己这些问题。此外，我们回首过去，不禁会想，我到底留下了什么呢？我又做过什么有意义的事呢？

你们中有多少人可以回想起通用汽车公司、IBM或沃尔玛公司过去三年的所有CEO名字呢？要想起这些名字是不是太困难？但试着想想民权运动的三位重要人物，你们通常都能说出六个或更多人的名字。

最终，我们都会认识到人际交往的重要性，并努力成为一个社交好手，在事业上大展拳脚，这就意味着你要充分利用自己的人脉和才能，为你的朋友、家人、公司和团队出一份力。最重要的是，这样能够让你对世界有所贡献。

有趣的是，在什么情况下，你才会思索这样的问题：你的目标是什么？什么又是你最珍视的东西？比如，我记得我还小时，曾经梦想着有一件布克兄弟（Brooks Brothers）的尖领带扣衬衫。从小到大，我都是捡别人的旧衣穿，它们或是母亲做清洁时从雇主家的小孩那里拿来的，或是我自己从二手货市场淘来的。当时我就想，如果有一天，我可以走进一家像布克兄弟那样的名牌店，买一件属于自己的“第一手”衬衫，那我就成功了。

后来，在我25岁时我终于迎来了那一天。我自豪地走进一家布克兄弟店，买了一件最好最贵的尖领带扣衬衫。隔天我就穿着这件衬衫去上班，就像穿着一件稀有的、镶满绿宝石的维多利亚长袍。之后我将它换下清洗，我至今仍记得当我把它从洗衣机里取出时——啊！少了两颗扣子。这并不是我在说笑。当时，我就问自己：这就是我一直所期待的吗？

知名作家与演讲家拉比·哈罗德·库什纳（Rabbi Harold Kushner）曾说过这样一句蕴含智慧的话："我们灵魂所渴求的并不是名望、慰藉、财富或权力。这些馈赠虽可以解决不少麻烦，但同样带来了新的麻烦。我们灵魂渴求的其实是意义，是我们知道怎样活才能让生活有意义的一种意识，这样我们至少可以让这个世界因我们的存在而有些许不同。"

但掉落的这两颗扣子还不足以让我真正开始询问自己，我的灵魂所追寻的意义究竟是什么。

后来，我终于迎来了我个人生命中的一场"小革命"。这也让我明白，有时恰恰是那些意想不到的人在某个最不可能的地方引领了一场革命。谁能够想到，一个口音很重的、身材矮小的印度人会对我所追求的目标以及我达到目标的方式提出挑战呢？谁又能想到，改变我一生的不是及时行动、尽力而为，而是静思十天、毫不作为？

我之前从未想过，我竟然会在瑞士达沃斯世界经济论坛召开期间，迎来我的第一次"革命"。当时我参加了一个演讲会，会议的主题就是"幸福"。来参加那次会议的人特别多，会议厅里挤满了全世界有权有势的大人物——很明显，他们中的很多人和我一样，也丢失了自己的扣子。

我们来参加这次演讲会，是为了听戈恩卡老师（S.N.Goenka）的演讲。戈恩卡老师是一位身材矮胖、满脸幸福的印度人，他以前经商，后来转而成为一位精神导师。他这次召开的演讲会便是为了向我们讲述，他自己是如何通过古老的"内观禅修"来获取健康与幸福。

戈恩卡老师慢悠悠地走到台上，然后开始发表他的讲话。在接下来的一个小时里，所有观众都陶醉在他的演讲中。听着他的话，我们都陷入了自己的思绪之中，不得不直面内心的压力、缺陷感和失衡感，即使我们看似已经成功，但这些负面情绪仍伴随着我们。

从本质上讲，这次演讲并没有涉及商业，他丝毫没有提到资产负债表或商务接洽这样的东西。他告诉我们，“幸福”根本就不在于我们赚了多少钱，或者我们如何赚钱，这些都与获得幸福没有关系。

我们只能在一个地方找到真正的安宁与和谐。戈恩卡老师告诉我们，那个地方就是我们的内心。尽管我们也许算得上是商场主宰，但很显然，我们未能主宰自己的思想和灵魂。

戈恩卡老师说，有一种方法可以让我们提出正确的问题，成为自己思想的主宰。那种方法就是“内观禅修”，意思是“看到事物的实相”。

“内观”是一种获得内心安宁的方法，它可以驱逐我们心中的恐惧，让我们有勇气去做真实的自己。戈恩卡老师向我们描述了一个为期八天的煎熬静修。在这八天里，静修者要在绝对安静的环境中静坐数小时，不许眼神交流、传纸条或其他形式的交流，只能在每天结束时与导师沟通。

所以，拥有一个幸福而有意义的生活全在我们自己。不，准确地说，应该是在于我们的内心。我们只需要发自内心地提出正确的问题，然后多花时间去观察和倾听。

尽管我并不确定有多少高管同伴已经打算学习“内观禅修”，但很明显，戈恩卡老师深深地触动了我们。至少在那一刻，他让我们觉得，我们有力量让我们的工作与生活有所意义。同时让我们知道了“内观禅修”的重要性，并相信它会为我们的人生带来些许改变。此外，戈恩卡老师也让我们明白，只要我们愿意花时间倾听源于自己灵魂的声音，那我们也可以成为一个幸福的人。

听了他的演讲，我深受启发，精神为之一振，但我确信自己不会去学“内观禅修”。十天没有电话会议、没有商业午餐、没有交谈……整整十天！这完全不可能。我永远也抽不出时间。

然而，之后我突然成了全世界时间最丰裕的人。离开喜达屋之后，我又弄丢了一颗人生中的“扣子”，那时的我正需要厘清自己的思路，寻找内心的幸福。

直到那时，我也不认为自己有足够的时间或勇气进行为期十天的“内观禅修”。但最后我还是报了“内观”课程来学习，生平第一次慢下来，用心倾听。在这十天里，尽管我还没有丢下所有琐事，但我抛开了很多我“应该”和“应当”去做某事的想法。

如果你致力于寻找你的激情所在，追寻生命中的那簇“蓝色火焰”，那你就会发现这其实是一件很有意思的事，因为你会在这种追寻中获得回报，得到关于生命的答案。在那次禅修之后，我的某些疑问得到了解答，这帮助我重新去评估自己对于名利金钱的追求，把注意力重新集中到我一贯最为重视的人际关系上。

当然，“内观禅修”并不是让你厘清思路的唯一方法，但很少有人会为自己空出一些必需的时间和空间，以便更好地理解我们是谁，以及我们真正想要的是什么。和我认识的那些非常有能力、有智慧的人一样，我怎么会允许自己的生活如此紊乱呢？主要是因为我们从来没有问过自己一些最重要的问题：你的激情在哪里？什么才能给你带来真正的快乐？你又要怎么让自己有所作为？

当我结束我的禅修课程，回到平常的生活中时，我就像一个置身于糖果屋的小孩。这里有太多人我想去认识！太多人我想去帮助！我意识到，当你明白什么东西值得去追求时，那追求的过程就会很有趣，并且令人振奋。

在我们接受的教育中，人生就是一个追求的过程、一段旅程，我们都希望人生的尽头是意义和爱，以及一个可以让我们逍遥度过晚年的个人退休账户。但实际上，人生没有尽头，没有最终目的地；追求也永无止境，没有一个职称、一件布克兄弟衬衫或一个金钱数额可以充当你的最终目标。这也就是为什么有时你明明已经达到目标，但仍会感到失望，就像遭遇了失败。

如果一个人广结人脉，那他就会以一种不同的角度来看待世界。比之生活是一个追求的过程，生活更像是一个缝制百衲被的过程。我们将自己帮助他人找到人生方向的所有大胆尝试缝制在一起，在这个缝制的过程中，我们找到了生命的意义、爱和幸福。而我们编织起来的人际关系则会拼凑成一个精致永恒的图案。

在一部很好看的电影《恋爱编织梦》（*How to Make an American Quilt*）里，有一句台词很好地总结了这门人生哲学："年轻的恋人追求完美，年老的恋人则将碎布缝制在一起，在繁杂的碎布中发现美的存在。"

你为后代留下的百衲被会是怎样？你又会以怎样的方式为人们所纪念？对于任何希望有作为而不只是谋生活的人而言，这些问题都是衡量其成功与否的重要标准。想要成为世界上最优秀的人并没有什么不对，但前提是你必须记得，你这样做也就意味着，你想要对世界做出最大的贡献。

你要记住，爱、互惠和知识并不像银行存款那样越用越少。创造力会激发更多创造力，金钱会带来更多金钱，知识会带来更多知识，朋友会带来更多朋友，就连成功也会引领更大的成功。最重要的是，你的付出会带来别人的付出。纵览历史，这个"生成"道理在当今社会表现得最为明显，在这样一个人际时代，世界的运行越来越合乎人际交往的准则。

无论你现在正处于人生的哪个阶段，无论你知道什么，你都要明白，你所拥有的这一切都是你的思想、经历和那些你接触的人共同促成的，而那些东西或是你亲身所得，或是你通过书籍、音乐、电子邮件或你所处的文化间接得来。现在并没有记录表明，积累要达到多少量，事物才会向越来越多的方向发展。因此从现在起你就要下定决心，开始广交朋友，积累知识、经验和人脉来帮助自己实现目标。

但首先，你必须对自己诚实以待。在你得到回报之前，你准备花多少时间接触他人并为之付出？你有多少导师？你又指导过多少人？你喜欢做什么？你想要怎么活？你想要谁成为你百衲被的一部分？

以我个人的经验而论，我要告诉你的答案将出乎你的意料。实际上，重要的或许不是你的工作、公司或掌握一项很不错的新技术。真正重要的是人。和我们喜欢的人一起工作，营造一个我们愿意生活其中的世界，这其实取决于我们每个人的共同努力。正如人类学家玛格丽特·米德（Margaret Mead）所说："永远不要怀疑，一小群有思想、用心执著的人可以改变世界。事实也一直如此。"

我希望你有力量把它变成现实，但你不可能单独成事。让我们团结在一起，去编织自己的百衲被，并让它发挥作用。